南明史

錢海岳撰

第八册　列傳

卷五十七至卷六十四

中華書局

南明史卷五十七

列傳第三十三

無錫錢海岳撰

雷躍龍，字伯麟，澂江新興人。萬曆四十七年進士，改庶吉士。魏忠賢勢熾，躍龍抗不與交。忠賢敗，獨躍龍無刺。崇禎時，歷簡討、贊善、洗馬、少詹事，纂修實録、起居注，轉侍讀學士、經筵日講，憂歸。服闋，起禮部左侍郎、翰林學士、教習庶吉士。北京陷，被掠未死，乘間南歸，間赴沅江，徵兵謀恢復。孫可望入雲南，與馬兆羲、丁序琨、張重任、姜之璉、閃仲侗皆逼受職。躍龍爲育英館大學士用事，力陳匡扶大義，可望卒奉駕安龍。永曆十年三月入朝，拜禮、刑二部尚書、東閣大學士。十一年正月，晉太子太保、文淵閣，上呼先生而不名。

可望敗，與兵部侍郎吳麟徵、趙應鼎，主事王承鼎，及程之文、陳璠、官純胤、牟學成、楊成圖等降謫有差。上幸緬甸，扈從至廣通相失。清兵執至洪承疇所，不屈。爲僧騰越雪山，後死新寧。

兆羲，楚雄人。崇禎元年進士。官工科給事中。巡廠庫，清出濫錢四十餘萬。土司祿永命爭襲，請留撫臣王育德彈壓制變。安宗立，改禮科兼禮部郎中，疏請改毅宗廟號。紹宗立，召禮科，兼職方郎中。福京亡歸。永曆二年，可望命督學雲南，累擢行營户部尚書。改兵部，不應。旋除禮部右侍郎，典永曆八年貴州鄉試。可望敗，降國子學士。

序琨，字曼器，豐城人。崇禎十三年特用。歷職方主事，刑部員外郎，臨安知府，廉介執法。可望除户部右侍郎，晉尚書。可望敗，降侍郎。

重任，騰越人。天啟四年舉於鄉。授漳平知縣，遷户部主事、御史。可望除户科都給事中。上幸滇京，爲錢邦芑所劾。以私馬吉翔，賄金維新、龔銘，密説李定國，奏寢其議。

以廣東道御史巡按四川，改大理丞，晉少卿。子在禁旅。皆國亡隱卒。

之璉，字埒彝，新建人。崇禎十五年舉於鄉。驗封主事、考功員外郎。以黨可望降級。已陞文選郎中。從扈永昌，後死難貴州。

仲侗，保山人。侍郎仲儼弟，崇禎三年鄉試第一。可望除編修。上幸滇，授侍讀學士。麟徵，保山人，萬曆四十六年舉於鄉。應鼎，大理太和人，天啟七年舉於鄉。授新泰知縣。崇禎十六年，力拒清兵全城。遷靜寧知州，轉職方主事。永曆四年十二月，以僉都御史巡撫貴州。承鼎，大理太和人。崇禎十五年舉於鄉。國亡，皆不仕。

曹燁，字石帆，歙縣人。崇禎四年進士。歷梧州知府、蒼梧參政、廣西按察使。靖江王亨嘉亂，燁首聽命。亨嘉死，燁竟免於罪。旋以僉都御史巡撫廣西，駐梧州，督練狼兵。昭宗即位，與擁戴。

李成棟以清兵逼肇慶，蒼梧知縣萬思夔作一大木龜，令牽之號於路曰：「降者視此。」及成棟兵薄梧州，燁故以春秋獲雋者也，因輿櫬肉袒牽羊以迎曰：「燁不知天命，不早事君，使君懷怒，以及下邑，燁之罪也。若罪不赦，俘諸軍惟命，使得自新，君之惠也。」成棟笑而釋之。思夔乃書「曹燁」二字於木龜，置諸堂遁去。

後燁隨成棟反正，遷光禄卿，擢户部右侍郎，調兵部左，已晉尚書。時江、楚、閩、蜀大鎮數十，擁兵殆數百萬，四方紳士、義民起兵奏報者接踵。奉行詔旨，給予劄印，日怱怱不暇給。燁才猥下，凡疆埸戰守機宜，駕馭爵賞，部署兵馬，皆昏昏弗能理。職方郎中唐元楫、員外郎包宣嘗與燁同降，尤貪鄙無恥。堂司互相蓋覆，兼儳科參，持兩端。四方奏使排闥叫號，凌轢無紀，燁愧受而已。南雄陷，命督東粵諸軍，協守肇慶。肇慶再陷，走死。

從子度，字正則。國亡，自曰「越北退夫」，又曰「罍恥民」，居崇德。詩文有陶潛風。

元楫字應運，南海人，崇禎四年進士。職方主事累擢。清以桂林知府召用，未赴。卒年七十八。

耿獻忠，字伯良，武功人。選貢。授巢縣知縣，戢黄得功兵。遷金華同知，助朱大典共城守。大典死，走入粵。累擢廣西布政使。與都司胡日恭降清，爲廣西巡撫；日恭爲督糧參議。陳邦傅復梧州，獻忠遁。及李成棟反正，與藤梧道、戚元弼首先歸命。歷通政使、户部左侍郎。永曆二年十二月，晋工部尚書。後爲李元胤劾罷。

同時毛毓祥，武進人。崇禎十年進士。授海澄知縣，累遷海北副使、廣東按察使。紹宗立，召左通政。成棟反正，自通政使擢户部右侍郎，調禮部，晋刑部尚書。見世事不可爲，因封入章奏，雜年家眷弟名帖，自陳愚憊去。後隱蘇州卒。

張調鼎，字太羹，甌寧人。崇禎四年進士。授華亭知縣，遷禮部主事。弘光初，出爲嘗鎮副使，鑄大礮火藥。調温處。隆武二年，催汀州餉。上特用文臣守關，以調鼎爲僉都御史督餉，與趙秉樞守永定關。福京亡，降清，除廣東督學御史。後力贊成棟反正，自太僕卿擢兵部右侍郎，晋尚書。隨攻忠誠，兵敗死。

秉樞，字芥須，臨清人。崇禎七年進士。建南副使。降清。

洪天擢，字簡臣，歙縣人。崇禎十年進士。授蘄州知州，遷武昌知府。楚藩官較仗勢佔民田，天擢還之。轉下江防副使，駐興國，平茅坪鄭老大亂。張獻忠至，遏之江上。南京亡，調海南，輯撫黎漢，得安堵。永曆初，以副都御史巡撫高、雷。清兵陷粵東，與巡按黄基固阻海守雷州，招兵瓊崖，圖恢復。李成棟盛兵來犯，城垂陷，參將馮其源、瓊山知縣謝時揚走，天擢投繯，墮地不死，成棟留之軍中。已反正，命與潘曾瑋、李綺齎奏南寧迎駕。時陳邦傅、趙臺仇殺，聞奏驚疑。天擢力陳成棟忠悃，又述金聲桓反正事甚悉，人心始安。論功，擢大理卿，命恭代授成棟鉞。晋吏部左侍郎。初，天擢在瓊，與李用楫有隙。及是歸命，用楫方掌科，每朝會，必以氣陵轢之。天擢積不能忍，九乞骸骨，得請去。永曆三年七月，與吳川恩貢林瓊樹自肇慶回吳川招兵。人謗爲欲圖李明忠。後天擢往廣西，行至官橋，爲明忠將冷雄傑所殺，並殲其子等。胠其篋，不滿百金。

曾瑋，字采生，溧陽人。崇禎四年進士。自杭州教授，遷國子博士，上北雍條議。擢户部郎中，釐剔草場夙弊。榷蕪關，力絶苞苴。出爲廣東副使，平海盜李朝天、劉鐵臂等萬餘人。後降於清。反正，陞光禄少卿，轉大理卿。

綺，字友三，嵩江華亭人。崇禎十三年進士。授瓊山知縣。永曆初，遷廣東督學副使。丁魁楚專政，疏參欺君誤國、玩兵害民、敗羣亂嘗、罔神蔑誓，並且喪身辱祖。若不改轍，覆亡立俟。面上朗誦，魁楚引罪。命綺降三級用，遂宵入廉州。反正，擢太僕卿。廣東再陷，被執，獻金十餘萬，死。

范鑛，字我蘧，富順人。萬曆四十七年進士。授山陰知縣，歷上虞、河陽。忤魏忠賢，考最不遷。久之，轉户部新餉員外郎。以邊才出爲口北僉事，馭軍有方。故事，道有圍户，歲得鏹三百及俸若干，一以歸部。累擢河南副使、貴州屯田參議。

崇禎十七年七月，以僉都御史巡撫貴州，卻靖江王亨嘉僞詔，厲兵固圉。紹宗陞兵部右侍郎、副都御史，總督滇黔，駐貴陽。命周文燦調其兵。

誅。

平溪有查繼仁，僞稱聖安皇帝，鑛燭其奸狀，以兵上殿，披幄揭所戴巾，縛訊之，具服伏

永曆元年，孫可望入烏江，督皮熊及副總兵楊吉以兵三千守江。戰南山敗績，走定番。三月，清兵陷遵義；可望至鎮寧，伍右文倡義力守，城陷被屠，一門七十餘人死。已回貴陽。四月，苗藍二反，陷湄潭黄平關，督平越總兵張才敗之。五月，晋兵部尚書。

可望使李定國至貴陽，與熊、瞿䍍、蔣克達、陳䚡宗、莫宗文避苗寨。定國兵不入城，使人告鑛，以可望受命爲朝廷效力，願結盟。鑛從容開陳大義，且曰：「假可望渝盟，奈何？」定國曰：「扶明我則奉之，渝盟我則誅之。」遂盟於新添而去。二年七月，王祥圍貴陽。八月，督武邦賢卻之，圍解。四年，疏論胡執恭矯詔罪。十二月，可望除行營吏部尚書。五年，與陳起相謁安龍。六年，拜吏部尚書、東閣大學士。

可望敗，廷臣公疏糾黨逆，與方于宣、任僎、朱運久、吴中蕃、張䕫龍等下三法司提問。鑛憂悸卒，昭宗追悼之，十二年贈太子太師、武英殿大學士。

子玿，任錦衣指揮使。積功至都督同知貴陽總兵，鎮開州。瑜，諸生。張獻忠致成都，與諸生劉玉發謀内應死。璇，諸生，亦憤死。

右文，字廷試，安莊人。天啟七年舉於鄉。婺川教諭。從丁啟睿軍有功，自陝西監軍

僉事、湖廣副使，轉參議。

張京，字士將，漢陽人。萬曆四十六年舉於鄉。授三原教諭，遷扶風知縣，禮賢下士。歲祲盜起，設方略殲其渠魁，一境以安。歷延安同知、洮岷副使。陝西破，降李自成，匿大寧，走重慶。時張獻忠據成都，馬乾復重慶。京至，約與共守。孫可望突陷重慶，京復入山。昭宗命以僉都御史巡撫四川，乃收餘衆規全蜀。京故與宗室容藩善。會干戈間阻，行在消息不通，遂與胡平表、程正典、涂原勸進，爲吏部尚書。有宗室婦淫姣，流寓夔州，容藩留之內，欲以爲妃。京力勸之，衆不可，乃止。旋知上尚在，改依堵胤錫。胤錫奏削其官，改依賀珍。僞爲敕書印綬，扇惑文武，珍逐之。

聞可望勢盛，稱臣拜舞，進王蜀之說，薦加兵部尚書。又進豳風圖，曰：「豳風王業根本，願殿下爲天子，如周家有道之長。」時可望左右皆國舊臣，深惡之。可望有親信某，京故皂隸也，結爲師生，藉其力以免禍。

京結營江南，以張嗣續爲糧道，聯絡王光興、郝永忠諸部，南與滇、黔爲聲援。永曆六年，洪承疇縶京子，致書招降，不納。十一年，吴三桂犯重慶，京督劉體仁等十二萬人拒之。

兵潰被執，勸降授官，不屈，賦絶命詩，從容就義卒。兵科給事中謝佩、總兵張宿降於清。

平表，字丹復，建水人。萬曆三十四年舉於鄉。歷忠州、重慶推官。樊龍陷重慶，縋城乞師於秦良玉，遂監其軍。數戰有功，轉四川監軍僉事兼屯田。總督張鶴鳴言：「平表偏州小吏，慷慨赴義，復新都，解成都圍，連戰白市驛、馬廟，進據兩嶺，俘斬無算。奪二郎關，禽賊帥黑蓬頭等，遂克重慶。用六千人，敗奢、安二酋十萬兵，請以本官加督師御史銜，賜之專敕，必能梟逆賊首獻闕下。」部議格不行，乃進貴寧參政。久之，擢貴州布政使。崇禎四年大計，坐不謹落職。十三年，楊嗣昌薦以武昌通判，監標下軍事。嗣昌卒，罷歸。昭宗立，起太僕少卿。容藩僭立，授禮部尚書。後死夔州，贈太僕卿。

正典，銅仁人。崇禎六年舉於鄉。繇金堂知縣署漢州。獻忠自廣元走漢中，正典獨守全城。豪民倡除衙蠹，漢州以撫循得免。調大昌，遷夔州知府。雄於資，容藩用爲户部尚書總督四川。胡際亨殁，命以僉都御史巡撫川東。十三年，與譚弘降清。

原，字之瀾，梁山人。崇禎四年進士。授中書舍人，歸。獻忠至白兔亭，集鄉兵數萬箐中，伐大松塞山徑，用竹畚囊石飛擊之，以毒矢射，中者見血立死。會良玉兵至，獻忠敗走巴州。巡撫劉漢儒、巡按党仲雅請以蜀人治蜀兵，不許。尋遷山東督學副使，大興文教。入爲禮部郎中。北京亡，降自成。南歸，容藩至夔，上謁涕泣。或曰：「此吉事，何泣爲？」

曰：「中原板蕩，今遇真主，早正位一日，則早慰天下一日之望。吾心切，不覺泣耳。」後不知所終。

嗣續，夔州東鄉人。國變，不去髮。清屢招不應。屯兵東岳寨，與太平總兵趙達兵千人及井溪李、胥、鄧三營相犄角。四年六月，清兵攻之，多殺傷，斬遊余化龍。十四日，力守不支，嗣續與子得浦爲下所執，同符王齊、羅善、羅啟、印福朝、符長、劉應、譚起玉、衛九受、張應綬不屈死。列將李希先、楊允九執死。

宿，字垣樞，高郵人。崇禎十年武進士。授六合守備，修伍城，寇不敢犯。調柘林，大破海賊。遷應天遊擊，撫定顧容。陞嵩江參將、江陰副總兵。賊猖獗，力戰大破之。清兵至嘗州，委城去。

萬年策，字獻之，平溪人。天啟四年舉於鄉。授陸川教諭，累遷南陽同知，方嚴率屬，潔己愛民。楊四、郭三海、侯馭民再畔，與左良玉、牟文綬連破之。楊應秋、張獻忠、馬守應合勢，年策以計殲其渠。累遷知府、鄖襄參議。熊文燦主撫，年策力言當散其黨。時獻忠在穀城四畧，不過問，文燦議閉門火城以絶禍。年策復力言奈百姓數萬人何，文燦乃止。李自成攻鄖陽，年策拒守，措兵食。楊嗣昌薦監軍副使，命守備白良弼至白石坡招王光恩歸正。改御史，監張任學軍。轉太僕少卿，以襄陽陷罷。

安宗立，起太嘗卿，道遠未赴。

昭宗即位，聞馬進忠屯奉、靖。年策歷官疆場，與進忠相知，間赴之。進忠自何騰蛟歿，無所推承，意年策可與共事。年策亦欿然自任，入謁肇慶，自請督楚師。永曆三年六月，遽晉兵部尚書、副都御史，總督滇黔楚粵軍務，賜尚方劍出。年策既無殊才，抑老矣，不能馳驅。奉命至靖州，進忠與相左，清兵猝至，驚遁歸里。

四年十二月，孫可望薦兵部尚書。五年四月，仍出總督滇黔楚蜀軍務。可望敗，坐黨降户部右侍郎。姚安陷，歸隱碧土寨，不入城市二十年，與鄭逢玄及布政使夏于相徜徉泉石，卒年七十九。

子鍾錫，任推官。

程源，字金一，江津人。崇禎十六年進士。慷慨識機變，好談兵，然以躁進，爲清議所擯，故不顯用。

孫傳庭屢勝志驕，捷書上，上出示羣臣。源因上剿寇十策，言：「殲大寇必圖大舉，合數十萬衆，八面齊攻之，使疲奔命，然後一鼓而禽之。乞憑關固守，不可浪戰。」書奏不省。

未幾，傳庭果敗。

淩駉從李建泰出師，源謂之曰：「此行兼程抵太原，收拾三晉，猶可濟也。三晉失守，無可爲矣。」

李自成逼京師，以書勉天津理餉郎中唐廷彦曰：「糧廣兵衆，據敵腹而俟恢復，中興之奇勳也。」廷彦即邀源入城議戰守。比源至，則防海兵大噪，劫餉庫盡，毆廷彦幾死。

復致書山東丘祖德曰：「江南財賦之地，子弟多豪，敵不先窺而以貽我，彼豈能舍步騎而與我爭長江之險耶？況蜀據其首，楚、豫橫其腹，甘、寧蝕其心。江東老成尚有人，義旗一舉，彼擣此擊，克復指顧間耳。議者不察，以敵有成焉。其亦借敵爲富貴之資耶？」時祖德已爲畔將所劫，無能爲。源遂與龔懋熙、李世揚南歸，安宗授中書舍人。

昭宗即位，轉兵科給事中。宗室容藩誕妄喜事，源謂之曰：「川中諸將兵不下數十萬，吾兩人各請總督之職，公督東北，我督西南，虜不足平也。」容藩疏請加太嘗卿、經理滇黔楚蜀。源入貴州，依王祥遵義。遣使奏收川南功，擢僉都御史。與祥浸有隙，祥困辱之。已以經理四省劄付，沿途鬻官，贓巨萬。錢邦芑以聞，削職逮問。久之，上内政外政各十疏，用薦加兵部左侍郎，爲金堡所劾，銜之次骨。

永曆四年春，上幸梧州，五虎失勢，源乃與吴貞毓等十餘人合疏論五虎十大罪，下錦衣獄。源立御舟側，揚言曰：「堡即『昌宗之寵方新，仁傑之袍何在』二語，當萬死。」聲達慈寧舟中。蓋堡駁御史呂爾璵疏中有是語，源欲因是殺堡也。

無何，源自請出督楚粵師恢剿。四月，晉兵部尚書、東閣大學士，賜尚方劍便宜行事。六月，募兵高州，得八千人入衛。待四十餘日不得點視，兵遂散去。上再幸南寧，源在瀨湍，遇總兵曹海虎、張應龍、李應鳳兵五千餘，舡百餘，溯流往武宣，遂説之至柳州，治戰守具。柳州陷，走慶遠。

源雖自結於孫可望，而不忘朝廷。離間逆黨，激發忠義，於交水之役有功焉。已坐可望黨，削閣銜，仍改禮部尚書。源功名自許，入朝即發馬吉翔之奸。吉翔嗾言者劾其臣事可望，源發憤杜門不視事。上入緬甸，從至永昌，降右侍郎。爲僧名天目，走蒙化山中，爲清兵所害。

兄洵，都勻知府。國亡隱。

之英，字英人。永曆二年選貢。獨山知州。後遇兵，侍母死。

懋熙，字玉津，江津人。崇禎十三年進士。授太嘗博士，累陞簡討太僕卿。永曆八年典貴州鄉試。坐可望黨，降光禄少卿。國亡歸里，清徵不起。

世揚，江津人。萬曆四十六年舉於鄉。

龔彝，字和梅，順寧人。天啟五年進士。授定海知縣。時鎮餉愆期，脱巾譟郡將反，彝單騎諭止之。調長垣，遷兵部主事，累轉揚州副使，入爲兵部員外郎郎中。北京亡，逃歸。南京定降臣罪，或言其受順官者，劉澤清爲之申枉，是非莫能辨也。

紹宗即位，起原官，奉使桂林，參瞿式耜軍。

永曆元年，孫可望入滇，彝與任僎、方于宣首附之。又希可望指，啟陳十事。欲租外增賦内編馬。楊畏知抵掌罵之，以是成嫌怨，其後畏知死，彝與有力焉。三年春，可望命與畏知赴肇慶，請求王封，上加兵部右侍郎。

十年三月，李定國奉上入滇，論黨逆罪，謫鑄印局大使。彝言「在雲南受可望十年厚恩」，辭不受。舉朝大譁，詰之曰：「爾本朝進士，官至司道，可望陷滇，首爾迎附。忍忘大明三百年之恩，而不忍忘可望十年之恩，何耶？」彝恬然不之恥。已以私馬吉翔，賄金維新、龔銘，密説定國，轉户部左侍郎，晋尚書。命往蒙化、永昌、景東、順寧徵兵糧。上幸緬，微服至騰越，扈駕不及。持定國書，説各土司起兵，門人那嵩等應之。

車駕蒙塵，倍道出趙州，扈至滇京。吴三桂居上故都督府，嚴兵守之。彝具酒肴進謁，守者不許。彝厲聲曰：「此吾君也。君臣之義，夷夏皆同，拒我何爲？」三桂許之入，設宴堂上，行朝禮畢，進酒，上痛哭不能飲。彝伏地泣，再勸上勉盡三爵。彝泣不止，兩目皆血，觸地死。上撫之，慟幾絕。彝以黨逆爲世詬病，其死也，論者予之。

弟鼎，字鉉公。崇禎十六年進士，改庶吉士。永曆三年，與楊可任詣肇慶，爲可望請封，遷編修。七年四月，督學貴州。

可任，江浦人。選貢。清遠知縣、合州知州，累擢雲南布政使。

王應龍，膚施人。戇不識字，以箭工從張獻忠軍，累官工部尚書。後黨孫可望，從入滇。永曆二年，以御史巡按雲南。十年三月，李定國薦擢工部尚書。

十三年，上發永昌，將幸緬甸，偕子晝夜兼程追扈至永昌，而上已行。應龍年老，不能於亂軍中馳驅，謂子曰：「我本草茅下賤，蒙恩受職，官至司空。先不能匡扶社稷，今不能患難從君，尚靦顏求活人世乎！」因自縊。其子泣曰：「父殉君難，子成父志，宜也。」亦隨縊死。

同時陸憲度，施秉人。崇禎十五年舉於鄉。石阡教授。親歿廬墓。莫宗文兵至，以大義説之，一城獲全。國亡，隱居終。

劉个臣，陝西人。普安知縣。葉明福，字得禄，應天人。黔撫中軍。李合鱗，字之驊，貴陽人。龍元叙，普安人。李六度，雲南人。同爲僧。

鄭逢玄，字天虞，平溪人。崇禎六年舉於鄉。授婺川教諭，累轉衡州同知、知府。張獻忠兵至，督義勇殲之。李乾德疏薦監軍副使，王應熊、何騰蛟交章請加參政，監滇黔蜀楚粵軍，從李若星沅州。

隆武二年，查繼仁僞稱聖安皇帝，辰沅道徐煒、沅州知州黄昂供御。以高士美爲太僕卿，指揮于克振爲總兵。逢玄亦具表奉賀，統兵護衛，劉堯珍譏之。旋廉其僞，與米壽圖、皮熊計禽之。進太僕少卿，召催粵餉。督禁軍，留奉天。見劉承胤兵盛，與聯姻，告承胤毆堯珍。

昭宗幸奉天，改太嘗。永曆二年八月，命以僉都御史巡撫貴州。是冬，以兵部左侍郎、副都御史總督滇黔川楚軍，賜尚方劍便宜行事。入爲禮部左侍郎，與祠祭主事丁若郭定儀制。張同敞薦保黔第一功，晋兵部尚書，改左都御史。

孫可望稱王，書王命論以諷。丁父憂，奉母隱餘慶蒲村。黨可望而不忘朝廷，可望强起之，婉詞書「絶裾請纓，温太真之後悔何及；依劉爲命，李令伯之陳情可憐」。杜門八年。與錢邦芑結馬寶、馬進忠、馬維興，遂收交水之捷。

可望敗，降兵部左侍郎。已晋禮部尚書，兼刑部。欲用重典以濟時艱，李定國重之。上發永昌，爲僧雲南寶臺山，名天問，與邦芑遊。

洪承疇屢强之出，以義不可。孝老母，門生故吏少見其面。有詩述志，以陶潛自況。卒年七十六。

昂，富順人。崇禎十二年舉於鄉。後調靖州。

士美，思州人。崇禎十二年舉於鄉。

若郭，滎縣人。崇禎十二年舉於鄉。

冷孟銋，銅梁人。崇禎十二年舉於鄉。歷羅山教諭，潛江、棗强知縣。自職方主事，累陞太嘗少卿。黨於孫可望，屢劾吴貞毓。密敕之獄，盡置十八人於死者，孟銋勸之也。轉太嘗卿。

李定國奉昭宗入滇，擢刑部左侍郎。會鄭成功海上使至，請集滇、黔、楚、粤師出洞庭，會南京。下羣臣議。孟銋曰：「國姓執大義，拒父命，遠隔海洋，貢問不絶，實有桓文尊周之義。包胥存楚之心，宜晋封爵，以鼓向義。雖祖制外臣無封王之例，今擾攘之際，豈可守經。況國姓係先帝賜姓，義同天潢，以郡王爵之，亦與祖制無違。」乃封延平王。調兵部，旋兼僉都御史巡撫貴州。

永曆十二年四月，清兵趨貴陽，總兵梁亦英戰敗開州倒流水，馬進忠、馮雙鯉兵至，留守不得，孟鉦仍自守。閏二月，清兵大至，以十餘騎走威清。許光達、馮際寅等戰死；龍納箴及守道曹胤忠，將軍劉偁、徐廷威，總兵康國臣、裴芳、李世傑、吴官、王嘉賢、韓國柱、李景瑜、趙武，副總兵張應舉，參將萬成功，都司高科、邵見、姚浩、徐龍，親軍指揮使趙弘德等一百四人降於清。廩生廖際亨以糧齎敵，孟鉦被執。洪承疇待以賓禮，曰：「公如歸誠，當仍用撫黔。」孟鉦曰：「寧爲天朝鬼，不作畔逆遺臭。」乃送雒託軍前，亦以甘言招之，孟鉦不爲屈膝。强之薙髮，不從。與賀覲明同赴市，挺然直立，罵不絶口死，並解其屍。事聞，贈尚書，蔭子之旭錦衣僉事。

光達，字嵩岳，新貴人。諸生。奢、安亂後，輸財充餉，從胡平表平黄沙壩諸苗有功，除夔州參將，總十三隘軍事，力拒流寇。昭宗時，遷都督僉事致仕。與子指揮僉事斌，千户翔、耀，叔諸生世英、世嘗、世璧、世傑力戰死。許氏先後死者十二人。

際寅，東莞人。貴州參將。子士重。

納箴，漢川人。崇禎十三年特用。歷貴陽推官、嵩明知州、貴州驛傳副使。

覲明，字長生，江夏人。大學士逢聖子。任錦衣指揮使，改貴陽知府。永曆十二年八月，命以敕印封承疇興化王於貴陽，被執不屈。

又司顯枝，字王達，清平人。世指揮，挂英勇將軍印。被執，承疇釋之，仍故官。曰：「國恩思報。」至家自經死。

贊曰：躍龍、鑛、年策、逢玄，與孫可望黨；煒、獻忠、天擢，從李成棟畔，然皆革面洗心，晚節自蓋。京、源、彝、應龍，力疾致命，蒙難而正，所謂能改過者歟？孟鉦銜温序之鬚，裂睢陽之眦，又何烈也，豈楊在安龍紀事失其實耶？抑固兩截人也？君子取節焉可已。

南明史卷五十八

列傳第三十四

無錫錢海岳撰

嚴培恩　陸世廉　余士琮　沈兆祖　于元煦　高操　夏楚瓊　熊一鳴　湯開泰　韋崇節　林兆貴　黄廷俞　黄卿雲　安如極　吴晋錫　龍大綬　吴敏師　子兆崙　張元琳　樊師孔　傅應期　官撫極等

劉靖　高耀　賀丕業　王上庸　吴繼嗣　李當瑞　陳學益　李齊魁　田龍等　蒲輅　嚴瑋　兄祇敬

沈光文　陳瑞龍　萬年英　陳駿音　劉玉龍等　鄒鎏　陳翀　趙京　陳孝威等　楊永泰　楊通寰

傅胤孫　王徽前　朱昌任　鄭同玄　楊林芳　陸樞等　王朝柱　謝昌　陳子達　原抱奇　王如輔

吴國相　夏燴如　翟登雲　李果奇　周裕珽　林瑶　富焕生　陳良能　曹恢等　劉懋和　陶淑　梁雲昇

丁元相　楊禹甸　鄭之珖等　謝秉鉉　吴鉏　屈士熼　弟士煌　鍾丁先　凌民錀　楊廷樞

陳譔等　沈壽民　劉城　康范生　張自烈　弟自熙

羅大任，字小遜，豐城人。崇禎元年進士，改庶吉士。授簡討，直經筵。撰講義，上多嘉許。一日，講寶訓畢，復命講律。大任於律中「以」「准」「皆」「各」「其」「及」「即」「若」八字，各疏百餘言。上動容曰：「朕聞寶訓不勝爽然，聞律令，不勝惻然。每字中有許多義例，安得不惟刑之恤乎？」歷諭德、國子司業，管誥敕。典順天試，稱得士。十四年上幸學，講易咸卦。十六年册封益王歸。北京之變，仰藥不死，自經獲救。弘光時，遷中允祭酒。紹宗立，擢少詹事、侍讀學士、僉都御史，管南昌恢剿，入爲禮部右侍郎。昭宗即位，兼詹事，從扈滇京。生平坦易無城府，和而有介節。國亡，優遊林泉。蔡士英、郎廷佐屢聘不出。卒年八十二。

子拱垣，字維北。崇禎十五年舉於鄉。連平知州。

昭宗之世，先後翰詹中書多知名士，可考者爲王華玉、張鳳翼、闕士琦、劉明遇、陳謨、滕之倫、趙彤對、陳鴻、吴熙、駱鳴雷、鄒統魯、黄遂、鄒國棟、黄元祥、尹體震、殷弼、曹襄、賀與裕、勞佐、李延是、駱養志、鄒名標、朱志韓、蔣輔聖、王咸臨、姚子英、彭篤壽、洪恩榮、支奕昌、歐陽遂、劉自琨、高應雷、冉學匯、劉坊、容士懋云。

華玉，字實功，安福人。崇禎十三年進士，授滄州知州，歲大饑，力振活人無算。調鬱林，清兵至，不屈。遷編修，知制誥。曹燁反正。擢兵部，與歐陽霖交疏攻之。陞少詹事。文詞藻美，一時推重。廣東再陷，隱青原終。

鳳翼，宛平人。崇禎十三年進士。自茂名知縣，歷兵科給事中、編修、修撰、日講、少詹事，掌翰林院。

士琦，字褐公，嘗德桃源人。崇禎七年進士。自南安知縣，遷簡討、編修。從子聞，字令聞，隆武二年舉於鄉。有才畧，上策當事。爲僧岳山。清徵不出，卒年八十四。弟士琳，字虹叔，副貢。石門知縣，累陞監軍僉事。隱。

明遇，字浣嵩，崇慶人。舉於鄉。歷日炤、祁陽知縣，衡州推官，工部主事，管錢法。與李又新同考隆武二年湖廣鄉試，陞編修。講學新寧象王峯。

謨，字賡鹿，墊江人。選貢。自石阡推官遷編修。隱貴州黎村。卒年七十五。

之倫，字伯倫，全州人。萬曆四十三年鄉試第一。自靈寶知縣授庶吉士。隱施州。

彤對，安縣人。選貢。授庶吉士。

鴻，封川人。選貢。熙，宜興人。歲貢。皆待詔。

鳴雷，字乃震，歸善人。崇禎十二年舉於鄉。藤縣教諭，遷中書舍人。國亡，講學西湖。與葉維陽修復堰隄，民食其利。卒年七十八。父承芬，字蘭如。諸生。衡州陷，命子乞師沈猶龍。隆武元年卒。

統魯，字大系，酈縣人。崇禎十五年舉於鄉。導猶龍復郴、衡各郡，授中書舍人。隱祁陽山中。

遂，字月璧，從化人。歲貢。陳子壯妻弟。有才名。歷宗人經歷，修玉牒。中書舍人，掌誥敕。從弟應舉，字慎玉。天啟七年武舉。杜門。

國棟，思南人。選貢。河陽知縣，遷中書舍人。死難廣東。

元祥，番禺人。恩貢。唐王聿鐭建號，授推官。昭宗改中書舍人。國亡隱。

體震，字恒復，東莞人。諸生。隆武時，張家玉薦，未赴。昭宗授中書舍人。與祝子堅爲僧羅浮，卒年八十二。

弼，字夢臣，茂名人。舉於鄉。黔陽知縣，中書舍人。講學融縣長安村，多士化之。卒年九十二。

襄，字素臣，番禺人。與裕，衡陽人。選貢。伭，靈山人。選貢。皆中書舍人。

延昰，本名彦貞，字辰山，上海人。徐孚遠弟子。從謁福京，授待詔。昭宗遷中書舍人。從扈桂林，上書瞿式耜。晚爲道士，隱於醫。

養志，新田人。歲貢。名標，寶慶新寧人。諸生。志韓，富順人。諸生。輔聖，全州人。崇禎六年舉於鄉。咸臨，全州人。崇禎十五年舉於鄉。子英，歸善人。諸生。篤壽，寶慶新化人。恩貢。恩榮，平溪人。崇禎十二年舉於鄉。奕昌，安順人。崇禎三年舉於鄉。遂，桂陽人。歲貢。自琨，攸縣人。皆中書舍人。

應雷，字澹生，昆明人。永曆十一年舉雲興鄉試。授中書舍人。初，孫可望入滇，名稱歸正，實持兩端。招應雷，不赴。已命聯絡辰、沅勳鎮恢復。十三年，師潰沅興，隱溆浦。亡國之戚，一寓於詩。

學匯，思南人。崇禎十二年舉於鄉。中書舍人。與同郡知府蕭其澤隱。

坊，字懷默，新會人。選貢。文華殿中書。

士懿，新會人。增生。自兩淮運判，遷武英殿中書。

汪郊，字辰初，歙縣人。崇禎十二年舉於鄉。隆武元年冬，試吏部第一。授瓊州推官，潔己恤下，慮囚平反百餘人，減死刑者十餘人。洪天擢守海南，以參將陳建有貳志，執殺之。建，閩人，閩人家萬州那落村者數千人，驚聚自保。郊單騎慰之，衆乃散。海南陷，遁山中。

李成棟反正，附義師馮猶龍舟至香山海口，說之來歸，疏薦副總兵。謁昭宗潯州，補儀制主事，掌鑄印事。瞿式耜疏薦簡討，晏清再疏薦稽勳員外郎，轉考功郎中。請行察典，汰冒濫，忤貴人意。陳邦傅畔，從文安之扈南寧。時部事寢閣，安之、嚴起恒、朱天麟合請以司官行部事，護堂印，夙夜勤勞。兼編修，調文選。楊在病，代掌誥敕。

孫可望請迎駕，有議航海者，郊曰：「今無崖山可航也，將安之乎？」堅請幸廣南，乃之安龍。

可望憾安之，誣賣劄，請予顯戮。事下部，諸臣多附會，郊獨持考功法，得戍而去。李如月忤可望，又請治輕典，以作敢言之氣。

密敕事起，出馬吉翔於外。郊曰：「出斯人，保其不爲外患乎？」已果事洩。吴貞毓知必及禍，預以密敕詞頭札諭付郊，與都督張日升祕藏枕中。至是大獄興，貞毓妻裴執去詰問，而王長班者語露寄敕事。郊聞，急回家命妻火之。鄭國及坐鎮張報功，以緹騎掩至，大索不得，乃已。

八年，至滇京，晋侍讀、少詹事。與楊在同典雲興鄉試。十年，陞左通政，仍署文選事。會枚卜吉翔，與臺省力請勿予。欲用安之，次日而中旨下。十月，以滇官皆可望所授，請行察典。歷諭德、侍講。

十一年二月，兼經筵講官。東宫出閣講學，與陸振奇同充講官。李定國以銓政事重，命理選事，方可出部，郊舉宋光祖自代。可望犯闕，王尚禮迫居輦轂，疏請沐天波縶之，絶內應。八月，再與在典雲興鄉試。可望平，擢詹事、實録纂修副總裁。

上幸緬甸，追及楚雄玉龍關，溺水幾死，以疾留大理山中。清召力拒，歷二十餘年歸里卒。

郊簡静有志操，以博學工詩，負文望。滇京推爲詞宗。昭宗即位，文物草創，詔令鮮所緣飾。及幸肇慶，人士少集。自郊以外，温溥知强識有才思，官祠祭員外郎。彭猋工行草書，官職方郎中，稱彬彬焉。

振奇，字庸成，錢塘人。萬曆三十四年舉於鄉。孝友能文，深於易。官光禄少卿兼編修。

溥知，字玄博，三原人。

焱，字然石，孝感人。歲貢。偕妻胡避兵黔陽。清兵至，胡不屈死，焱降於清。

與郊同隱者：

俞情，字霽和，諸暨人。自邵武同知調廣西。清起不出。

趙雪濤，江西人。隱臨安市，閉門賦詩，後入雞足山。

戴謨，字明弼，貴州人。父爲河西教諭。隱臨安。

鄧魁春，字梅庵，臨川人。授徒元江。皆以詩文名。

陳文偉，江西人。舉於鄉。隱路南。通易，學者得其傳。

張以恒，字子正，江陵人。隱大理。廉介擅詩文。後居蒙化巄岈山下。

潘昌，字燕如，紹興山陰人。居霑益，州人學詩詞者奉爲大師。

劉朗，字竹庵，河南人。居寧州。軀幹奇偉，鬚眉怒張如戟。嗜酒，日夜飲，醉則北向大哭。飲者叩之，不答。善畫龍魚，酒間揮毫，頃刻立就。

葉文爆，字洞陽，南溪人。精研詩古文史學。隱臨安。

黄河清，字澄之，江夏人，諸生。隱石屏。與河西王士章、黄岡潘一水賡和。清召不出。

畢熙寧，字坤一，歙縣人。破家起兵，授武岡知州。國亡，不言其生平，居石屏異龍湖島。臨殁，自焚詩草。

潘九閑，字大德，蘄州人。諸生。隱石屏。

公孫飛龍，本姓名理克全，歙縣人。自號天都九子。國亡，之石屏。人問姓名不答。曰：「吾願得死溝壑，無人知，足已。」詩忠憤多奇句。

古典，字石鏡，酆都人。心弟。詩文高遠。爲道士尋甸，後居宜良。

王有詔，字世綸，四川人。從父宦貴州。隱霑益。篤志力學。

李學期，字知音，南溪人。父官建水知州。爲僧。

劉一經，不知何許人。知州起龍子。諸生。隱浪穹茈碧湖。

周東華，本姓崔，商丘人。永曆末，至騰越，改姓名，不食，與人言儒理。

蕭道明，無錫人。爲僧雲南，曰行脚僧。

周璧，雞足山僧。上賜紫衣。

月幢，安龍人。滇京石寶院僧。永曆七年冬，上向其道風，請開示求偈。法名真佛。

上錫椹服，恩渥甚厚，發帑藏爲國祝釐。

玄珠，字仙佗。居雞足山。詩滄桑之感，不忍卒讀，蓋國亡後爲僧者。

陳世傑，字忝生，南海人。崇禎十三年進士。授中書舍人。紹宗立，遷編修。忠誠急，以虔危未解，粤策難緩，疏陳便宜四事：事權太重，行間直作話柄，直有大不便、大不宜者。上嘉納之。廣東陷，降清，與李成棟反正。永曆三年，擢左庶子，與蔡之俊同充日講官。世傑朴直，不以才著。稍晋國子司業，行祭酒事。見時事日詘，遂謝病歸。

之俊，字彦伯，江夏人。崇禎十二年舉於鄉。以中書舍人參何騰蛟軍，遷簡討、大理丞。高必正、李赤心來歸，與張家玉合疏言：「曲突徙薪，事幾不再。當乘其鋭氣，會擣南京，勿令轉合敵人，後悔噬臍。」劉承胤專横，疏劾之。已與宗室統鉎、盛濂從瞿式耜守桂林，運輸有功，轉編修、右庶子。與丁時魁厚善。時魁下詔獄，朱士鯤奏之俊爲時魁黨。之俊因移病去，隱西寧山中卒。

時先後官國子監可紀者：

夏廷楫，武岡人。隆武二年舉於鄉。上幸奉天，授祭酒。弟廷栻，侍郎。

談兆隆，字伯棟，丹徒人。順天府尹自省子，選貢。歷國子學祿、學正、司業。詩文瑰麗。弟兆行，字仲時，歲貢。弘光時待詔。

敖惟嶁，榮昌人。萬曆三十七年舉於鄉。太倉知州，累擢司業。

喻椿年，榮昌人。博士。

陰旭，長沙安化人。選貢。助教。

莫若麟，新會人。歲貢。學正。

屈鷊，番禺人。崇禎十五年舉於鄉。學正。

黄守誼，字屺依，陽春人。歲貢。古田訓導陞學正。卒年七十三。

鄭封，字大埜，祥符人。崇禎七年進士。父憂歸，泣血三年，謝絶賓客。服闋，不補官；以母命就選行人。母殁不仕。李自成攻開封，上城守策高名衡，多奇中。從周王恭枵守城，於風雪中衣不解帶者二十日。十六年，起江西道御史，巡視北城。出按廣西，妻子留北京。城陷，一家入御河死。

紹宗立，起山東道。靖江王亨嘉反，劫勸進，不應。昭宗即位，遷通政使。及幸平樂，走博白山中爲僧，名鐵船。已聞車駕將東，與田芳待於梧州。一夕瘴發，皆暴卒，葬長老寨。子庚錫，抱屍痛哭死。

芳，字象峯，孝義人。崇禎十年進士。歷歸德知府，職方郎中，陜西督糧參議，睢東副使，江西督學僉事，太嘗、太僕卿。以廉正稱。

時李和鼎、李日芳、鄧務忠先後官通政。

和鼎，字調甫，吉水人。天啟七年舉於鄉。歷程卿、東安知縣，通政參議，右通政，太僕卿，監軍守桂林，陞通政使。理學氣節，行朝一時推重。

日芳，杞縣人。崇禎六年舉於鄉。通政使。

務忠，字子良，南海人。崇禎四年進士。授蒼梧知縣，遷山西道御史，巡按貴州，監督軍餉。地多土司，維大體，肅紀綱，省訟獄，裁濫費，甦民困。以平水西功，擬陞京卿。權貴尼之，改湖廣參議。歷太嘗少卿、左通政、通政使卒。

米助國，字民和，辰溪人。天啟五年進士。授龍泉知縣。撫按檄建魏忠賢生祠，執不可。忠賢敗，治立祠罪，江右獨無，龍泉力也。遷福建道御史，巡按宣大，出尚書畢自嚴、給事中章正宸於獄，竟坐落職。永曆中，擢大理卿。國亡，避地東山，減食飲卒。

子肇頤，字觀甫。歲貢。銅仁知府，拒寇全城。陞威清僉事。肇灝，字梁若。歲貢。

隱。孫元倜，字吉人。永曆八年舉貴州鄉試。工古文。國亡不仕。元伺字同人，永曆八年舉貴州鄉試。降清。族人雲琳，選貢。銅仁同知。潔，歲貢。桂林通判。

時劉邦彥、潘紱、毛鳳池、郭運暄、楊元先後官大理。

邦彥，字士美，龍陽人，天啟四年舉於鄉。歷樂亭教諭，高邑知縣，調密雲。俺寇犯邊，單騎諭利害，寇折服去。遷大理評事，恤刑四川，累陞大理卿。卒於家。

紱，字來朱，大足人。崇禎九年舉於鄉。詹事主簿，歷職方員外郎、大理少卿。寓貴州。清起不仕。

鳳池，字薇垣，泰順人。諸生。授來賓知縣，調陸川，累遷廣東糧儲僉事副使，入爲大理卿。上幸安龍，不及從，入肇慶山中。清大吏跡得之，勸之仕。曰：「吾大明世家子，何忍辱祖父！」力辭不獲，絶粒死。

運暄，字負暄，富順人。崇禎十二年舉於鄉。授白水知縣歸。爲孫可望所執，遷大理評事。李定國怙勢興大獄，以法力爭，得已。洪承疇薦，不赴。

元，揭陽人。大理評事。

潘應斗，字章辰，武岡人。崇禎十六年進士。候選北京。北京亡，徒乞至南京。會安宗立，痛哭陳時政，言甚激切，爲馬士英、阮大鋮所扼。授萬州知州，攝樂昌知縣。清兵至，就王啟祚、韋章玉居。

昭宗即位，遷雲南道御史，未任，改驗封郎中，調文選，尋晋太常卿。見劉承胤亂政，度不能抗，乃告終養去。與弟應星誅茅威溪之麓，著述唱和。爲古文詞類歐、王，高潔有法。清三徵不起。晚歲灌園自給，敝衣垢履，日荷鋤鍤耕作，雖饔飧不給，晏如也。

應星，字夢白。選貢。官儀制主事。嘗刲股愈父疾，人稱孝感。子友珠，歲貢。叔一龍，總兵。

啟祚、章玉，樂昌人。崇禎九年舉於鄉。

時先後官太嘗者，爲趙龍、謝良瑾、何藻、盧兆龍、曾文煒云。

龍，字裕庵，番禺人。崇禎四年進士。授興化知縣，禽盜渠三十七人，餘黨駭散，水患頻仍，請緩徵不得，落職。後起太嘗卿。降清。

良瑾，字芝烟，全州人。崇禎十三年進士。歷長洲知縣、給事中、太嘗卿。從子錫甲，字恒叔，隆武元年舉於鄉。皆隱。清薦山林，不出。弟良琦，字仲韓，崇禎十五年舉於鄉。嘗州通判。降清。

藻，字采侯，香山人。萬曆四十年舉於鄉。自户部廣東司郎中，陞太嘗卿。

兆龍，字本濳，香山人。天啟二年進士。授清江知縣，勸課農桑，輕徭役，立樟樹石隄，與諸生談説理要。歷禮科給事中，吏科都給事中，掌計典，抗論權要。張捷舉呂純如，疏陳純如名在逆黨，並劾捷妄舉，事乃已。前後掌垣八年，多建白。册封益、桂二王歸，起太嘗少卿，晉卿。

文煒，南城人。太學生。太嘗少卿。

文燠，字木生，華容人。崇禎三年舉於鄉。授南部知縣。未一月，張獻忠兵至，誘之降。燠書「諸葛未亡猶是漢，伯夷雖死不從周」二語於官廨而去。永曆時，與劉瑄崎嶇滇、黔間，累官至太嘗卿。已黄冠歸里。洪承疇薦起之，謝以詩。知不可屈，禮歸之，卒於家。

瑄，字他山，澧州人。崇禎十三年進士。授簡討，以母憂歸。獻忠破澧，奉父避慈利。聞北京亡，囓指血作書，託弟終養老父，將自盡。家人羅守之，父泣諭，乃止。弘光、隆武時，遷右中允、侍讀，未赴。湖南陷，父歿，從何騰蛟、堵胤錫起兵，累擢太嘗卿。後入衡山爲僧，朔望北向長號。和瞿式耜詩，爲世傳誦。

時先後官太嘗者，有龔善選、許兆進、吴之俊、蔣之藩、陳正心。

善選，字大生，清江人。崇禎十三年特用。授安順推官，令行法肅，苗蠻畏順。從楊廷麟軍，遷禮科給事中，疏陳大勢攸歸。改兵科，册封李赤心、高必正。從扈奉天，陞太嘗少卿。後死兵中。

兆進，字哉庵，莆田人。崇禎十三年特用。授沔縣知縣，遷全州知州，歷户科、吏科、兵科都給事中，太常少卿。

之俊，廬江人。諸生。弘光時，上書請開礦，不許。史可法薦江西通判。自楚雄知縣，遷職方主事。昭宗立，命祭告孝陵，累陞太常少卿。永曆六年，齎敕勞孫可望。文安之密請當速通李定國，此人乃心王室。之俊回奏，密敕事始此。滇京亡，降清。

之藩，會同人。選貢。太常博士。

正心，字知先，黄平人。隆武元年舉於鄉。請兵平藍二，授太常博士。從扈歸，聞滇京凶問，痛哭死。

諸葛倬，字士年，晉江人。隆武時恩貢。工行楷、八分書。蔣德璟薦授待詔，加御史、職方郎中、僉事，監鄭鴻逵軍出浙東。福京亡，與許吉璟、黄維璟依鄭成功思明。昭宗晉光禄卿。有降臣某書招之，謂「幡然肯來，監司可立致」，且怵以危語。倬復書謂「須彌大千，何問微塵，必欲相强，便當刳胸著地，勿問是肝是肉矣。」某得書，惘然而罷。後卒於東寧，年七十九。

吉璟，字延公，莆田人。崇禎十六年進士。繇華亭知縣，擢刑部主事。入東寧卒。

維璟，字子昆，南安人。崇禎十五年舉於鄉。參成功軍，授海澄知縣、察言司。清兵至，以擅離，爲成功所殺。

時嚴培恩、陸世廉、余士琮、沈兆祖、于元煦、高操、夏楚瓊、熊一鳴、湯開泰、韋崇節、林兆貴、黄廷俞、黄卿雲、安如極、吴晋錫、龍大綬先後官光禄。

培恩，字心印，高明人。崇禎四年進士。歷行人，南京工部主事、武選郎中，二主武闈。累陞光禄卿。卒年八十。

世廉，字起頑，長洲人。貌修偉，長經學。以選貢授廣州通判，遷廉州知府，調梧州，廉介有聲。上親征頌，陞光禄卿。歸二十年，居空晏如，卒年八十五。

士琮，字子旦，新會人。萬曆四十年舉於鄉。歷南京國子助教，刑部司務，多平反。累遷户部主事、員外郎。都城戒嚴，咄嗟立辦。出爲金騰僉事，解除煩苛，練兵籌餉，化頑鋤奸。陞太僕丞，轉光禄少卿，卒年八十一。

沈兆祖，不知何許人。府江副使，入爲光禄少卿。

于元煦，東阿人。元燁弟。選貢。桂林知府，歷府江僉事、蒼梧副使，入光禄少卿。

操，略陽人。光禄少卿。卒年八十一。

楚瓊，衡山人。選貢。光禄少卿。

一鳴，雲南人。副貢。光禄少卿兼御史。

開泰，南豐人。廣州同知，累遷光禄少卿。

崇節，上林人。選貢。安寧同知，麻哈知州，累遷光禄少卿。降清。

兆貴，廣州三水人。恩貢。光禄丞。

廷俞，順德人。恩貢。光禄丞。

卿雲，饒州安仁人。恩貢。光禄丞。

如極，寶慶新化人。選貢。光禄丞。

晉錫，宜興人。恩貢。光禄丞。

大綬，高州石城人。諸生。光禄正。

吴敏師，字恂可，廣濟人。太嘗少卿亮嗣子。負膂力，通兵法，以恩貢授確山知縣。邑累殘破，敏師披荆棘。聞土寇朱奇三千人據水屯，單騎直入，流涕諭以順逆，皆解甲降。於是修戰備，以財佐軍。寇至，出奇殲之。寇恚，悉衆二十萬奄至城下，屋瓦皆震。敏師伺其懈，率諸生潘鶼翔出戰盧塘寨，檄林質設伏，寇入伏中，大潰。未幾，又合十三營至，與典史張裕芳，教諭蕭希何、李貴中，諸生李在公，千總張養文誓死守。天旱，井涸無水。五日寇攻益急，會大雪數尺，城中得水，氣益振。寇中毒弩死，斬獲無算。凡九日夜，寇計窮走，城乃全。遂益開屯，免賦役，濟流亡。數年，寇相戒不敢犯。加職方主事。已饋糧黃得功，大破賀一龍、賀錦葉縣，又立保定營，合蘄、黃四十八寨，從方國安敗張獻忠金沙洲，復武昌。永曆時，累陞太僕卿。後死湖南。妻劉水死。

子兆崙，字懸璞。去諸生。工詩。寓靈山憤死。

時張元琳、樊師孔、傅應期、官撫極、劉靖、高耀先後官太僕。

元琳，字西塘，晉江人。崇禎十六年進士，改庶吉士。降李自成，南歸。李成棟反正，歷廣東督糧參議、嶺西參政、太僕卿。

師孔，字叔魯，平越人。萬曆四十六年舉於鄉。歷户部主事、大同參政、太僕卿。

應期，字兆合，進賢人。萬曆四十六年舉於鄉。授順昌知縣，寓賦催科；凡訟者務勸息爭，隨以禮直之，使平情而已；又與士民講孝弟。在任一年，寇散民安。以楚王造錢，力爭歸。已起宣化。永曆時，累擢右江參議，入爲太僕卿，三年卒。子弘烈字仲謀，隆武元年舉廣西鄉試。自遷江知縣陞御史。降清，事見清史。

撫極，字建之，黄岡人。太嘗卿應震子，選貢。授貴陽通判。以捍衛畢烏功，遷興隆同知，轉平越知府。苗藍二圍城七晝夜，力拒之，伺隙以七十壯士襲禽其渠。陞太僕卿致仕。兄撫辰，字凝之。選貢。授桃源知縣，上治河需兵議。監軍真、保，遷徐州知州，擢揚州知府，未赴。歸練五營鄉兵，拒寇全城。南京亡，爲僧揚州，名德昰，字劒叟。弟撫邦，字綏之。歲貢。自大冶訓導遷梓潼知縣。降清。

劉靖，湘潭人。以才能累官太僕卿。

高耀，字海容，姚安人。世襲土知府。沙定洲反，從沐天波守楚雄，又從至永昌。及歸，止僧舍，天波薦，自太僕丞，歷光禄卿、太僕卿。扈駕騰越相失，入雞足山爲僧，名悟禎。子天明，降清。

賀丕業，字退庵，丹陽人。諸生。少隨父懋讓之任上林。昭宗在潛邸，丕業伴讀。及即位，授主客主事。永曆二年五月，轉精膳郎中，加太僕卿。見袁彭年議論乖方，陳邦傅跋扈無上，慨陳四維三綱人心朝廷一疏，言詞懇到，推爲中興第一奏。彭年大恨，欲毆殺之，遂潛入高明、四會，追逮禁錮爲民。後爲僧四川。或曰卒於途。

時與上潛邸有舊恩者：王上庸、吴繼嗣、李當瑞、陳學益、李齊魁、田龍、蒲輅。

上庸，永州東安人。武進士。張獻忠至，上庸發佛朗機殺數十人，藥盡，乃發鐵礮，又殺九人死。

繼嗣，字本初，涿州人。道州吏目。獻忠授永州經歷。上自衡州走道州，陷寇中。獻忠命湖南道徐甲送衡州，繼嗣夫婦力調護。徐故衡陽知縣，崇禎十五年舉人，陽藉撥夫緩期，密啟上已預馳書桂殿下策應，幸靜俟之；又飭守者都司王有成不令寇驚上。常瀛得書，乃與靖江王亨嘉急召楊國威及指揮洪聲茂狼兵七萬兼程復永州。徐已死亂軍中，繼嗣以肩輿衛上與太后出。上失金册，覓之以獻。及即位，授錦衣衛指揮使。

當瑞，字子祥，江寧人。天啟五年武進士。從孫傳庭剿寇捷三水，累官廣西都司。復永州，扈上全州。亨嘉反，不受僞命，從瞿式耜守桂林。遷錦衣僉事，挂蕩虜將軍印。後入山。清招不出死。

學益，字建隆，耒陽人。諸生。崇禎十三年，常瀛命長史趙良相延爲教授。扈至肇慶，竭蹶從亡。晚乃歸隱，卒年七十五。

齊魁，字郁吾，萬全人。太學生。桂府長史，侍安仁王由𣚴講讀。由𣚴南走，以上屬託，遂感激勿去。尋負由𣚴出奔，死於水。妻史殉。上即位，贈一品全真夫人。

龍，字汝霖，祁陽人。工詩畫。爲桂府官。隱永州梅溪洞，卒年八十四。子山雲，字雨伯，詩書畫入逸品。

輅，永明人。常瀛走梧州，由榱省之，經永明道梗，輅保護之。授本府書堂官，賜「功著麟封」額。

嚴瑋，字伯玉，常熟人。大學士訥孫。恩貢。弘光時，任中書舍人，爲祁陽王禋㳄客。繼入何騰蛟、瞿式耜軍。伉直好言事，章輒數千言，嚴起恒嘆服，欲改御史。騰蛟疏薦下筆成文，請改科，爲丁時魁所阻。尋遷禮部郎中、光禄卿。及召入，起恒仍理前說，瑋曰：「時魁在，不得爲，因其去爲之，無所恥也。豈清卿遂不可言耶？」因劾王化澄、萬翱、徐極爲滇封搴延泰諸事，文書房不納，乃辭去。久之，擢太僕卿，未赴。奉禋㳄隱平樂回仙洞。桂林平樂陷，清兵跡方以智、錢秉鐙於其家，不可得，則縛瑋掠之。馬蛟麟招之降，不可；脅以刃，誘以冠服，並不答，乃改容禮之。嘗省母一還里門。晚爲僧，仍入回仙洞以終。

妾鄒淑芳，字蕙祺，吴江人。能詩。從瑋轉徙楚、粤，年二十四而夭。有詩百五十首，題曰三生石草。病革，自焚之。

瑋兄祗敬，字仲日。擅詩文。國亡，與葉紹袁祝髮同入皋亭山卒。

沈光文，字文開，鄞縣人。選貢。預畫江之師，監國魯王授太嘗博士。已從至長垣，累遷工部郎中、太僕少卿。軍潰，從王不及，走肇慶，昭宗擢太僕卿。永曆五年，兩粤再陷，繇潮陽至金門，從扈魯王。閩督李率泰招之，焚其書，返其幣。將航海，居泉之海口，颶風失維，飄之臺灣。

時臺灣猶爲紅夷地，從之，受一廛。及鄭成功至，知光文故在，喜甚，以客禮見，致餼撥田宅贍之。鄭經嗣，頗改父政，諷以詩，幾得禍，因逸至羅漢門爲僧，授徒以給，不足則濟以醫。嘆曰：「吾二十年飄零絶島，棄墳墓不顧者，祗欲完髮以見先帝，而卒不克，其命也夫！」其後臺灣亡，總督姚啟聖貽書曰：「管寧無恙耶？」尋卒於諸羅。光文居臺三十年，蓋及見延平三世之盛衰云。

同時隱居者：

陳瑞龍，字贊侯，湖廣人。以武進士官參將，從張家玉起兵東莞，累功遷總兵。清兵追急，負家玉走，殺敵得脱。後從成功攻瓜洲，奪木城三，晋都督。晚與徐孚遠諸人遊，卒於思明。

萬年英，字静齋，黄岡人。諸生。魯王賜進士，授台州通判。紹宗登極詔至，魯諸臣不用命，年英獨言此時不宜異議。上聞而嘉之，遷兵部主事。疏陳三事，侃侃不阿。福京亡，遁思明。昭宗以郎中召。永曆七年，復奉命至思明，卒於南澳，都督江楝、陳俊葬之。

陳駿音，漳浦人。黄道周弟子。諸生。隆武時，官中書舍人、監紀推官。道周師次明堂里，知必敗，出所著書畀駿音，間道持歸。偶客邸火，燼焉，每語及輒哭。福京亡，依成功思明，爲吏都事。經與耿精忠敗盟，駿音謂：「墮兩國之好，失同仇之義，致前門拒虎者，灰心薙髮，悔何可追？今惟遣將倍道出邵武，攻南臺，親統六師，臨江督戰，庶可冀成效。若優遊歲月，恐禍不遠矣。」馮錫範詆爲老悖，出爲銅山安撫司。臺灣亡，遁潮州卒。

又有劉玉龍、洪七峯、許而鑾、盧君嘗、蔡諍虎、駱亦至、吴亦庵、章東生、曾則通、吴正甫，皆遺臣之避地思明者。玉龍，漳浦人，諸生。年英薦有經濟才，授職方主事。而鑾、君嘗、諍虎、亦至，同安人。而鑾傾財起兵。亦庵，江西人，嘗官兵部，寓居醉仙巖以終。當成功入臺，忠義同行者七百餘人，其詳不可聞。

鄒鎏，字如礪，海陽人。崇禎四年進士。授户部主事，榷河西務，釐剔一清。累遷員外郎，專理新餉四川司郎中。出爲襄陽知府。張獻忠據穀城，練兵籌餉，出奇制勝，固守四月，城獲全。署鄖襄監軍副使，禁旅變，諭解之。獻忠詐降，議發帑犒師。鎏力言不可信，且無尺寸功，不宜擅動庫藏，執不可。忤熊文燦，以母老歸。

昭宗即位，擢太僕少卿。永曆七年，與郝尚久以潮州反正，傾家助餉。郭之奇疏薦鎏、洪夢棟宜陞用。會李定國攻新會敗歸，乃不出。

同時先後太僕同官：

陳翀，字雲生，天興長樂人。尚書長祚孫。任前府都事，歷工部員外郎、郎中，尚寶少卿，陞太僕少卿。昭宗自肇幸梧州，轉南寧，始終隨扈鋒鏑中，叠受刀刃，負創至潯州卒。友人劉伯玫轉徙七載，負骨歸。

趙京，字禹門，南豐人。恩貢。武英殿中書。封山妖亂，出金三百、米千斛餉軍，累陞太僕少卿。卒年八十八。

陳孝威，字興伯，臨川人。行人際泰子。選貢。雄才大畧，自負知兵。累官太僕少卿。焦憤卒。弟孝逸，字少遊。隆武二年舉天興鄉試。好著述。昭宗崩聞，賦詩曰：「孤臣隱死無名字，孝廉爲我書銘旌。」而卒。

楊永泰，黎平人。崇禎十五年舉於鄉。歷耒陽知縣，文選主事，重慶、平樂知府，右江僉事，下湖南副使，兵科給事中，監兩廣軍。滇營縶之營中，瞿式耜賂七百金得免，女媳投水死。入爲太僕少卿。紅夷亂龍門，單騎招撫死。

楊通寰，鎮遠人。天啟四年舉於鄉。太僕少卿。

傅胤孫，昆明人。尚書宗龍子。任太僕少卿。

王徽前，平壩人。隆武元年鄉試第一。歷中書舍人、馬湖同知、知府。從李定國軍，累陞光禄少卿、太僕少卿。滇京亡，降於清。

朱昌任，高明人。恩貢。太僕丞。

鄭同玄，字黄中，潮陽人。崇禎七年進士。授六合知縣，摘伏如神。有江盜行劫被獲，誣引嘗州蜑户九人，訊者擬大辟。同玄謂去江三百里，一夜無可往返行劫者，報上得釋。縣無城郭，浚濠樹柵，爲守禦計。守兵爲亂，率士民力拒之，寇遁去。已以詿吏議戍台州。北京亡，痛哭歸。與鄉官吴仕訓城守。

紹宗立，起兵部主事，未行。聞昭宗即位，間謁梧州，遷陝西道御史，轉河南道巡按四川，陞太僕少卿。同時楊林芳、陸樞、王朝柱、謝昌皆除御史。永曆四年，上西幸，同玄入容縣。十月兵變，與子恩貢振芳皆不屈死。次子振華，亦以省父卒於廣西。

林芳，盧溪人。選貢。永曆元年，考選北流知縣，合懷遠夷峒義士譚時中、粟華錢二百十七家措貸器藥，計禽虜官，再定黎、靖。遷湖廣道。

樞，字公榮，吴縣人。副貢。廣東道。子炳，字文虎。與方甲間關南行。甲死清兵，炳迎櫃歸。

朝柱，雒容人。崇禎三年舉於鄉。雲南道。

昌，宣化人。隆武元年舉於鄉。香山知縣，遷廣西道，疏劾朱天麟於南寧用美女十二人輦輿。

時尚寶、鴻臚、行人官：

陳子達，順德人。崇禎七年進士。歷巴縣知縣、兵科給事中、尚寶卿。降清。

王如輔，泰和人。歲貢。鴻臚少卿。

吴國相，烏撒人。選貢。水藺亂，出家財佐軍。歷合州知州，鴻臚序班、主簿、少卿。

原抱奇，東莞人。例監。尚寶少卿。

夏煓如，宜興人。鞏昌同知、鴻臚少卿。

翟登雲，字羽儀，東莞人。鴻臚丞。工醫好施。卒年八十。

李果奇，字仲嘗，香山人。尚書孫宸子，副貢。行人。

周裕珽，字待旃，肇慶廣寧人。崇禎十五年舉於鄉。茌平知縣改行人。

林瑶，吴川人。諸生。行人。

富焕生，浙江人。行人。

陳良能，字心猷，黄平人。崇禎六年舉於鄉。行人。工詩。

曹恢，字鼎麓，江津人。崇禎九年舉於鄉。行人。篤守濂雒，以學行稱。卒年八十三。弟愫，真安知州。

劉懋和，字保之，富順人。選貢。行人。

陶淑，内江人。行人。隱大邑。

梁雲昇，字超然，宣化人。崇禎十五年舉於鄉。永曆初，糾義兵保鄉里，授中書舍人，累遷車駕主事郎中。五年十二月，綫國安陷南寧，上倉皇出狩，雲昇以兵數千護駕。適丁元相、楊禹甸至，同行及瀨湍。清兵追急，百官散失，雲昇獨斷後，力戰喬坂村。兵盡，與子振皆死，上以是得脱至安龍。

元相，休寧人。選貢。與姚大復、李春先同從何騰蛟軍，官參謀、職方郎中、監軍御史。五年，謁南寧，擢僉都御史監禁軍，晋太僕卿。

禹甸，字甸之，溧水人。恩貢。南寧考授國子學録，歷博士、學正，户部山東司主事、員外郎。朝議移蹕，疏陳甘心一死，言：「退尺失尺，守禦將士灰心怠懈，何以爲國守寸土乎？」諸言官繼之，乃已。未幾，崑崙關失。禹甸先奉命徵欠餉赴南寧督師軍前，馬吉翔已自新寧扈駕。行之喬坂村，欲前不得，而南寧已失。乃以已徵未解銀七十兩，封以關防，付逆旅主人。設酒祭先人。與雲昇偕飲，曰：「今夜猶大明酒也。」酒罷，火先人位，燈下作絶命詩，付逆旅主人曰：「有同官至，以銀付之。」明日，正衣冠投水死，屍立不仆。

同時鄭之珖，字於斯，廣安人。崇禎三年舉於鄉。授高州推官，清約不擾民。遷通州知州，未赴而北京亡。紹宗立，陞工部主事，轉員外郎。福京亡，賣藥新會。永曆二年，改户部。四年，擢祠祭郎中。命典試貴州不果。會孫可望入黔，以兵脅朝廷索封，文武不從者殺之。之珖棄官，躬耕湄水，與錢邦芑唱和。卒，謚貞慤。子全，諸生，死弘光元年難。族子開曙，字存夜。永曆中恩貢。歷陽江訓導、鎮寧知州、平越知府。降清。

謝秉鉉，字石生，紹興山陰人。隆武二年舉天興鄉試。昭宗立，授中書舍人，遷監紀推官。永曆二年，晋參議，監林時望軍，平横州土寇徐彪。馬吉翔陷時望死，以秉鉉監軍將及，且以其司餉，疑多所私，令銷算後處置。逮問無染，籍其家，得絹一疋、銀七兩，特赦之。旋除户部四川司郎中。

上幸安龍，追至瀨湍，道中阻，乃假道安南，及於安龍。先廣西土司奪高平翁賢侯、陶文貴餉，搆兵連年，秉鉉往解之，令還所奪，文貴德之甚。及是，因以假道，其主莫敬耀聞秉鉉賢，迎送禮甚恭。至安龍，時徒御猶未至，乃以義激民，民爭出役迎上。

十年三月，從李定國迎駕入滇。定國以武定有孫可望舊將賀九儀，驕横不法，請以秉鉉兼知府。既至閲城，有營卒犯法，立治之，一時肅然。滇田先爲可望所奪，名曰「營莊」，以營弁徵租賦，民病之，以無田爲慶。秉鉉以狀上，毁斗弛禁。定國更訪全滇，得其尤甚者七人誅之，滇民稱快。

十一年，定國發金二千，徵民夫五百，輓運烏撒。他郡應夫，仍歸金於定國，惟武定悉散之民。定國怒，逮秉鉉及和、禄兩知州，令凡五下，人多危之。既至，定國聲色俱厲，秉鉉從容對曰：「方今卧薪嘗膽之時，非信義無以激發人心。將軍重金而輕棄信義，以失人心，非計也。且守誠不才，負厥職，罪之當矣。若散金，非罪也，罪獨在守，非諸人之罪也。」定國善而釋之。

十二年，定國發千金糴米。是時王師將潰，或勸勿發以自利，卒盡發之。其後米果不及徵，貧民利者甚衆。會以秉鉉巡金沙江，督造船筏，以備建昌之幸。既而上幸緬，秉鉉追不及，隱於和曲，躬耕自食，閲三十七年乃卒，年七十五。

吴鉏，本名祖錫，字稽田，嘉興人。父文選郎中昌時，以罪死。鉏，副貢。素負大志，而又欲雪其父之恥。中原大亂，欲身任浙西，以浙東屬許都。都以兵死，忌者陷之，徐石麒力持之，乃止。未幾，兩京淪陷，散財結客。

昌時資四萬籍官，猶在嘉興郡庫，鉏屬當事爲之所，金得還。適陳洪範至，與鉏故，窺知其意，即矢天自言其不得已降清狀。鉏因以金與之，洪範後竟降清，鉏大沮。

從陳子龍、徐孚遠謀興復，子龍使偵事杭州，被執脱歸。已與妻弟徐枋往來靈巖、支硎間，又同棲積翠。

謁紹興，監國魯王授職方郎中。紹興亡，謁滇京，昭宗授官亦如之。後入張煌言軍。永曆十五年，清兵入緬，煌言遣鉏挾帛書入鄖陽山中，説十三家軍，使出師撓楚以援緬。時十三家已衰敝不能出，煌言軍亦尋散，鉏乃北走中原，間南歸，則過枋澗上草堂，而不入其家。居膠山、大竹山。每歲威宗忌日，輒痛哭歐血。永曆三十一年，迎周鎮國將軍麗中至山，將奉監國，會病不果。死葬膠東，以明蹈海之憤，不願首丘云。

屈士煤，字賁士，番禺人。父韡。崇禎三年武舉。士煤，隆武元年舉於鄉。昭宗即位，走梧州，上時務疏，授中書舍人。父憂歸。廣東義師起，偕弟士煌入羅浮山，合十三營壯士，得數千人，與鍾丁先、淩民鑰同應張家玉。會家玉敗，再上疏請執殳先死，不許。永曆四年春，兄弟聯軍援廣州，杜永和命守石門。廣州陷，入西樵。

八年，李定國復高、雷、廉，間道赴之，則定國已還師於黔，乃走化州西山。時鄧耀屯欽州龍門島，迎之。島中遺臣有二郡王、一巡撫、六部監司知府以下數十人。每大會，必顧問焉。嘗請東乞陳奇策之援，西解周金湯之鬭，近連安南，遠結延平，皆至計。

已聞上幸雲南，諸臣使士熼自安南間詣行在。上書指陳利害，語侵馬吉翔，且言孫可望惡，轉儀制主事。冷孟銋、楊在、齊環、汪郊及太僕卿蔡鍊合疏言士熼艱難險阻，九死一生，與弟士煌間走交南，扶服詣闕，官卑車服未稱，非所以獎瘁臣，不報。

十一年八月，同考雲興鄉試，得景同春等六人。王尚禮驕恣無人臣禮，上疏劾之。尚禮大怒，將加不利，不爲少沮。尋命奉詔使監國魯王、鄭成功，朝士留之，乃止。士熼爲人謹愿，人笑其迂，定國顧重之。

十二年，擢員外郎掌儀制。初，定國慮諸道督學貪墨，每出行部較士，奏一都司隨之。士熼言非體，罷之。長至節，瑞昌王與蜀王爭列，盛氣至詈，詈責掾史。士熼曰：「蜀王太祖十一子，寧王之兄，玉牒具在。王今欲亂之耶？」因上言國家喪亂，天潢存者無幾，自當勉親親，不宜自起干矛，以貽國戚。會宗室某王薨，子幼不能自立，疏請吉王收養教誨，俟長襲封。於是宗人府建議凡諸宗孤煢無告者，悉歸吉王。議出，諸宗感之。上幸永昌，追扈不及，乃與士煌東歸。成功圍南京，將赴之，未行卒。

士煌，字泰士。諸生。入滇上書，引陳亮故事，陳三大計六要務，且極言可望惡。授兵部司務，遷職方主事。馬進忠自貴陽奔，上章劾其失律棄城不戰三罪。上幸永昌，兼行至楚雄，痛哭而返。弟士燁死難。

丁先，字後覺，惠州永安人。崇禎十五年鄉試第一。北京亡，聞變痛哭。士熛兵起，丁先亦傾家集忠義永安，圖恢復，衆至千餘，屯凹下山。昭宗授監軍僉事，遷廣東副使、參議。與清兵戰二年餘不屈。後上幸廣西，號令斷絶，知事不可爲。永曆五年散兵，爲僧藍塘彼岸庵。府縣及尚可喜、耿繼茂致書招出仕，堅辭曰：「所欠古人祇一死耳。入覲不敢也。」久之，卒於家。丁先剛毅多才，以智勇稱。

民鑰，字兆平，番禺人。歲貢。自連平學正遷知州。國亡歸，悒悒卒。

楊廷樞，字維斗，吳縣人。少以文章節義爲己任。初結羽朋社，繼入應社、復社，講論道藝，裁量人品，一時搢紳士大夫奉其言論風旨以爲輕重。

天啟時，上言魏忠賢配享之非，幾蹈不測。

周順昌被逮，廷樞倡率士民數千人，謁毛一鷺，欲令申救，不可，號哭於庭。較尉呵問，羣起殺之。已黄尊素逮過閶門，士民火其舟，且毁駕帖。一鷺懼禍，究亂首，殺顔佩韋等五人，廷樞僅以身免。

顧秉謙居吴，創議攻之。留都防亂揭起，阮大鋮使齎重幣至，拒不納，遂啣刺骨。崇禎三年，舉應天鄉試第一。居家講學，開府直指下車，必先詣咨得失，弟子至三千餘人，有「東南夫子」之稱。

安宗立，未起，移書執政抗論五事，又論列十事，皆切要。大鋮方修夙怨，御史王實鼎上復社渠魁疏，將興大獄。會南京亡，得已。

清兵至蘇州，薦方士李涵春城守，不果。從吴易起兵太湖。事敗，隱鄧尉山。紹宗遥授職方主事、山東道御史；監國魯王遥授簡討、兵科給事中。巡撫土國寶素重廷樞，遣使求見，不許。書至，亦不納。

吴勝兆謀通魯王，廷樞因門人戴之儁以縱臾之。永曆元年四月，勝兆事敗，株連被逮，慨然曰：「余自幼慕文信國之爲人，今日之事，素志也。」餓延五日，偏體傷，十指俱墮，舟中强起，書血衣遺其孤曰：「惜時命之不猶，未登朝而食禄；直中原之多難，遂蒙禍以捐生。其事則丁亥之歲，其月則孟夏之中。方隱遁夫山椒，忽陷罹於羅網。雖云突如其來，亦已知之稔矣。但因報國無能，懷忠未展，終是人臣未竟之事，尚孤累朝所受之恩。魂炯炯而升天，當爲厲鬼；氣英英而墮地，期待來生。」云云。綴以絶命詩十二首。

五月朔，國寶過蘆墟泗洲寺，適廷樞至，即請相見，曰：「楊先生天下名士，養其身以有用，何得輕死？即不屑用世，少芟數莖，優遊林下，何如？」廷樞正色曰：「此與鼠尾何異，今惟有一死，以見先帝。」國寶曰：「今亦有披薙爲僧者，先生何不出此？」曰：「全髮偷生，已非本願，况薙髮逃死，愈趨愈下矣。余無顔再活人世，願即早殺，用遂生平。」國寶猶疑。時墟人士咸泣叩頭，勸少屈其志可自全，卒不許。翌日，復請見，勸如初，廷樞挺立不應。國寶自起掖廷樞坐，廷樞毁座，披其頰。國寶命之薙頭，曰：「砍頭事小，薙頭事大。」國寶大驚，乃擁出至寺橋。臨命大聲曰：「生爲大明人！」刑者急揮刀；首墮地，復曰：「死爲大明鬼！」監刑者咋舌。屍移時不仆。陳譔奮身入清軍，持首叱咤出；陸山斗、迮紹原、葉章復爲購屍合葬。殮時顔色如生。遠近至者萬人，咸痛哭羅拜而去。三年，昭宗命以原官召用，已聞其殉難，乃贈翰林侍讀。子無咎，自有傳。

譔，字貞卿。太學生。山斗，字聖謀。紹原，字休仲。諸生。章，副貢。皆吴江人。

沈壽民，字眉生，宣城人。修撰懋學從孫。崇禎九年，以諸生舉賢良方正。適楊嗣昌奪情起兵部尚書，抗疏劾之，曰：「嗣昌起復，業一年矣。即應躬歷戎行，滅寇朝食，奈何安坐司馬之堂，支吾朝夕？使餉日以虧，師或解體。雖屈首服丁汝夔之刑，束身死王洽之獄，竟何益哉！」又疏云：「嗣昌既不能躬行戎間，曲徇熊文燦主撫之說。即撫局果成，辱國損威，已不可贖；而況乎其未必也。流寇蔓延七省，肆毒十年，擅驚陵寢，凡爲臣子，疇弗痛心？嗣昌統一十二萬之師，不爲不武；運二百八十餘萬之餉，不爲不充。整旅以往，何凶弗摧？俾賊力極勢窮，面縛輿櫬，而後昭上恩德以宥之，夫如是而撫可成也。今者漫無翦治，頓事姑容。招之不來，强而後可，講盟結約，若與國然，天下有授柄於賊而能制賊者乎？毋乃既隳剿之功，而復乖撫之術乎？雖復遠寬三年之限，更累數年之民，正恐蕩賊無期，主憂彌切，臣不知所終矣。」通政使張紹先以其言危切，借字數溢額，寢不上。壽民書責之，紹先乃請上裁。命勿進，壽民復櫽括兩疏上之，留中。黃道周聞而嘆曰：「此何等事，在朝者不言而草野言之，吾輩愧死矣。」廷臣次第疏爭，俱獲譴，要自壽民倡之，故是時名震天下。未幾，移疾歸，講學姑山，從遊者數百人。

先是壽民疏中有「阮大鋮妄陳條畫，鼓扇豐芑」語，大鋮深銜之。弘光時，大鋮用事，乃變姓名，携家走金華山中。南京亡，遂匿跡深山，采藜藿以自食。有知而餉之者，皆峻却，曰：「士不窮無以見義，不奇窮無以明操守。」郡守朱天錫致十金，辭不獲，庋置壁中，三年未嘗發視。永曆三年，授給事中，道遠未聞命。

陳名夏雅善壽民，既爲清相，將特薦，遣使寓書。壽民不發函，對使焚之，答書曰：「龔勝、謝枋得智非不若謝翺、鄭思肖，卒殞厥軀者，繇多此物色耳。今之薦僕者，直欲死僕也。」名夏乃止。

九年，始返里，而足不履城市。當事或邀之，及半道，望望然去。久之卒。疾革，命門人劉堯枝、施閏章載筆曰：「以此心還天地，此身還父母，此學還孔孟。」語畢而瞑。

生平重然諾，友人參將周梅骨戰死海外，子幼，壽民渡海葬之。周鑣歿，藐孤爲逋負所逼，壽民鬻田以償。

劉城，字伯宗，貴池人。選貢。以節概文章領袖應社。好經濟，著邊塞、屯鹽、河渠、市馬諸議。黃道周、成勇、陳弘緒、周鑣在獄，傾資出死力論救。寇事急，張秉文、史可法、黃配玄薦授九江同知，陳良弼、賀登選再薦郴州知州。北京變聞，悲憤不欲生。安宗立，上恢復十策及四鎮防河之害。南京亡，與程世昌預高淳、湖州、嘉興義師。吳應箕死，冒險收屍葬之。後隱峽川，冠服無改，時以爪掌畫几，俯仰悲咤，以爲中興可望。臨歿，喉吻間猶咄咄籌畫東晋、南宋事，起抱金陵、臨安圖志，至氣絶不釋手云。

康范生，字小范，安福人。崇禎十二年舉於鄉。下筆千言立成，知名當世。慷慨重然諾，遇通邑大利弊，侃侃建議。嘗赴公車，途次，會萬時華旅死，爲經紀其喪。隆武中，以中書舍人從萬元吉軍皁口，隨守忠誠，遷户兵部主事。城陷，四屋皆火，范生衣冠登屋待盡。清將張管隊見之，范生大呼曰：「我大明主事，欲殺取首去。」張升屋失足墜，范生以手掖之，笑曰：「汝輩介士，何不濟乃爾？」張氣懾，冠服送高進庫軍。與楊文薦求明白一死，清將皆動容。劉澤清部副總兵馬龍池在軍，范生勸禮葬忠誠死難諸士。尋送南昌，清兵弓刀相向，范生曰：「我恨汝刃不利耳，利則大快事。」清兵相謂曰：「此不怕死忠臣也。」及至南昌，終不屈膝，惟云：「國破家亡，自分當死。」獄繫四百日，放歸。永曆三年，昭宗授城、范生給事中，道遠未及赴卒。

張自烈，字爾公，宜春人。諸生。博物洽聞，名著復社。天啟元年，憤璫亂之烈，爲宦寺賢奸録，欲上不果。崇禎四年，條列古今選舉考課法萬言上之。少遊南雍，與袁繼咸友善。繼咸督晋學，爲張孫振誣罪，上書頌其冤。詔廣言路，陳本計、辟薦、平寇、儲材、去弊五策。楚撫方孔炤疏薦，辭。十三年，疏論特用及左良玉兵横暴、官兵四蠹。史可法再薦，未赴。繼咸辟入幕，不應。

自烈著四書大全辨，徐養心疏請頒行。十七年，王孫蕃、吴炳請重定。十月，命進乙覽。弘光元年，廖文英、樊永定奉旨板行。會阮大鋮有僞學之禁，矯旨寢之，緹騎入京。南京亡，隱興安葛川。清兵至，自烈置五營，賞罰嚴明，部伍精整，聲威大震。黃道周出師北伐，上書「以學闇軍旅，才非折衝，必不克勝厥任。不謀萬全，一旦蹉跌不振，誤身名者小，誤封疆者大」。請引補闕爲己任。自矢訓陳謨外，日延訪人才。郭維經復疏薦，將謁福京，未至而福京亡。

永曆元二年間，義師數萬，自廣信走葛川，自烈斬其不法者。將劉啟泗聲屠葛川，自烈分兵伏觀變，命弁曹之桂、陳應奇啗啟泗金，復鳴金鼓出，啟泗不敢入。已告總兵萬一麟，事乃已，一方以安。尋返袁州。

南昌反正，謁姜曰廣籌兵事。三年，魯可藻薦授簡討，道遠未及赴。明年，廣東再陷，不食不寢，自爲文朔望告天祈死。後文英迎居廬山，衣冠不改。屢拒清命，巖棲谷隱以終，年七十七。

弟自熙，字惟適。諸生。負才名，亦齎志歿。

贊曰：大任、郊、世傑、鎏、同玄，躬履清蹈；封、應斗、助國、丕業、瑋，正諫匪躬。然當時殿陛玄黃，臺省水火，雖有老成之士，藥石之言，國家至此病在膏肓，倉、扁何施焉？其羔羊素絲之操，激昂磊落之氣，固可尚也。燠、倬、光文，皁帽藜床，每飯不忘；敏師、雲昇、秉鉉、鉏、士熛，權奇俶儻，奔走鄧林。敻哉，方之古烈，奚以尚茲！廷樞、壽民、城、自烈，東南人望，國勢顛沛，猶以收召遺逸爲急，可見三百年養士善政之未替也，嗚呼盛已！

南明史卷五十九

列傳第三十五

無錫錢海岳撰

何運亮 謝玄珧 羅起鳳 熊兆璧 林有聲 周夢尹 吳其靁 湯執中 張密 趙繼鼎 董雲驤 區聯芳 黃鶴僊 陳履忠 林弘基 曾光祖 朱毅 儲應爵 饒必籙 羅鴻 毌儀 饒元璜 王世顯 許安邦 汪光寶 徐纘先 吳驥 許大華 王開元等 梅念隱 申翀等 莫廷選 吳昇 譚志道 周師稷 薛繼茂 林仕興 趙仕安 蔣守藩 萬思恭 李繼宗 林日宣 倪于義 羅凱 李重武 何金枝 賀康年 李秀春 柳鍾奇 韋人豪 張俌 弟仲等 李日煒 孫昌祖 洪士彭 文立模 梁如邁 黃玄經 陳洪陛 黃毅中 鍾志僧 王鳴珂 周命新 潘原穀 何準道等 周命世 黃葵日 雷德復 王業隆 林士科 蔣錫周 章闇然 葉自明 李兼 方祚亨 李貞 何如栻 謝元汴 從父宗鍹 陳儲 朱士鯤 子澂等 劉湘客 萬六吉 丁時魁 蒙正發 金堡 兄濲 王命來 陳光胤 彭佺 趙鳴陽 張本符 孫高甫 陳起相 吳鼎 高勣 鄔昌琦 裴廷謨 金簡 李如月

任國璽

何運亮，字中寅，晉江人。崇禎十六年進士。授海康知縣，廉敏寬厚，不尚煩苛，有何佛之稱。調南海。隆武元年，同考廣東鄉試，遷工科給事中。出爲廣東鹽法副使，擢太僕少卿，兼鹽屯水利副使。鹽法故有多斤溢引之罰，牙吏因爲奸利，運亮逐其老猾，一切故例及病商者去之。時軍興旁午，預貯米萬石，以資飛輓。尋丁憂歸。昭宗即位，徵召俊乂，與謝玄珧、羅起鳳、熊兆璧、林有聲並起用。運亮除右副都御史，言事不避權要。廣東陷，爲僧名今宣，林居二十年，日痛哭。病革，大呼曰：「吾將謁先帝。三十年遺臣，今願畢矣。」乃卒。

玄珧，字夏甫，晉江人。天啟二年進士。歷建平、宣城知縣，禮科給事中，廣東參議，拒海寇。改金衢副使，禽天罡會。轉衢州參政，討平劉利。擢左副都御史。

起鳳，字翔之，番禺人。崇禎四年進士。官御史，疏劾熊文燦。累遷左僉都御史。

兆璧，字仲敬，江夏人。尚書廷弼子。少時上疏雪父冤。以歲貢授容縣知縣，遷職方主事。未幾，棄官歸。

有聲，字樹本，潮陽人。隆武二年舉天興鄉試。歷福州通判、潯州推官。從林佳鼎軍，兵敗被執。李成棟反正，起都察經歷。何吾騶入相，特疏爭之，嚴旨切責，出爲蒼梧知縣。瞿式耜薦遷儀制主事，用旌直言。後降於清。

周夢尹，字萸維，上虞人。萬曆四十一年進士。授永興知縣。邑有寃獄，前官莫能讞決，夢尹至，力爲湔雪，邑頌神明。後以賀甲巫蠱事，權貴欲陷死者十一人，執不允，罷歸。起南陽推官，遷刑部主事，歷職方郎中，巡視九邊。大司農以兵餉不支，議加南直、浙、閩田賦，力爭之，中忌，出爲府江僉事。八排瑶亂，躬歷行間，六月平之。陞嶺東副使。時汀、漳、南、贛流氛肆毒，踞九連山，爲心腹虞。督撫檄湖廣、江西、惠、潮主客兵十萬討之。有土寇陰爲窟宅作導，夢尹先計密禽之，而連山劇寇以次平定，遂會撫按於九連山，建連平州鎮平縣展地五百里。以功擢參政，忽以大計鐫級。母年八十，方乞養，聞命怡然。崇禎十一年，起下荆南參議。流寇出没，日夜防堵，多所招撫，又以計去。楊嗣昌疏留監七省軍，堅辭；改四川參政。弘光時，疏爲張孔教請卹。紹宗立，入爲光禄卿、太僕卿。昭宗即位，晋左副都御史。

夢尹於錢穀兵刑，如指之掌，不倚門户，屢起屢仆。國亡鄉居，政有不便者，直言無隱。

卒年八十五。

吴其靁，字清聞，宜興人。弘光元年選貢。永曆初，以中書舍人知制誥，累遷簡討，兵科、吏科都給事中。李成棟反正，耿獻忠、洪天擢等皆顯用，疏言反正乃成棟功，於文臣何與？躐居卿貳，賞太濫，有傷國體。陳邦傅請世守粵西，疏劾非制，並劾中書張立光。袁彭年入直，不遜，特疏參之。李元胤用事，上言：「清文武職掌以肅朝綱，勵新舊廉恥以别人品。内閣六部四衙門總兵以下移會用手揭，此三百年舊規。今文武諸臣有初朝、二朝、三朝、四朝、五朝、六朝之别，各宜建立爲功，以昭靖共自獻之本心。」元胤等銜之。御營副總兵陳凱承指劾其靁貪官結黨。上罷凱，其靁不自安，遂宵遁。

三年五月，滇兵棄永州，瞿式耜請爲僉都御史總監兩廣軍再出。桂林陷，走雒容，憤恨卒。

同時湯執中，靈川人。崇禎三年舉於鄉。沙河、邵陽知縣，歷監軍僉事、僉都御史。張密，字子退，嵩江華亭人。弘光元年恩貢，以兵部司務、職方主事，從陳子龍嵩江、徐孚遠柴樓軍。與吴勝兆義師事連，幾死。後謁滇京，累擢僉都御史，監鎮守定武軍。終事皆不詳。

趙繼鼎，字取新，武進人。崇禎十三年進士。授公安知縣。惠王承奉抵驛，取夫百馬五十，繼鼎微服先詣報夫數，其一即令也。承奉訝之，不敢取夫馬去。邑學次江陵，試額不及四十，力爭得倍。遷車駕主事，憂歸。

昭宗即位，起浙江道御史。廣東陷，歸，自曰「江南老較書」。金堡爲僧，收養其子，久之卒。子申喬，事見清史。

時臺臣之可紀者：

董雲驤，字紫帽，嵩江華亭人。隆武二年舉天興鄉試。授行人，遷吏部主事，忤鄭芝龍。爭劉湘客廷杖。雷德復劾嚴起恒，起恒乞休，與王夫之交疏言大臣進退有禮，請權允輔臣之去，勿使再中奸毒，重辱國而灰天下心。又疏請聯絡江、淮。後考選陞浙江道御史，謝恩伏地不能起，殞於御舟。

區聯芳，字元美，新會人。崇禎四年進士。授泉州推官，多平反。同安洋貨陋規數千金，峻卻之。公出，餱糧自隨，絶一切餽遺。十五年，以江西道御史巡按宣大、山西兼學政歸。再起江西道。

黄鶴僊，字友嵩，番禺人。崇禎十三年進士。歷豐城知縣、禮部主事、江西道御史。卒年八十六。妻盧，廣州陷，大罵死。

陳履忠，字公亮，昆明人。崇禎十年進士。歷邢臺、贛縣知縣，建社倉、學宮、書院、周敦頤蘇軾祠。遷河南道御史。

林弘基，寧夏人。選貢。黔陽知縣，遷河南道御史。靖州陷，死難。

曾光祖，字永錫，沔陽人。崇禎六年舉於鄉。好義負大節。歷東安知縣、萬州知州。李成棟反正，薦河南道御史，齎志死。

朱毅，字士達，臨桂人。崇禎三年舉於鄉。曲靖推官，遷河南道御史。

儲應爵，銅鼓人。歲貢。山東道御史。

饒必籙，大埔人。崇禎三年舉於鄉。福建道御史。

羅鴻，字羽王，建昌廣昌人。崇禎六年舉於鄉。延平推官，治兵平水，遷福建道御史。

毌儀，筠連人。恩貢。福建道御史。

饒元璜，字得渭，進賢人。布政使景暐子，萬曆四十六年舉於鄉。歷四會、番禺知縣，廣東道御史，爲政持大體，上疏請加陳邦彥卹典。

王世顯，漢陽人。崇禎十二年舉於鄉。成棟反正，薦廣東道御史。入清，成進士。

計安邦，字伯懷，上海人。天啟四年舉於鄉。通許、餘干知縣，張六瑚衆突至，迫助餉，不爲動，會王得仁救至得出。遷吉安推官，招餘干壯士章才、章奇，平土寇，釋男婦六百餘人，民慶更生。擢廣東道御史。

汪光寶，淮安清河人。隆武二年舉天興鄉試。廣東道御史。

徐纘先，字孟新，嘉定人。副貢。授天河知縣，賦制定則，靖蠻有方。自趙州知州遷廣東道御史，催左、右江餉，至武宣卒。妻子皆疫死。

吴驥，字既閑，景陵人。崇禎三年舉於鄉。成棟反正，薦廣西道御史。國亡，陽狂入山。

許大華，字哉庵，南昌人。崇禎十五年舉於鄉。沔縣知縣、全州知州、廣西道御史。

王開元，安福人。選貢。中書舍人、廣西道御史，侃侃直言。隱廣西靈溪峒。弟開統，衡州訓導。不仕。

梅念隱，字瘦横，麻城人。崇禎十二年舉於鄉。成棟薦廣西道御史。爲僧紹興稱心寺。工詩文。後以義師連死。

申翀，字季鷹，邵陽人。崇禎十三年特用。懷集、荔波知縣，四川道御史。子瓊枝，崇禎十五年舉於鄉。

莫廷選，平樂人。選貢。四川道御史。

吴昇，羅田人。歲貢。貴州道御史。

譚志道，保昌人。賢良。貴州道御史。

周師稷，宣化人。崇禎九年舉於鄉。貴州道御史。

薛繼茂，保山人。貴州道御史。

林仕興，程鄉人。舉文學。陝西道御史。

趙仕安，筠連人。選貢。陝西道御史。

蔣守藩，全州人。萬曆三十一年舉於鄉。湖廣道御史。

萬思恭，字士安，新建人。崇禎六年舉於鄉。揭重熙疏薦湖廣道御史。不應清召。

李繼宗，字孝卿，衡陽人。選貢。渠縣教諭、國子助教、湖廣道御史。

林日宣，字君言，閩縣人。選貢。隆武時，監紀推官。福京亡，扈魯王舟山。後謁肇慶，遷山西道御史。隱寧波。

倪子義，字鐵山，榮昌人。山西道御史。隱甕安。

羅凱，番禺人。選貢。雲南道御史。

李重武，武宣人。雲南道御史，以正直稱。

何金枝，麻城人。諸生。南部知縣遷雲南道御史。奉命采木利川沙溪。隱。李國英迭招不出。

賀康年，字兩歧，南召人。恩貢。雲南道御史。隱丹霞。

李秀春，長壽人。雲南道御史。

柳鍾奇，不知何許人。都察院經歷，督鍾山塘務。

韋人豪，平南人。歲貢。都察院司務。

張倩，字孟器，東莞人。副使一鳳子，諸生。少與張家玉以忠義相切劘。紹宗立，蘇觀生薦監紀推官。忠誠急，星夜兵往，署南安推官，遷户部湖廣司主事兼督理兵餉，點閱軍伍，設法汰冒糧。有議搜括富室助餉者，民洶洶，條陳罷之。及回粵催糧，城已陷。

唐王聿鐭稱帝，除江西道御史，執法糾劾，多匡正。上目擊時艱疏，陞僉都御史。廣州陷，隨扈，在途中矢昏眩，從人舁回家。

與家玉同謀起兵。家玉號召到滘衆萬人攻城，倩與弟仲、儐、似、份五人内應復之。先李覺斯謀起兵，中變，家玉入城，籍其家。家玉敗，覺斯訐倩兄弟首惡，並請殺張族，死者千人，倩傾資營救。

昭宗再幸肇慶，召故官。事敗，隱田界涌。

仲，字仲恪。諸生。隆武時中書舍人。永曆初遷國子學録。儐，字叔孺，隆武二年舉天興鄉試，中書舍人。似，字季可。太學生。自新安教諭遷高州教授。國亡皆不仕。份，崇禎十五年舉於鄉，中書舍人。福京亡，謀奉曹學佺起兵，不果。後降於清。

李日煒，字乾室，澄海人。恩貢。授岳州炤磨。張獻忠入湖南，效力行間，多勞績。遷江山知縣，加意撫循，民困少甦。轉衢州監紀推官。紹宗立，以户部主事催延、建借餉。考選禮科給事中，改户科，督汀、邵、潮、惠糧餉。昭宗即位，調吏科。李成棟反正，與吴貞毓等合糾五虎。以説郝尚久反正，擢刑科都給事中卒。

永曆時科臣先後可紀者：

孫昌祖，字鶴林，侯官人。昌裔弟，崇禎十三年進士。初以歲闈策力詆魏忠賢，幾致重典，揭名禁錮，故遲十六年乃第。授嘉興推官。城陷，謁福京，遷吏科右給事中。再謁肇慶，擢禮科都給事中。

洪士彭，字玉鼎，寧國人。諸生。中書舍人，累遷禮科、工科都給事中。

文立模，全州人。萬曆四十年舉於鄉。吏科給事中。

梁如邁，柳城人。選貢。歷庶吉士、吏科給事中。

黄玄經，番禺人。崇禎十三年特用。平樂推官，遷吏科給事中。

陳洪陛，不知何許人。推官遷吏科給事中。疏劾龍大維貪墨。

黄毅中，字吉哉，揭陽人。崇禎十六年進士。户科給事中。死邑變。

鍾志僧，番禺人。户科給事中。

王鳴珂，華陽人。崇禎十六年進士。授行人。安宗立，頒詔四川。永曆時，官户科給事中，册封富順王平㮷。忤孫可望，杖六十。滇京亡，降於清。

周命新，湖廣人。歲貢。永安知州，從吴晋錫軍。官户科給事中。

潘原穀，宜興人。選貢。自經歷累遷禮科給事中。

何準道，字旦兼，香山人。吾騶子。崇禎十五年舉於鄉。吏部主事。紹宗立，遷吏科給事中。昭宗即位，改兵科。清徵不起。弟源道，字長孺。副貢。鞏道，字皇圖。諸生。詩律細思清，世傳誦之。與香山諸生鄭甲、何克諫、何景雪、何静德偕隱。後爲怨家殺於道。子栻，字太詹，以詩名，卒年九十一。

周命世，武陵人。崇禎十三年進士。兵科給事中。

黄葵日，字獻君，南海人。崇禎十三年進士。大理評事。張家玉疏薦，謁福京，遷兵科給事中。昭宗立，召故官。未幾憤惋卒。

雷德復，字七來，進賢人。諸生。金聲桓反正，爲齎疏行在，授兵科給事中。已訐嚴起恒二十四大罪，比之嚴嵩。上怒奪官。後居奉天洞口，爲可望所逼，賦詩冠帶自經死。子起龍，亦能詩。

王業隆，嘗德桃源人。太學生。兵科給事中。

林士科，饒平人。崇禎十三年特用。自新城知縣遷刑科給事中。

蔣錫周，全州人。天啟七年舉於鄉。玉山知縣。從扈奉天，陞刑科給事中。

章闇然，平溪人。崇禎九年舉於鄉。海門知縣，遷刑科給事中。

葉自明，新建人。儒士。刑科給事中。

李兼，墊江人。選貢。工科給事中。

方祚亨，瀘州人。崇禎三年舉於鄉。授行人。吾騶入閣，爭之奪職。已起兵科給事中，改工科。黨可望。求李定國用，帶降三級，管科如故。滇京陷，降於清。

李貞，字定夫，東莞人。諸生。遊太學，負才名，重然諾，用財如糞土，與張家玉尤相契。崇禎八年，擬北上書不果。忠誠圍急，舉兵往援，萬元吉題職方主事，監督廣東義旅。忠誠失，北望痛哭不欲生。已與何如栻從家玉起兵，被執下獄，五毒備至，未幾得釋。永曆二年，之行在，遷兵科給事中，轉吏户科。二上疏爲家玉請卹，上爲感動，得賜謚爵。吴楚局分，貞不阿附，上封事數萬言。廣州再陷，與蔡二西等僧服禿髮，曰大呆，陽狂，陶情於酒。子纓，亦去諸生。

如栻，字柏友，東莞人。諸生。家玉立武興營，授監紀推官。從復東莞，遷武選主事。肇慶中興，除兵部司務。廣州再陷，奉母隱梅園，獨遊山水，悲歌涕泣以終。

謝元汴，字梁也，澄海人。崇禎十六年進士。知貢舉奇其才，擬館選，以母老辭歸。踰年，北京亡，土寇黄海如陷城，妻劉駡寇死，奉母走漳州。紹宗立，謁福京，曾櫻薦推官。對朋黨策，謂「士大夫稽首虜廷，氣節頹喪，皆朋黨所誤。若馬士英輩，負乘致寇，實秦檜、賈似道一流，不可言黨。」轉兵科給事中，尋上六可憂疏：

一曰名器宜惜。今所收用者，皆社師傖父；所召對者，半駔儈市兒。金紫比肩，冠裳接踵，若不持八柄之馭，以杜僥倖之門，恐不肖登庸，高賢裹足。

一曰精神宜節。今遠來之奏，累牘連篇，伏闕之儒，簧口莠舌。爚亂聰明，熒惑心志，恐條陳批答，未可以了恢復之局。

一曰除授宜嚴。陛下今日簡一樞部，明日陞一督撫，又明日賜一蟒玉，又明日選一翰林，擢一臺省。然曩之門户分途者，今則扃鑰愈固；曩之情面圓熟者，今則營鑽愈工。懸秤賣官，借刀報怨。恐兩京覆轍，前事再見。

一曰義旅宜援。徽郡不守，吉安、盱江旋得旋失，雖恢復斬獲之書日上，而長驅直搗之事無聞。及事既去，始羣言某當設兵，某當遣將。一誤再誤，恐義兵老而衰，人心老而涣。

一曰臣工之奉行宜速。今敕書日下，徒嘆積薪；議復雖頻，束之高閣。蓋繇諸臣火已燃膚，尚言好官得錢；勢已剥床，惟營狡免三窟。恐操刀不割，失利之期。

一曰文武之志氣宜厲。今英人偉流，投袂欲起；山林隱逸，對景欲泣。而諸臣惟高賭墅之風，曾無枕戈之志。敵不忘我，我先忘敵。人事不修，而單靠天意，臣期期知其不可。

至於戰守急着。以戰而言，敵之長技利於馬，閩之長技善於水。以我之堅，攻敵之瑕，莫若遣一大將，聯合茅山、泖湖舟師，從海上徑趨南京，以斷其後。以守而言，我兵屯杉關，若彼賂土人，繇仄徑疾趨，則拒貐於前，進狼於後，杉關即失其險；然則斬木堙谷，以防衝突，亦要策也。

元汴敢言。疏上，與時相鑿枘。隆武元年十一月，奉使宣慰兩粤，册封肇、梧二藩，便道回潮。二年春，至肇、梧、桂。有降紳希鄭芝龍意，劾革職。

永曆二年七月，車任重變，幾不免，脱之廣州。十二月，謁肇慶，晋都給事中。上中興十事疏：一曰下親征之詔，二曰特頒貸逆專詔，三曰遣本地重臣選練義旅，四曰通問魯王，五曰清各省屯衛，六曰遣使巡行勸農，七曰慎選監司守令，八曰飭將卒惜民命，九曰願大小師尹克己思過，十曰輦轂宜宿重兵。又上勤政之實在典學疏。再上官方冗濫已極，考選須覈真才四議：一曰汰流品之雜，二曰行久任之法，三曰重臨軒之典，四曰復訪單之舊。多切時宜。

時羣臣植黨營私，復上目擊時艱直攄憂憤疏，謂：「諸臣不早挺脊骨，振落發蒙，晲冰而戲，厝火而卧。蠅營狗苟，通國若狂，恐不足承當好運。」諸臣疾之，欲出之於外。

三年五月，命以監軍招兵平遠。先平遠五指石山謝志良、謝良有等曾受紹宗總兵敕。潮、廣陷，固守不下。張家玉兵起，志良亦受節制出兵。家玉敗，復歸故里。至是以元汴爲同宗，命聯絡之，爲援贛恢閩之策。兩粤陷，仍往來潮、循間，日謀恢復。

七年，郝尚久反正，命分任恢剿。事敗，奉母隱大田。平遠至八年九月，始爲土弁陳儲攻陷。同年杜立德入清貴顯，書招元汴，不應卒。

從父宗鎧，字儒美。崇禎十二年鄉試第一。永曆三年，郭之奇薦户部主事。明年，完髮卒。

儲字其明，程鄉人。團練鄉兵，以戰功官總兵。永曆元年降清，後爲謝上逵所殺。

朱士鯤，字仲輿，靖江人。選貢。授武宣知縣，地處蠻獠，號難治，親友多尼其行，士鯤獨慨然絜妻子以往。適瞿式耜留守桂林，與有故，相倚爲重，薦職方主事。永曆四年，考選第一，遷江西道御史，偕吳貞毓等環劾劉湘客等五臣，皆下錦衣獄，擢吏科都給事中。上在梧州，偵知桂林失守，急趨潯州，轉而之南寧，以士鯤從。

五年以後，君臣播遷無虛日，以道梗相失。其少子滈爲北流知縣，遂依之。六年，土寇梁朝統亂，兵食俱盡，扼腕嘆曰：「死期至矣，尚向草間求活耶？」北流陷，自沈黃沙水死。妻楊、孀婦盛、女孫靈姑同日死，滈與妻盧亦水死，僕婦從死者二十八人。

子瀓，字泳思。崇禎十五年舉於鄉。不仕。緝先人數世詩曰世系行世。滈，字公亮，太學生。博洽工詩文。死年二十六。

劉湘客，字端星，富平人。爲諸生時有盛名，參史可法軍。隆武中，授汀州推官，考選山西道御史。

昭宗即位，李永茂疏薦湘客爲三秦人望，可大用。瞿式耜亦深知湘客，改簡討，轉編修，充講官。尋復爲陝西道御史，與吳德操、方以元分没方震孺留桂輜重。

劉承胤劫駕幸奉天，湘客與同官萬六吉、毛壽登疏請還蹕桂林，承胤銜之。已承胤請封郭承昊、馬吉翔、嚴雲從爲伯，六吉等駮之。吉翔疑疏出湘客，嗾承胤逼上下廷杖。諸臣申救，仍落職。久之，起諭德、詹事，充講官，贊式耜軍。

李成棟反正，湘客與金堡、丁時魁、蒙正發因袁彭年以納交於李元胤，時謂之「五虎」。五人中，堡守清操，爲衆所憚；彭年自恃先朝臺諫，好爭體統；時魁剛愎使氣；正發則聽受諸人指揮，不能有所爲；惟湘客多智，彭年、時魁等動必咨之。又繇薦舉起家，初以禮部右侍郎掌詹事，尋又以侍讀學士兼左副都御史協理院事，而隨彭年輩秉憲綱，抑冒濫，人益不服。故「五虎」中湘客爲「虎皮」也。

永曆四年五月，上幸梧州，逮下錦衣獄，各杖八十，湘客追贓一千，戍沅州。桂林陷，入賀縣山中爲僧，名思圓卒。

六吉，字仲謙，南昌人。元吉弟，選貢。授寧洋知縣，平烏横嶺盜，開田數百畝。遷武選主事，改職方。與兵部主事周遠佐元吉守忠誠，陞兵科給事中。城危，走韶州，調狼兵數萬，將次南安而忠誠陷。永曆初，改禮科。以劾吉翔、忤承胤，有旨降處，部議謫經歷。未幾，仍復職用。何騰蛟兵爲暴桂林，六吉奉敕催師，出榜飭責，語侵騰蛟。騰蛟聞之大怒，檄召軍前效用，密令捶械，即死勿問。朱旻如持之，得回南寧，擢太嘗少卿。國亡，居平湖卒。

丁時魁，字斗生，江夏人。崇禎十三年進士。歷禮部主事、户部郎中，督餉江西。歲祲，措捂經營，籌畫輓運。隆武中，遷禮科、兵科給事中。與給事中胡順奉使勞軍湖南。昭宗在桂林，召改吏科左。上疏陳新政八事，以親行陣、重爵賞、攬威福爲要，上嘉納之。上幸南寧，瞿式耜留協守桂林。兩粵定，上蹕肇慶，擢都給事中，裁抑恩倖，剔除冒濫，深爲不逞者所惡。居二年，轉太嘗少卿，晋卿。王化澄、馬吉翔銜之，下錦衣獄掠治，楚毒備至，追贓二千，論戍靖州。桂林陷，見執，沈飲數月卒。

蒙正發，字聖功，崇陽人。隆武二年舉於鄉。先，武昌陷，糾鄉兵逐令，以功准貢。清兵至，與叔上和約知縣李方曾起兵復城。兵敗，上和及正發妻方死，間走通城。庫吏黎時生導入平江，時生以是下獄破家。

正發依何騰蛟長沙，授推官。已隨章曠湘陰，監紀十三營，經畫兵食。覃裕春大捷潼溪，正發之功爲多。遷兵部司務監軍，奉檄調兵食衡州，而湖上潰敗。昭宗即位，薦庶吉士，爲劉承胤所沮，改待詔，仍贊曠軍事，守白牙橋，斬清招降者。轉户科給事中，經理恢撫兵馬錢糧、鼓鑄餉軍。曠卒，權恢剿事。永州陷，以恢撫營之全州，老營屯湘山寺。總兵王鳳昇同三副總兵守黄沙河，當孔道。未幾，騰蛟薦謁行在，以兵付騰蛟，陞兵科都給事中兼刑科，佐瞿式耜守桂林。

上幸肇慶，命領滇兵精鋭三千，赴梧扈駕。及至肇慶，時江、廣效順，楚疆漸復，蜀、黔方事戰爭，奏請重疊，正發鈔發迅捷，各得其理。與金堡等力持綱紀，清冒濫，劾功罪，裁陵躐，以整飭之，衆冤大作。抗疏劾馬吉翔、高必正、孫可望、陳邦傅、朱天麟等，尤甚之。廣州陷，與李元胤畫戰守策。詔獄起，戍辰州。復依式耜桂林。

桂林陷，投水獲救免，與劉遠生、朱昌時、管嗣裘竄瑶峒，采芑以食，旋隱衡陽斗嶺。有仇家以不降訐之，乃走南寧，久之歸。吴三桂兵起。屢招之，深匿不出卒。

金堡，字道隱，仁和人。崇禎十三年進士。授臨清知州，有撫盗功，以忤劉澤清罷。十六年，鄭三俊薦其才，未及用而北京亡，堡南還。丁内艱。

杭州陷，偕姚志卓起兵，與浙東諸軍相應。志卓敗走富陽，堡渡江依鄭遵謙。未幾，紹宗立，監國魯王遷職方郎中，不赴。堡朝福京，陳志卓戰功，請上出關幸楚，謂何騰蛟可依，鄭芝龍不可恃。且言：「中興之國，須馬上成功。湖南有新撫諸營，陛下親往，效光武故事，此皆精兵百戰，可得其力，若乃千騎萬乘，出入警蹕，是承平威儀，宜且屏不用。」上大喜，謂廷臣曰：「朕見堡如獲異寶。」即擢兵科給事中。堡以服未終，力辭，請賜敕印聯絡江上，經署南直，從之。

金聲死，言：「福京倚新安爲北門，而臣前至仙霞，見鄭鴻逵方遣兵出關，臣度其駐三衢耳，不能長驅也。陷既四十日，我師逗留觀望，未有爭先之氣。虜令日行，民心日變。異時以精兵數萬，仰而攻之，猶當徘徊於衢、嚴、饒、信之間，能保其必下乎？起義舉人汪沐日奔走乞援，曲折素諳，不以此時捲甲疾趨，乃令偕葉向曜借兵借餉，待其集事，須五十日，大事去矣。四方望閩中之兵，如在天上。今兵力將心，臣已窺其大畧：上江疑而楚、豫斷，新安去而三衢危。陛下即欲爲王審知，豈可得哉？」堡數危言，上嘉其才氣，而芝龍惎之，出爲泉州知府，未任。改禮科，監遵謙軍江上，與馬晋允、王紹美談恢復。

一日，與參將龔朝植過方國安軍，芝龍命殺之。國安執堡，尋釋之，命勿入閩。堡曰：「我必入閩繳敕印，倘中道死於盜，亦命耳。」

時遵謙已拜詔，將命子懋繩迎駕，越中文武大譁。陳函輝密啟魯王殺堡，堡上啟以爲「更始稱尊，劉縯止居大司馬之位；湘陰繼統，劉崇亦守節度使之官。誠以一家之中，有二天子，即外患得以相乘。殿下以姪事叔，上表稱臣，豈爲屈己？兩大相抗，必至於離。當禦侮之時，自啟鬩牆之釁，竊爲惜之」，不聽。令旨法司究問，遂奔黃鳴俊衢州。

隆武二年夏，再謁福京，以敕印上。上欲奪情，固辭不許。芝龍謂將大用，嫉愈甚。曾櫻言於上曰：「果欲保堡，莫若聽其辭。」遂以八月辭朝去。

清兵度仙霞，馳疏以三策說上：「幸湖南依騰蛟爲上策，躡忠誠爲中策，併力一戰爲下策，觀望延、建爲無策。」不省。無何，上竟殉國。福京亡，流寓沅州。

永曆二年冬，起左給事中。甫受職，疏陳八事，劾陳邦傅十可斬，並及周鼎瀚、馬吉翔、龐天壽、嚴起恒、王化澄、郝永忠等。時吉翔方倚上寵，掌錦衣，典戎政。一切詔敕符印及奉使四方關鎮吏、兵二部文憑劄付，悉出其手。氣燄甚熾，至是頗懼，盡謝諸務。邦傅亦爲讋服。化澄、起恒疏請乞休。復疏曰：

臣竊惟天下之勢，起於西北而迄於東南。今乘輿越在端水，尾不可以起脊，雖運會日新，譬之散錢，未見能貫。夫耳目不限一隅，而精神周於六合，使英雄競起，咸仰天子明見萬里之威，然後可以大一統。陛下不以臣不肖，承乏兵垣，其籌畫固與中樞相表裏，則在兵言兵，不敢以芻蕘自匿也。

古之有天下者，橫戈躍馬，以爭中原，則八閩二粵，無暇顧盼。乃者蹕蹕所在，即八閩得爲二粵之重輕，李成棟以全力下忠誠，期會章門，而偏師駐於潮、惠，則欲使海波不驚，亦宜有將伯之助。臣昔事思文皇帝矣，芝龍欲以私憾殺臣，而臣獨知其子成功樸忠勇往，氣志遠大，頃聞血戰三年，不視芝龍一字，蓋匪躬之忠，幹蠱之孝，未有如是兼至者也。臣察閩中，兵非寡弱，特以兵不一將，將不一心，彼此相顧，無繇獨發。陛下何不特詔，一以其事責之成功，使得合將士之渙離，戢宗藩之覬覦，陸以通入浙之關，水以斷規粵之路，即自溫、寧以抵登、萊，悉有奇兵並擣之用。此當議者一也。

南直爲財賦奧區，賢士大夫之所聚，倡義之烈，及今未散。陛下慎選大臣勳德才望足以服人心而操大柄者，命之督師。南京未復，則可以宣布威靈，奮揚旗鼓；已復，則可以肅清宮禁，祇謁園陵，經理征輸，疏通師旅，然後開府維揚，合山東而恢河北。此當議者二也。

曹志建、趙應選等既至衡陽，宜以一往之鋭，竟出茶陵，與豫章合勢。馬進忠、張光萃等直走武昌，三路建瓴，不期可會。然後督輔騰蛟居中節制，仍於武昌謹備行宮，以待駐蹕。此當議者三也。

制輔堵胤錫已合夔門之兵矣。臣竊意李赤心十一部出河南，而譚文等分兵助川督出陝西，易地則無功也。夫吴三桂之據長安也，必一得當以報我矣，起而與赤心爲仇，則勢不可以速下。胤錫之調度，故已得宜，然後鎮襄陽以結三川、秦、豫之局。此當議者四也。

夫如是囊括四海之概，陛下已運之掌中矣。陛下整肅禁旅，朝夕組練，親御甲胄，繇楚以恢西北，此大聖人之所爲，一統之全局也。繇江以奠東南，此中材之所爲，偏安之半局也。陛下細思二祖列宗之弘功，知必不以中材自畫矣。

初，邦傳承劉承胤後，恣睢跋扈，諸將皆挾意陵蔑。及邦傳屈抑，楚、粤諸將皆漸斂戢聽命。萬翺等以新進躐九卿，猶不自滿，江、楚、川、黔起家監紀，率皆落魄書生，依諸將自售，遽欲得部院銜，陳乞敕印，餬口行間。又聞清有投誠官視原銜降級授職之例，益思躐尊貴，爲他日自鬻計。堡一裁以資格。干請不遂，則號哭闕下，横詆部科，謂己毁家出萬死，爲國家圖興復，而屈被挫抑。繇是忌者紛集。

堡伉直有鋒氣，不畏强圉，遇事敢言。諸輕剽喜事者李元胤、袁彭年、劉湘客、丁時魁、蒙正發咸與交歡。

當是時，朝臣各分黨類：從成棟反正者，曹燁、耿獻忠、洪天擢、潘曾瑋、毛毓祥、李綺爲一類，自誇歸附功，氣陵朝士。從廣西扈行至者，起恒、化澄、朱天麟、晏清、吳貞毓、吳其靁、洪士彭、雷德復、尹三聘、許兆進、張孝起爲一類，自恃五蛇舊臣，詆燁輩嘗事異姓。久之，復分吳、楚兩局。主吳者，内則天麟、貞毓、孝起、李用楫，外則胤錫、化澄、翺、程源、郭之奇，皆内結吉翔，外結邦傅以自助。主楚者，彭年、時魁、正發，而湘客以秦人、堡以浙人爲之輔，皆外結式耜，内結元胤以自强。元胤時握大權，以彭年與同反正，倚爲心腹，勢張甚，世有「五虎」之號，又謂之「假虎丘」，以彭年爲虎頭，時魁爲虎尾，湘客虎皮，堡虎牙，正發虎喉。「假」者，元胤本氏賈，譏諸臣之假以張威也。

後堡、時魁等復相繼攻起恒、吉翔、天壽無已。太后召天麟面諭曰：「奉天之厄，賴吉翔左右之。」令擬旨嚴責堡等。天麟乃爲兩解，卒未嘗罪言者，而彭年輩怒不止。上知羣臣水火甚，令盟於太廟，然黨益固不可解。

三年正月，邦傅怨堡，因奏言：「堡謂臣無將無兵，請即令監臣軍，覩臣十萬鐵騎爲何如？且堡昔官臨清，曾降賊受僞命。」疏至，天麟抵几笑曰：「道隱善罵人，今亦遭人罵也。」因擬旨：「堡辛苦何來，實所未悉；所謂監軍，可即集議。」蓋用杜甫「辛苦賊中來」語。堡固未嘗降賊，見之大恚憤。時魁乃鼓言官十六人詣閣詆天麟曰：「堡論邦傅，即令之監其軍；若請其頭，亦即與耶？」相與登殿陛大譁，棄冠擲印出，鬨曰：「我輩不復仕矣。」上急命天麟取還所擬旨，諭諸臣供職。天麟遂辭位，慰留之，不可。尋召何吾騶、黄士俊入輔。吾騶爲元胤所薦，已至，知時魁等意不屬，亦引退，元胤强留之，秉政數月，卒不爲楚衆所喜，交章詆誹，至八月去。時魁等又劾化澄貪鄙無物望。會經筵侍班，堡面叱之，化澄憤，碎其冠服，立辭去。

堡等既連逐諸臣，益横肆，往往入内閣，指揮授意。閣臣患之，請於殿旁建文華殿，上出御，輔臣侍坐擬旨，於是覬覦之風少止。

胤錫自湖南入朝，堡劾以喪師失地，並面責之。朝士因多不直堡，而堡初劾吕爾璵疏，有「昌宗之寵」語，犯上無忌。一日面對，忤太后，上及太后亦厭之。

孫可望遣使乞封，堡以「三百年無異姓王者，且可望跋而不臣，其心可知。惟朝廷裁之以禮，無爲所挾持，傳笑遠邇」，七疏力爭。及胡執恭矯詔封可望爲秦王，又請立斬執恭，以正國法。後更連劾貞毓、翺、源等，廷臣無不掊擊，一月章至六十上。繇是諸臣必欲置之死，徒恐元胤爲援，未即發。

四年春，南韶陷，上議西幸，堡固爭「東西將士，恃乘輿威靈，效死守戰，駕一動，人心摇，而會城必難保，且國家更有何地可適？邦傳非社稷臣；忠貞破亡之餘，不可恃。舍此而西，則依賊望，後必悔之。」不聽。命與劉遠生諭杜永和出師。

駕至梧州，元胤留守肇慶，邦傅統兵入衞。貞毓、之奇、翺、源輩咸修舊怨，乃與孝起、用楫、李日煒、朱士鯤、王命來、宗室統鑰、陳光胤、彭佺等合疏論彭年、湘客、時魁、堡、正發把持朝政，罔上行私，朋黨誤國十大罪。上以彭年反正有功，特免議；餘下錦衣獄，杖八十。式耜再疏申救，不聽。起恒請對水殿，不得入，與管嗣裘、彭燚長跪沙際，爲求免刑。都督張鳴鳳受密旨，欲因是殺堡，於古廟中陳刑具，用廠衞故事嚴鞫之，拷掠慘酷。堡大呼二祖列宗，甗血衝脅脊，幾死者數四。獄成，堡、時魁並謫戍，湘客、正發贖配。堡追贓一千。

已而式耜、張同敞、志建、焦璉、應選、胡一青交章辨理，元胤、必正入朝，亦爲申雪，上意漸解。一日，召對廷臣，忽曰：「堡畢竟是君子，是小人？」再問無對者。明日，錢秉鐙疏言：「臣昨侍班，惡堡者皆在列。而陛下再問，無對者，則天良難滅，堡之不爲小人可知。堡受刑重，碎磁甌出血復甦，左股已折，相隨一僕復墮水死。今遠戍金齒，以孑然殘廢之身，蹣躃於荒郊絶域之外，去必不到，到亦必死，雖名生之，實殺之也，乞量移近邊。」乃改清浪。必正以百金爲堡藥資，不受。馬寶自德慶來，親爲洗創，堡得不死，爲僧桂林，名今釋，字澹歸。

式耜、同敞殉難，陳屍未葬，致書孔有德，請具衣冠殮之，並存卹式耜孫。未及報，二人亦獲葬。

堡爲僧二十餘年，與趙鳴陽、張本符、孫高甫善，晚隱平湖卒。二子亦爲僧。

兄瀠，字瀠如。崇禎十三年進士。授莆田知縣，平大蚶賊。遷儀制主事。國亡，野服入山。

命來，字綸如，江津人。崇禎九年舉於鄉。自石阡推官遷湖廣道御史。後降於清。

光胤，字文錫，東莞人。崇禎十三年特用。授壽寧知縣，爲政仁恕，課士修城，民謳思之。遷兵部主事，轉福建道御史。

佺，字澹庵，寧都人。歲貢。陽山訓導，累擢廣東道御史。南、韶再陷，上將幸梧，力諫不聽。

鳴陽，字伯雝，吴江人。萬曆四十四年進士，被黜。以客中館魏學顏家，魏忠賢敗，誤坐戍雲南。紹宗立，授修撰。國亡，孫延齡招之，力辭。不知所終。子玉成，事别見。

本符，沅州人。工文章，好忠孝大節。父楚珩，官馬平知縣，從至粤西，同敞薦參將。桂林陷，爲僧名渾融。繫獄半年得釋。

高甫，吴縣人。歲貢。從堡入粤，後隱丹霞。

陳起相，字梅安，富順人。選貢。官河南道御史，隨扈安龍，持正不阿孫可望。國亡，偕吴鼎爲僧，尋徧走南直、湖廣諸山，後隱遵義掌山，名聖符，字大友。與高士羅兆甡足不出户者三十年，饑寒嘯歌，蕭然塵外。巡撫張德純訪之再四，不得一見。年八十卒。文章沈雄稱巨筆。

鼎，字石峯，丹徒人。選貢。自禮部員外郎，歷户部郎中、太僕少卿，管屯田郎中。嘗劾李定國獨擅威福，下獄。從扈永昌，降首領官。國亡，遁新興、嶍峨、臨安山中，自號大拙達諳。善詩書，所至人師事之。酒後仰天悲歌。久之，始歸卒。

高勣，字無功，會稽人。隆武二年舉天興鄉試。永曆時，累官光禄卿。馬吉翔媚事李定國入閣，與龐天壽重握中外權，定國、劉文秀每相與入二人家，長夜歡飲。勣與鄔昌琦、裴廷謨、許紹亮患之，合疏言：「二王功高望重，不當往來權佞之門，蹈孫可望故轍。」疏上，二人怒，不入朝。吉翔激上怒，命各杖百五十，除名。定國尋悟，偕文秀救之，得復官。

及定國敗可望兵，自以爲無他患，武備頽弛，勣與金簡進言曰：「今内難雖除，外憂方大。伺我者頓刃以待兩虎之斃，而我酣歌漏舟之中，熟寢爇薪之上，能旦夕安耶？王老於兵事，胡泄泄若此？」定國愬之上前，詞甚激。擬杖勣等以解之，朝士多爭不可，移時未決，而三路敗書至，定國始逡巡引謝出。

後勣、紹亮、簡扈行入緬。勣卒於道，昌琦、廷謨死咒水之禍。

昌琦，都勻人。選貢。歷廣西知縣、柳州同知，遷湖廣道御史。從扈永昌，降首領官。及入緬，緬人請從臣勿佩戎器，吉翔許之。昌琦曰：「猛虎所以威百獸者，以有爪牙也，奈何自棄其防，以啟戎心？」不納。緬人請大臣議事，昌琦、馬雄飛偕赴。祁三昇兵迎駕，緬人請敕止之，泣諫曰：「臣無狀，不能宣威遠夷，使有輕朝廷心。三昇表迎，正君臣出險之時也。」亦不聽。擢河南道，掌兵科印。後一子、一從子亦死於水。定國聞昌琦死，太息曰：「昌琦死，我何面目以生乎？」其見思如此。

廷謨，字嘉言，閩縣人。吳貞毓妻父。官户部員外郎。安龍之獄，爲可望所執，不屈，掠治折臂。已得釋，晋儀制郎中。永曆十二年三月，與紹亮、簡、周官交疏劾吉翔，不省。紹亮官御史，同貞毓繫安龍，未幾免。憤不欲生，願同死。

簡，字禹藏，桐梓人。選貢。官職方郎中，署兵部侍郎。

李如月，東莞人。隆武二年舉天興鄉試。永曆時，官山東道御史。孫可望誅畔將陳邦傅父子，剥皮傳屍至安龍，無疏報之奏。如月疏劾可望不請旨，擅殺勳鎮，有不臣心，罪同莽、操」，又請加邦傅惡謚，爲不忠者戒。上知可望必怒，留其疏，召如月入，諭以「謚本褒忠，無惡謚理。小臣妄言亂制。」杖四十除名，意將以解可望。

可望黨提塘張應科聞之，至如月所，索疏稿。如月笑曰：「何須用稿，自有揭帖，明早發送。」已而果遣人以揭帖投應科，面署「僞提塘開讀」。應科大怒，馳報可望。可望即令應科殺如月，乃縛如月至朝門。應科捧可望令旨，喝如月跪。如月叱曰：「我朝廷命官，豈跪賊令？」乃步至中門，向闕叩頭大哭曰：「太祖高皇帝，皇朝從此無諫臣矣。奸賊可望，汝死期不遠。我死立千古之芳名，汝死遺萬年之賊號，孰得孰失？」應科按令仆地，剖脊及尻，如月大呼曰：「死誠可樂，一身清涼。」又呼可望名大罵不絕口。及斷手足，轉前胸，猶微聲恨駡，至脰絕而止。應科復揎草於皮，紉而懸諸市。

任國璽，閩縣人。隆武二年舉天興鄉試。累官職方主事。永曆中，齎孫可望、李定國令旨之江西，聯絡朱恭枝、黄應泰軍，遷雲南道御史。

十二年冬，清兵三道入滇，上將出幸，國璽獨疏請死守。下廷議，定國等言：「國璽議固是，但前途尚寬，今暫移蹕，他日捲土重來，圖恢復，未晚也。」乃扈駕入緬。已白文選以上左右無重兵，率所部入緬迎駕，緬人請敕阻之。議遣使，國璽與鄧凱請行，馬吉翔陰尼之，不果。文選不得上耗，乃引去。

初，國璽以東宮開講，纂宋末賢奸利害，爲書進陳，吉翔見而切齒。御覽一日，竊袖以出。已而上久於緬，吉翔、李國泰每進宮必賜坐，半日乃出。國璽言：「上年開講，遷延不行。今勢如累卵，禍急燃眉，泄泄然不思出險，而託言講貫。夫日講須科道侍班，議軍務則有王皇親、沐黔國，豈吉翔、國泰之私事哉？」吉翔大恨，擬旨着國璽獻出險策。國璽言：「能主入緬者，必能出緬。今乃卸肩於建言之人，抑之使箝口乎？」一内官出曰：「爾上千萬本，何益也。」已調掌江西道。後死咒水之禍。

贊曰：語曰：「千人之諾諾，不如一士之諤諤。」運亮諸人，均無愧風憲矣。明自萬曆以後，黨禍大作，聚訟盈廷。平心論之，黨人感慨激昂，或有不足服小人之心，又强很自用，操之已蹙，反迫成小人之禍，至君亦不能不以朋黨相疑。迨勢去柄移，小人遂日以報復爲事，蕩然無是非羞惡之心。清議亡，而國亦隨之矣。永曆之世，吴、楚相爭，舉朝鼎沸，「五虎」專執朝命，比匪怙直。堡之批龍鱗，履虎尾，昌言不諱，其才氣自不可掩，卒受酷刑，亦自取也。子曰：「好信不好學，其蔽也賊。好直不好學，其蔽也絞。」其如月之謂歟！

南明史卷六十

列傳第三十六

無錫錢海岳撰

張家玉 弟家珍 從弟雷禎等 張正色 尹鉽等 湯廷璉 陳鼎臣 陳萬幾 莫子元 何不凡 韓如琰等 李萬榮 楊如遠 張玠等 張恂 子景萬 安弘猷等 張元瑩 楊邦達 陳文 陳文豹 趙省一等 王者肱 梁邦楨 曾盧桐等 陳伯耀等 鄧棟材等 羅同天 廖習梧 譚高擢 譚高謀 黎昭傅盛 陳奇棟 林溶等

陳邦彥 余龍 馬應芳 李星一 杜璜 白嘗輝等 霍師連 朱學熙 關鍾喜 孔貞度等 禓勉等 朱應遴等 性顯等 羅大賓 何熙之 霍達芳

林佳鼎 龍倫 夏四敷 管一燦 朱治憪 柴汝禎 劉禄 毛登泰 吳璟 鄧研聰 張瞻韓 朱四輔

陳象明 父葆一 子應先 賴其肖 弟其賢 族應殿 君選 林學賢等 陳耀等 陳昕 譚畧 吳興等 李宗韶 史伯韶

程峋 子仲庸 弟士鯤 士鵬 彭歌祥 潘雲衢等 于鉉

文明遠 弟明達

連城璧 子以謙等 胡世儀等 饒藻

張同敞 于元燁 劉秉中

陳瑾 馬天驥 陳拱樞

李膺品 陳經猷

張家玉，字玄子，東莞人。崇禎十六年進士，改庶吉士。李自成入京師，大駡被執，愛其美秀而辨，釋之。家玉陽爲文譽自成，乘間南走。阮大鋮方與東林搆難，以家玉爲周鳳翔門人，羅織逮問。有爲力辨者，復故官。

安宗出狩，走杭州，扈紹宗入閩。遷編修侍講，直起居注。言：「唐魏謩爲文宗起居舍人，文無避諱，不令人主見。今陛下自待豈啻唐宗，臣愚亦不肯居謩下。」上嘉納之。隆武元年七月，上命總兵施天福出崇安，總兵黄明俊、郭煒出分水關，方國安援浙江。家玉數條陳恢復大計，請效戎行。諭曰：「年少英俊，文武兼資，朕今以兒子視爾。中興大事，今以託爾。」

尋命典試江西。未行，改兵科給事中、監軍御右營，聯絡直、浙，節制江西招剿，敕賜銀印，捧持御節便宜行事，同鄭彩督軍平江定京。八月，復兼吏、户、禮三科，諭以「稽察兵餉、覈功論罪，所過郡邑有司，不時舉劾，隨地調補，忠孝節義及立功贖罪等人，一聽赦録旌卹，朕弗中制。」

十月，招撫丘華、謝朝恩。至杉關，疏請分兵三道，一繇建、撫西搗南昌，一繇贛、吉北抵臨江，一繇廣信西南抵趙家圍；並撫金聲桓。

徽州告急，彩駐邵武不進。金聲敗歿，家玉出關駐廣信，發劄付鼓舞人才。上諭：「不宜吝濫。濫則人視之輕，弊且有甚於吝者。」聞南、建、徽州並陷，陳進剿分合之法。撫州永寧王由櫶告急，因上言：「今日腹心之患在南昌，咽喉之患在徽州。既失徽州，則饒、嚴危；失饒、嚴，則廣信必不支，而崇關不可守，陛下大事去矣。兵貴速不貴久，貴合不貴分。請急敕彩繇杉關出撫、建，分兵擣南昌、贛州，再合黃光輝、曾德等繇江山直上衢、嚴，襲徽、歙。縱不能進，亦可自救。」天福然其計，而彩終不肯進。家玉太息而已。

十一月，彩使督將救撫。即東約右鎮陳輝，西約中鎮林習山，南約前鎮蔡欽，會兵許灣，王垣京爲監軍。十三日夜人定後，營忽火起，令諸軍堅壁，敢救火者斬；且搜暗處置伏。旦，清兵果大至。令欽衝鋒，四面突擊，親立陣前，率輝、陳黃虎、李明忠、洪旭、趙珩出營大戰，斬二總兵，得四百級，奪馬械無數。日午，陳有功、葉爵等戰死。清糾難民數萬人繼進。矢雨下，沿山舉火，赤地震裂。會王得仁以書招珩降，衆惶惑。家玉執珩手，拔劍斫案曰：「行間離我兄弟，我等益當戮力，爲國吐氣，軍中敢疑謗者斬。」遂設高皇帝位，牽諸將泣拜，置賞金於前。使珩、明忠、郭毓卿、陳良分帥死士百人伏谷中，陽拔大營走。清萬人來追，入伏，家玉鼓噪回軍大破之，步卒五千殆盡，騎兵舍馬渡河，溺死過半。家玉令都司黃瑛賫蠟書間入撫州，檄由櫶部將謝志良、羅榮、蕭陞、曹兑光等乘虛襲老營。十六日，與瑛及遊擊龐兆魁、王評，守備黃福、詹景陽、潘正國、潘昌，旗牌龐忠夾擊千金坡，清兵死者五百餘人，馬死三百餘，拔婦女三百餘人。撫州圍解，全郡克復。論者以是役爲福京戰功第一。捷上，上優詔獎之，懸進賢伯世爵以待。時家玉以監軍之任行督師事，制勝出奇，功在彩上。家玉得鄉紳諸生書，悉令燒毀。

時清兵所至，令民薙髮，而官兵遇無髮者，輒殺不問，難民因是多爲間導。家玉命薦舉廪生張世經招難民連義勇，並創免死小牌給之，難民歡呼來歸者千百人。上詔工部如式仿造，命吏分致張布四方。

家玉奏請遣人分入鄉落，解散難民，有能收復州縣者，即以首領官酬之；有功、爵予祭葬諡蔭。又薦上林苑監丞張正色，推官尹希臨，舉人尹自選、楊玄甲，諸生尹鉽、羅耀禎，布衣羅曙雲；俱報可。於是軍政明肅，人始用命。

家玉奏功俱歸由樬。數請彩出師，併力復江西。十二月二十日，副總兵珩、李鐘鳴率七百人援撫州死。二年，彩不得已於正月十六日至硝石，聞清兵重圍撫州，盡以兵入關，棄新城。力爭不聽。家玉與李翔以鄉兵二百城守，敵突至。家玉與福、景陽及都司林雄、王日嚴，守備涂進以親兵百人出戰，斬五百人。清馬步圍之三匝，家玉中矢墮馬，折臂氣絶。雄與弟四冒襆被入陣，斬一將，挾之還營。上下詔切責彩而慰家玉。尋加僉都御史巡撫廣信。制曰：「爾許灣捷而建、撫復，壯猷追允文采石之前；新城守而杉關寧，勞績在萊公鎖鑰之上。今者箭瘡勿藥，宗社賴之。爾其即日領敕長驅，誓於今歲拜我孝陵。」

家玉故與彩戰守策不同。欲連閣羅宋兵，不許；欲令鎮建昌，易懦將周斌，斬陣逃總兵許象乾，亦不許。上欲獨將家玉，然無兵。請返惠、潮，將藉其餉八萬，招練兵一萬，爲進取江西計，許之。遂賜營名武興，家玉爲監督總理。家玉陛辭，言：「幕府制器，非一人一日可理。天下盡忠而且智，臣獨忠而且愚，他日有急，陛下無以尹鐸爲少。」聞者悲壯其言。

八月，至鎮平，單騎入山，諭劇盜陳靖、黄海如降，又招程鄉盜黄元吉。元吉得書流涕，以所部三十六將、兵萬五千人歸正。得衆十餘萬。未幾，元吉畔，命張駝二、吴尚旌、賴玄斬之，惠、潮悉平。遂簡精鋭萬人，爲五營。薦希臨、湯廷璉爲監紀職方主事；涂良臣、吴勝、徐應欽、賴其楹、鍾勝山爲參將；陳攀、洪枝、鍾之振、涂士有、涂世旺、張昇俊、劉興宇、丘鼎、馬思駿、張以達、彭應寧、古應成、古珍、徐應華、宋秋、黄勝、黄思益、賴彩夫、丘汝謙、黄一振、賴蘭夫、張侯、陳雄、吴蒙啟、劉憲章、陳九雲、張琦、陳清爲都司；謝鳳、劉豹、林之秀爲守備。都司陳之靖、守備賴瑞不法，立斬以徇。

時有傳上幸廣州者，疏言：「出忠誠爲上策，駐南雄爲中策，入廣州爲下策。契丹寇澶淵，王欽若江南人，請幸金陵。臣五羊人，計應出此。獨恐車駕日南，中原失望，不如凖爲卓見。宋之不延，繇東遷失策。是時兩河、三吴無恙，李綱等猶以去就爭之。況今越在五嶺，一失足則大事盡去，臣敢不以死爭哉！忠誠不減晋陽，萬元吉不減尹鐸，乞以爲歸。」忠誠急，命入援，而兵饑甚。未及行，聞汀州又急，引兵迎駕。遇清兵赤山阪，博雒遣使招降，衆剮之，碎牌。繞其背而伏，誘入谷，勁弩射斬十餘人，敵走。家玉拔還鎮平，士卒糧盡。會大父喪，歸。

唐王聿鐭稱帝，三使中書舍人林鐶以禮兵部右侍郎召，辭。昭宗立，以中允召，道阻未赴。

廣州陷，清兵入東莞，陳鼎臣被執，授官不屈死。佟養甲以家玉能將英名，憚之，命張元琳啖以官。家玉峨冠見，朗誦正氣歌叱之。王芊與有舊，遺書敦勸薙髮，家玉得書大罵。養甲復致書劫之，家玉拒曰：「丈夫得志立事功，失志存名節。家玉受國恩重，今若拔我一莖，雖尊我爲清天子弗屑，官何足云！」

陳邦彦兵起。永曆元年正月，龍門起兵攻增城，敗。三月四日，家玉遂與陳萬幾、葉日濟毁家起兵，稱蕩虜營；並命從弟有光約陳子壯兵。

先正月，蕉麗到滘鄉莫子元、何不凡以舟四出捕敵，斬渠數人，兵數百，得文武印數十。清知縣鄭鋈使到滘説降，守備葉如日沈之於水。副使戚元弼兵攻到滘，不凡大戰六日，斬敵二百。清以書招降，陴士陽諾，潛往瀝滘、沙灣、市橋、古勞，乞得義兵千舟，入虎門，大戰，斬二千人，火舟百餘，總兵陳甲授首。是役爲清入廣東敗衄之始。

報至，家玉笑曰：「虜以數騎破廣，不能以百餘艨艟破到滘。異哉！到滘之人可用也，吾事濟矣。」乃以參將陳登雲往約，尋以戰艦來迎。家玉至，得鋭卒五千人。韓如琰、李萬榮、楊如遠等各以衆至。申明約束，大誓師。十四日至東莞，而使如琰以黄牛逕千人，參將李乙木以黄麻團二千人，族人世爵、光正以父兄子弟篁村壆下數百人，從陸爲助，乃復東莞，斬遜及典史鄭元鼎以下數百人。以張玿爲知縣，張恂爲指揮僉事，安弘猷爲城守。籍李覺斯家資以犒士。命鉽以兵嚴備萬家租。騰檄遠近，所在響應。命張元瑩、陳瑞圖奉表行在。晋兵部尚書、副都御史，提督嶺東，聯絡漳潮。

十五日還到滘，整舟師爲攻復廣州計。十七日，覺斯及主事李夢日、總兵王應莘引清兵疾至萬家租。鄉人環擊，一日夜斬數百人。家玉還師金鼇洲。戰初交，家玉舉火，風反火舟，遂敗。時萬家租戰酣，火器喑，敵登岸屠之。及篁村壆下，鉽與家玉從弟都司有恒、從子胤隆力戰死。東莞陷，弘猷、玿戰死。恂爲參軍李胤香殺以送敵。家玉退到滘。

敵攻望牛墩。大戰七日夜，敵死數百人。已楊邦達戰死，墩陷。敵攻到滘，血戰三日，敵死千人。家玉力盡亦陷。清屠之。參將何仕龍，守備葉品題、何勉、葉時春、盧學德及袁惠巷戰死，陳文、如日走西鄉。家玉祖母陳、母黎及妹石寶赴水死，妻彭被執不屈支解死，叔兆鳳、兆麟、兆虬、之弦一門三十餘人死。希臨降清。

壯士負家玉走，胤香追不及，遂至西鄉，依大豪陳文豹。旬日兵又振，出復新安，斬知縣及步千餘騎三百餘，以諸生陳太赤爲知縣。

四月十日，元弼、李元胤以水陸兵大至。陸兵所經北栅、勞德、大寧、烏沙、沙頭諸鄉，義民爭出堵禦，老羸婦女悉持兵杖，率於要隙樹木爲干欄，人持數十短梃，梃末悉有鉤，連綴數十短梃於一大挺，長繩繫之。敵至，被撒梃飛鉤死者，人馬不可計。敵增兵奪險，得至西鄉。家玉總兵梁中英浮數百舟來援。既合戰，得二大戰艦，斬百餘級。清以紅毛夷數百爲先鋒，趙省一揮兵以銛竿刺之，並得其昆崙舶。敵遁去。

家玉遣不凡以兵六百疾走諸鄉，召募得三千人，乘虛逕襲東莞。鄭瑜拒命，戰赤岡，追至河田墟，斬希臨等數百人。五月二十一日，攻東莞垂拔，何四舍撓軍，斬之。二十五日，親率兵至東莞。降盜司徒義引清兵至，家玉還北栅，兵散歸諸鄉未集，清兵力追，家玉馬陷淖，得脱，至西鄉。敵復來攻，家玉反擊，斬千餘人。敵棄舟走。

數日，復盡鋭來攻，凡二日，家玉舟師敗，遂走鐵岡。覺斯怨家玉甚，發其萬家租先人壟，毀其廟宅，宗親男婦屠者千餘人。家玉過故里，號哭而去。

西鄉力盡亦陷，文豹、乙木、如日、王者肱、梁邦楨、曾盧桐及都司陳蘭穀，守備葉進之、葉文明、胡起新等戰死。清屠西鄉，死者數萬人。屠東白石村，如遠嵂村人皆戰死。屠北栅，陳伯耀、潘如隆戰死。鄧椋材及參將王贊廷、陳子英戰赤岡死。蓋清三攻西鄉而二敗，二攻到滘而一敗，死萬餘人，咸咋指以爲勁敵云。

家玉至鐵岡，得姚金、陳穀子衆二千，遂至十五嶺簡練；復得羅同天與參將劉龍、李啟新衆三千，軍又振。先四月二十九日，家玉命龍啟新、陳鎮國及參將林國瑞、馮家祿、林耀嵩、林沖霄等進復龍門，斬知縣林之秀等四百餘人。至是涖龍門。

七月，靈山義師合楊梅、崇賢二都人攻增城，敗。家玉親與鐵岡黄惇、典堂黄用元、諸生黄毓秀合復博羅，斬城守朱振邦等五百餘人，以李顯謨爲知縣，廖習梧爲教諭。於是分兵復連平，把總賀炳斬知州劉宏祚等百餘人反正。合國瑞復長寧，斬知縣顧濟德等四百餘人。攻惠州三日不下，克歸善，守備陳瑞昌戰死。乃還博羅。

敵環攻二十日，穴地實火藥發之。八月二十八日，城陷受屠。顯謨、習梧、如琰，遊擊譚立忠，守備劉麗敬、方如璇、葉文揚，千户侯成祖，千總葉奇才戰死。參將陳瑞龍負家玉走。追及，瑞龍拾礌石飛擊敵死者數十，乃脱回龍門。大招兵，旬日得四萬人，分龍、虎、犀、象、豹五營，後又增爲二十五營，遂至增城。清陷龍門，譚高擢、譚高謀、袁英戰死。

十月朔，清兵至，逆戰十里逕口勝之，俘一將，奪一大旗，敵披靡走。諸路義師赴援，從五指山、綏福、燕清來者可萬人。四日，清兵又至，家玉兵爭出逕口，勝之。七日再至，又勝之。增城近廣州，清兵易至，家玉斬小木投孔道，以滯敵馬，復懸巨木高崖。身自被甲督陣，刃及李成棟面。別以支軍誘鬬，敵馳入，馬當木足折，及崖懸木下墜，故三日三勝，斬總兵成陞、副將李義等二千級，獲馬五百。清以步騎萬餘夾擊，自逕口入。家玉三分其衆，犄角相救，倚深溪高崖自固。十日，成棟請戰，家玉將中軍自當之，擂鼓鼓士。自辰至未血戰，斬敵百餘、馬數十，敵散走平岡。家玉稍收軍，令以五千衝鋒，五千守壁。

家玉兵過勇，空壁逐利。軍法：出張旗，入捲旗，奪敵騎則麾而呼以入。是日大旗總斬級多，喜而忘之，手縋數頭，張旗入中軍獻功。西北諸營望見張旗，以爲敵入中軍，皆走保壘。前軍見後軍動，亦驚曰：「敵乘我後矣。」軍遂亂，自衝西北二營以散。成棟疾以騎下蹂之，家玉師死者六千。家玉項中九矢，傷一目，墮馬。瑞龍負走。追急，置叢篠中，空拳鬬不勝，家玉躍入野塘死。敵得屍，佩銀章，文曰「光明正大」，紹宗所賜也。年三十三。同天、黎昭、傅盛、陳奇棟，與虎營總兵楊威雄，參將李輔明，守備丁善和、葉秀芳、黃鎮朝、李嘉伍，千總梁定興、徐大佐戰死。

家玉爲人有英氣，性任俠，好擊劍，多草澤豪傑交。故東莞山圍水寨，所在人民，家自爲軍，人自爲鬬，使敵讋服，首尾狼顧，喋血千里，救死不贍，而邕、管三宮得以無慮。成棟西北遼人精鋭皆殲，不得不反正，以敗爲成。十郡雖不自家玉恢復，而卒使成棟之降，行朝再造，而粤得見中興之盛，家玉力也。

養甲方坐堂皇，召廣州諸降紳觀磔子壯以怖之，而家玉首適至。覺斯請審視，勿爲所欺。養甲曰：「此貌英秀白皙，鬚眉怒動，固是義士，必家玉也。」懸首東門，經月不變。一日，養甲過其下，怒眦睨之。雙瞳飛出丈許，光芒四射，駭慄而歸。

明年，成棟反正，陳邦傅首上章請卹。上幸肇慶，於龍舟顧問家玉死難狀，揮涕輟朝一日，乃贈吏部尚書、東閣大學士。太子生，加特進左柱國、太保、武英殿、增城侯，謚文烈。父兆龍猶在籍，以子爵封之。

弟家珍，字璩子。年十六，從家玉軍，着小金冠，披紫鎧，騎黄馬，率所部千人爲奇兵。到滘之敗，走入水，泅至赤嶺，收兵赴家玉於西鄉。復長寧、連平功多。家玉死，與鎮國以餘衆數萬人至龍門，圖再舉。以家玉任錦衣指揮使、後軍都督同知。廣州再陷，隱居鐵園。爲詩歌忼爽，年及三十卒。

從弟雷禎，字以起。諸生。與弟電禎從軍，奇畫策，授監紀推官。廣州再陷，謀起兵死，年二十八。電禎亦卒。從子孟器，吏部主事。有光，字以覲。父士紳、叔見紳皆死難。有光與見紳子有桓從軍，官都司。家玉死，有光被執大罵，奪刀斫敵死。又族人在篁村從家玉戰死者：參將際飛、佩紳、星高，守備祺振、勷、伯從、王綱，監紀推官滉；被害者：都司錫爵、好謙。而戰死之守備仕元、元翰、啟順，被害之都司允嘉，則邑中同姓也。

正色，東莞人。天啟七年舉於鄉。南康知縣擢。

鉽，字彥端，東莞人。歲貢。以里人從軍，授監紀推官。弟鎣，字彥素。諸生。自兵部司務陞監紀推官。隱。

廷璉，字薦元，寶應人。廩生。工詩。爲仇人所害。

鼎臣，字爾金，東莞人。歲貢。

萬幾，東莞人。隆武時中書舍人，遷職方主事。

子元，東莞人。諸生。職方主事。

不凡，東莞人。參將。

如琰，字潤季，博羅人。知縣如璜弟。崇禎十五年舉於鄉。廣州陷，入羅浮山，招兵五千。合家玉復博羅，授職方主事。城陷，戰不支，單騎走圍頭。其戚舉人朱庚龍將執致清兵，與從子諸生子見、子亢赴水死。贈郎中。家屬死博羅者二十人，可紀者：從弟宗驎字漢逸，崇禎十二年舉於鄉；宗騄字耳叔，諸生，妻不食死；宗驪字季閑，妻刃死；叔日欽字安仲，恩貢，僕從婢媵多從死；日纘僕録用、道廣，管其產，被執鞫，誓死不言，死於獄。

萬榮，廣州新安人。參將。永曆元年九月，起兵復新安，擢總兵。羅欽贊屯梅沙、葵涌。二年，各鄉皆附。廣東再陷，以衆入山。七年，出攻東莞。八年，破清兵大鵬所。十年春，萬榮殺欽贊，清兵圍之，力守三月，援絶粟盡，夏降於清。

如遠，廣州新安人。諸生。以東白石村鄉人從軍。

玠，字台玉，程鄉人。選貢。東莞教諭遷，以刀自刳腹死。弟琚，字居玉。崇禎十二年舉於鄉。爲雙峯齋，彈琴賦詩。大豪陳其明嘗酒後誤殺人，策其可用，請於知縣陳燕翼釋之。當福京亡，以衆保鄉里。流寇破城，驅之自守。清兵至，大破之。玠死，壹意泉石。玿，諸生。覓玠屍，卒於道。

恂，字士和，東莞人。萬曆四十年舉於鄉。自保昌教諭歷嘉禾知縣、桂陽知州、衡州同知。峒源盜張，親執渠王調鼎等，放被虜民萬餘，因設嘉禾、新田二縣。轉永州知府，地經殘破，請減派黔餉，改食東鹽，寇不敢犯。調辰州，晋監軍督餉副使歸。永曆時，起光禄太僕卿。起兵，自刎死，贈參政。

子景萬，字福孺。諸生。從恂湖南，以推官監連陽軍。以復城功，遷職方主事。監軍藍山，有楚弁以畔迫降不屈，書絶命詞於署壁曰：「累世清白，父子忠孝，死而不朽，受賀而弔。」遂伏刃死。

弘猷，字叔壯，靈璧人。南海指揮使。與妻女及弟弘烈、弘謨，子正邦、正道闔門戰死，贈都督。

元瑩，博羅人。恩貢。職方主事。

邦達，龍門人。勇冠三軍，官參將，大戰分龍嶺，斬千餘人。再戰望牛墪，大戰七日，禽渠五人。中矢死。

文，字煥生，東莞人。諸生。起兵橋頭，授國子助教。敗於北栅，執死。

文豹，字御赤，廣州新安人。材武尚氣節，家饒於財，喜周人急。福京亡，練二千人保里，恩威爲山海所服。家玉兵起，其母年八十，出藏銀二甕，與子團練鹽徒蜑户，一呼而集千人，授總兵。屢破清兵，入陣數十人。死赤岡山下，贈都督。

省一，廣州新安人。中軍參將。後與參將潘昌忠，守備葉靖獻、李如范、陳日隆，監紀推官林涯、陳奕禮、莫映垣及陳子赤、梁法良、盧定國，皆與家玉兵死。

者肱，廣州新安人。諸生。監紀推官，出資巨萬佐軍。戰死，妻子火死。

邦楨，字巨卿，廣州新安人。守備。

盧桐，字淡卿，廣州新安人。諸生。破家起兵，戰新橋死，年二十八，贈推官。同邑諸生王元起井死。

伯耀，字婆知，與汝隆皆東莞人。諸生，監紀推官。與諸生勞德起兵石岡門。

棟材，東莞人。諸生。與陳爰渠、潘思忠起兵石岡門，授職方主事。爰渠走大鵬死。

同天，字不還，東莞人。諸生爲僧。從都督武文斌起兵，授龍營總兵，守北柵寨。兵敗，與妻子同死。文斌爲僧。

習梧，字完楚，博羅人。歲貢。

高擢，字景卿，龍門人。恩貢。歷天河知縣、象州知州。

高謀，字天池，龍門人。武舉。京營守備。招兵内應復城，被執死。

昭，江西人；盛，歸善人，皆龍營總兵。

奇棟，從化人。虎營總兵。

家玉師林洊，字習修，東莞人。諸生。隆武時，以人才徵，授推官，與廷璉監武興營軍。廣州陷，知縣余經國倡降，庭叱之。會家玉歸，因勸起兵，使諸子拜於床下。已與如琰、銊、弘猷、玠、恂以兵應，留守萬家租。清兵至，力戰敗。萬家租屠，弟諸生滙水死。家玉敗博羅，洊將歸死文廟，舉人黄文燦訐之清，執赴廣州。養甲問之，箕踞抗詞不屈，臨命吟詩。子楊、杞、梧，皆諸生，從死。從弟泗英，字文生。諸生。上書福京，授中書舍人。家玉起兵，號召義旅，爲胤香所執。子壯攻廣州，從獄密授軍符爲應。將率囚決鬬，事洩死於獄。

又副總兵張尚行，與女歸盧鐲上者，駡敵死。

時文武將吏以下從死者十餘萬人，無一降者，惜姓名多不可考云。

陳邦彦，字會份，順德人。少以諸生推嶺南文宗，弟子從遊者幾千人。弘光時，詣闕上中興政要書三十二事，萬七千言，格不用。紹宗讀而偉之，及即位，就其家授監紀推官，未任。隆武元年舉於鄉，以蘇觀生薦，改職方主事，監廣西狼兵萬人援忠誠。至嶺，聞汀州變，勸觀生東保惠、潮，不聽；自請留守，亦不許。

昭宗監國肇慶，觀生遣之入賀。邦彦甫朝謁，而觀生又别立唐王聿鐭廣州，除邦彦刑科都給事中；邦彦不知。夜二鼓，上遣中使十餘輩召入梧州舟中，太后垂簾坐，上西向坐，丁魁楚侍，語以廣州自立事。邦彦請亟還肇慶正大位，以繫人心，且云：「彼强我弱，以戰則非計；彼曲我直，以和則非名。警報日迫，彼若知懼，必來求成；如其不然，則粵東十郡我居其七，委其三於彼，以代我受敵，我復從而乘其敝，不亦可乎？」上大悦，立擢兵科給事中，令賫敕還諭觀生。及入境，聞彭燿被殺，遣職方主事劉大壯以敕授觀生，而自致書曉以利害。觀生猶豫累日，欲和不果。邦彦乃變姓名入高明山中。是冬，廣州陷，列城悉潰。

初，萬元吉遣族人年募兵於廣，得余龍等千餘人。未行而忠誠陷，龍等無所歸，聚甘竹灘爲盜，他潰卒多附之，衆至二萬餘。永曆元年春，清兵連陷肇慶、梧州、平樂，上幸桂林，勢危甚，命邦彥團練其衆，因乘間説龍以舟數百、兵萬五千人出圍廣州，而已發高明兵繇海道入珠江與龍會。

遺書張家玉曰：「桂林累卵，但得牽制清騎數月毋西，使潯、平間可完葺，是我致力於此而收功於彼也。」家玉以爲然。邦彥乃約陳子壯、家玉、黄公輔爲犄角。定計子壯主西江，家玉主東江，來學熙主北江，白嘗燦預禁旅，翟師連領水師，邦彥爲遊擊之師。復連絡嶺西一帶，陸兵則恩平王興，陽春莫廷蘭，新興梁信灼，東安何仕璋；水兵則順德胡靖、梁斌，新會楊世熊、李宗聖，驍鋭可三十萬。又約陳邦傅之衆東下。

邦彥進兵，遇清舟百餘東莞，焚之，斬遊擊閻行龍、熊師文，逕傅廣州。佟養甲果告急，李成棟在桂林，聞警還救，揚言取甘竹灘。

龍卒素無紀律，且顧家，輒引退，邦彥亦卻歸。乃遣馬應芳會龍軍復順德。三月戰敗，應芳赴水死。龍再戰黄連江亦敗死。邦彥乃棄高明，收拾餘衆，守下江門。

清兵於廣州之圍，訊降卒，知謀出邦彥，以輕兵襲其家，執其妾何及二子和尹、虞尹，令爲書招之。邦彥判書尾曰：「妾辱之，子殺之。身爲忠臣，義不顧妻子。」養甲壯之，頗以善遇。後李星一、杜璜、白嘗燁率兵攻肇慶敗死，邦彥家屬始被殺。子馨尹亦死於兵。

七月，密約子壯復攻廣州。邦彥後至，焚舟數十，斬總兵孟輝、都司張一鴻、守備楊聰等千餘人。夜戰大敗之，復三水，斬知縣陳億。嘗燦命從子國忠、甥朱興復廣寧、四會。邦彥會師連胥江。成棟二萬人來犯，敗之。已而師連死，精鋭盡喪。

清遠嘗燦斬守道于華玉、知縣章兆斗以城迎邦彥，乃與總兵曾天奇就之，以施兆升爲知縣，督學熙、關鍾喜、孔貞度、禤勉、朱應遴、僧性顯、忠顯等，以礮嬰城固守十日，清兵屍與城平。

邦彥自起兵，日一食，夜則假寐達旦，與下同勞苦，故軍最强。嘗分兵救諸營之敗者。至是，兵食盡，外無援軍。九月十九日，清兵穴城實火藥。戰酣，城崩十餘丈，乃陷。邦彥率數十人巷戰，自辰至午，肩受三刃不死。走朱氏園，見學熙自縊，拜哭之，題詩壁上，投水被執。池水都援兵萬人始至，篡邦彥不及，聞學熙、嘗燦死，挂白慟哭而去。

邦彥致廣州，好事者爭投紙索書，識與不識咸從容走筆付去。養甲壯其爲人，使醫治創，饋之飲食，不顧。命作書招子壯，邦彥曰：「陳督師誓扶大明，比之邦彥未敗時。有一日，則盡臣子一日之責。邦彥有死，不能爲也。」繫獄五日。二十八日，臨磔作歌。監刑者取其肝，肝忽躍起撲面，驚悸數日死。年四十五。事聞，贈太僕卿；再贈兵部尚書，謚忠愍。子恭尹，自有傳。

龍，順德人。總兵。

應芳，字子龍，順德人。諸生。從邦彦學。廣州陷，將死學宫。友人曰：「子無徒死，甘竹忠義千餘，不可一奮耶？」乃勃然起，從邦彦説龍，瀝血酒中指天誓。龍大喜，出兵攻廣州，斬級數百。轉戰至虎頭門，火舟數百，龍兵溺死者二千人。再攻順德，成棟兵猝至，龍大敗，應芳被執，沈伏波橋下死，年三十三。邦彦哭曰：「吾爲師，乃不及吾弟子。應芳爲君死，實爲師死。自古死君者多有之，死師者，子外曾幾何人？吾不可以免。」

星一，字繼碩，廣州新寧人。崇禎十二年舉於鄉。豁達知兵。南京亡，集兄弟起兵勤王。聞紹宗立，赴之，授職方主事。隆武二年十二月，命監督水陸，遷江西道御史，晋僉都御史，命在三水招兵。邦彦妾、子致肇慶，星一與璜以兵攻肇慶，璜力戰不勝，與同府諸生四十餘人皆死。邦彦退三水，星一、嘗燁復與協力。永曆元年七月，攻肇慶不克死。

璜，字石貞，高要人。崇禎六年舉於鄉。職方主事。

嘗燁，字鎮玉，清遠人。百户。連絡子壯、家玉。已别領一隊扼三水，以參贊權三水知縣。謁行在，陞户部主事，監四會糧料。十月戰肇慶死。贈太僕卿，謚忠壯。弟嘗燿，諸生。清遠陷，一門死。

師連，字連生，南海人。邦彦弟子。隆武初，以諸生勤王，自遊擊累遷總兵。廣州陷，詐降居三水。邦彥兵起，誘養甲官數人誅之。從攻廣州失利，退三水。大小數十戰，斬級千餘。後守清遠，列栅江上，絶嶺東餉道。成棟不得戰，憤詈城上。會北風作，出不意，以火舟疾出，成棟跳，師連追之。風忽反，師連甲重溺死。事聞，贈都督同知，謚忠節。

學熙，字叔子，清遠人。忠孝質直。隆武初，以歲貢上書言恢復計，授待詔。破家偕廩生劉鳴泰、佾生白之昱起兵三百人應邦彥。斷飛來寺峽口，拒清兵援路。南復三水，遷職方主事。清遠之守，日夜登陴，傾財以供。卒贈翰林學士，謚忠愍。

鍾喜，字岳孫，南海人。天啟七年舉於鄉，邦彥弟子。清遠知縣，加職方主事。戰死。贈翰林學士，謚忠愍。

貞度，字兆行，清遠人。諸生。光禄丞。城陷，與妻王，子尚友、尚質、尚忠、尚芳、尚勳一門三十餘人死。從兄貞復與子尚爵、從子尚賡死。從弟貞亮，與妻羅，率子女一門死。從子尚恭，罵虜死。從孫衍栻，亦率一門大小死。孔氏同死者數百人。

勉，清遠人。廩生。與子羽，赤城陷死。

應遴，清遠人。與子顯箕，字裘伯，力戰一門死。

性顯、忠顯，順德人。性顯，錦巖山東庵主持，以兵守清遠。城陷，巷戰斬十餘人死，忠顯身受數十創死。天奇、兆升及參謀謝秉昌、三水知縣陳廣、黄鼎司巡簡華濬璟皆死。成棟屠清遠，死者四萬餘人。

又羅大賓，字敬叔，順德人。邦彦弟子。崇禎十五年舉於鄉。上書不用，隱羅浮。哭邦彦死。

何熙之，字于健，順德人。諸生。邦彦贊畫，兵敗歸死。

霍達芳，字懿誠，南海人。諸生。從邦彦起兵，爲中軍，授兵部司務。廣州再陷，走文村下川，與王興、陳奇策結合。二人分舟師數百人，使往來海上爲遊兵。鄧耀、郭之奇皆爲聲援，出没波濤者三年，多奇績。一日，單舸護蕿於四沙，猝遇清邏舟，見有髮，執之。尚可喜鞫之，不語姓名。以家有老母，問降乎？三摇其首，不屈死。

林佳鼎，字漢宗，莆田人。崇禎七年進士。授禮部主事，累遷户部郎中。出榷九江税關。時荆、襄阻兵，川、廣舟楫不通，朝廷以宗禄不給，增商税萬金。佳鼎念商困已極，加税，商益不前，乃以耗羨抵增額，商乃大悦，帆檣絡繹而下，税以是足。改禮部。

十六年，轉廣東督學副使，清慎自矢，凛若神明。惠王移令學中廣加科額，執故事不從，曰：「學政朝廷之學政，非藩府之學正；督學朝廷之督學，非藩府之承奉也。」王聞，謝過而止。

隆武二年，歷贛南參議、廣東布政使。疏言七事：其一曰：「東浙之交當固。魯藩於陛下義則君臣，親則叔姪，宜大布明詔曰：『王能以東浙之師先朕掃灑孝陵，肅清建業，朕即訪道空洞以明志。若朕仰賴羣力，先復金陵、浙西；王與諸臣百戰江干，保有東土，亦當如梁孝王故事，享有大國，建龍鳳日月旌旗，文武大吏朕皆擢用。王其與朱大典、黄鳴俊等纓冠披髮，復興祖宗之疆土，毋墮初志。』如此則猜嫌不生，羣情益奮，天下可得而經營也。」其一曰：「藩輔不可不早建。」謂「桂藩者，神宗皇帝之孫也，自湘東失陷，王父子兄弟飄泊蒼、梧，賴陛下踐祚中興，安仁嗣封，然桂府長史尚缺其人，而陛下宜擇忠藎老成而有文章者，使與王娱玩書詩，使知開創中興之不易，而後王得以安享大國名藩之樂。」疏入，上嘉納之。

已擁戴昭宗。上幸梧州，疏請回蹕肇慶。

清兵至三水，上命總督，率總兵成大用、李明忠、龍倫、蘇聘、郝時登、趙千駟、劉昌業、趙繼宗、李志義等禦之。大捷，有驕色。佳鼎故與林察善。察使四姓盜詐降，佳鼎信之，督兵晝夜兼行，不設備。十二月二日，舟至三山口。察乘東南風，發火箭火球，焚佳鼎舟。佳鼎上岸，淖深三尺，人馬並陷，全軍殁。與倫及僉事夏四敷、水師遊擊管一燦皆赴水死。

佳鼎長身玉立，語若洪鐘。以所遇非時，居恒鬱憤。每對客引巨觴劇飲，醉後擊几大呼，目光如電。既死，肇慶大震。

倫，廣東人。挂將軍印。兵敗，捧印入水。

四敷，字仲文，上元人。副貢。有聲復社。贈光禄少卿。妻朱，居廣西太平，城陷水死。

一燦，南陵人。與弟一馴，皆萬曆四十三年武舉。

朱治憪，字子暇，嘉興人。天啟元年舉於鄉。授肇慶通判，歷同知、知府、嶺西僉事、蒼梧副使。

昭宗監國肇慶，與定册。箋文什物，午夜措辦，詰朝取之如寄。遷光禄少卿，仍兼嶺西僉事。已以僉都御史巡撫嶺南，調太僕卿，與柴汝禎從瞿式耜督師峽口。上幸梧州，命以兵部右侍郎、副都御史，總督兩廣，與劉禄、吴璟留守肇慶。永曆元年正月，鄧研聰統領義師總兵萬年及張瞻韓、朱四輔請招余龍兵助守。後治憪宴客，酒半，督兵與新軍鬨，年出解，爲標兵所殺，衆大掠走。研聰爲民所害，治憪令不行城内。清兵自廣州乘勝下，治憪棄城去，諸生譚登魁死，參將李明珍及新興參將鍾良弼降清。李成棟反正，謁上，稱薙髮而未受官。陳邦傅疏薦兵部尚書，命除兵部右侍郎。二年十月，李明忠劾罷勘問，卒。

汝禎，不知何許人。監軍副使。後起兵欽、廉，害宗室統鍌，旋爲衆所殺。

祿，不知何許人。永曆三年，以兵部右侍郎總督奉天。四年二月，清兵迫，與總兵胡光榮監軍御史毛登戰死。

登泰，字小宇，石門人。選貢。

璟，本名文瀛，字叔登，青浦人。崇禎七年進士。授泰和知縣，以恩威稱。遷山東道御史。隆武時，以浙江道巡按雲南，加太僕少卿。昭宗立，陞禮部左侍郎。永曆元年三月，擢左都御史。二年九月，調禮部尚書。成棟反正，隨扈肇慶。見咨入貢士皆牛鬼蛇神，三年六月引病去。四年八月，起左都御史掌院，未赴。清兵至，被執，上三千金得脱。李定國復廣西，薦起兵部、總督兩廣。七年九月，卒於柳州。

研聰，順德人。崇禎十三年特用。監軍御史。

瞻韓，海鹽人。崇禎末，官普寧知縣，廉正得民，忤上官罷。後扈昭宗，遷職方主事，歿於陣。

四輔，字監師，寶應人。諸生。監紀推官，歸隱。

陳象明，字麗南，東莞人。父葆一，字元澤。諸生。張家玉死，清逮其宗人，葆一匿之得免，卒年八十四。

象明，崇禎元年進士。授户部主事，榷税淮安，免廛市漁湖諸例税數萬兩，商賈例税又數萬。或謂此關使者應取之物，象明曰：「吾下取於商，是蠹商也；上取於國，是蠹國也。吾寧澹泊，不可以爲二蠹。」假歸，舟行十八灘遇盜，舟子曰：「若不聞廣州陳主事廉吏乎！」盜曰：「榷關陳主事乎？吾固知其廉也。」謝罪去。

歷湖廣司員外郎、陝西司郎中。出爲長沙知府，獄訟多平反，正己律下，民間供億，秋毫無所受。以忤巡按被劾，謫浙江運副。去之日，百姓罷市聚哭，走送數百里。會母憂歸。服闋，補運同，帶管鹽運使事。遷饒州知府，隨俗施判，出以寬簡，數月不輕抶一人。郡中盜起，偵得其巢，夜掩揭之，渠魁受首。

張獻忠入湖南，朝廷以象明知兵，陞上湖南副使，招流亡，恤死傷，繕城隍，增堡壘，日與何騰蛟、嚴起恒分治兵餉，爲恢復計。隆武時，騰蛟疏象明勞績、有文武才，且鼓其忠義，同謀中興，晋太僕卿。

昭宗即位，粵地盡陷，駕幸奉天，六師乏糧，騰蛟命徵餉廣西，謁行在。命以兵部右侍郎、左僉都御史，總督兩廣軍務，同陳邦傅連營。象明徵諸道兵，並檄調土兵六萬，聯絡節制，悉中機宜，諸勳鎮咸悦。轉戰潯州，多所斬獲，遂復梧州。

邦傅氣驕輕敵，象明數勸之持重，不聽。永曆元年十一月，邦傅舟師將攻肇慶不利。清兵溯流逆擊，徑上梧州，邦傅不知所爲，逕退潯州，象明戰敗被執。平樂知府陳子達雅重之，勸薙髮。曰：「余將留此髮下見先帝也。」十二月朔，至梧州榕樹潭，他將復脅之降，怒罵投水死。二妾曰：「臣死君，婦死夫，義也。」皆自盡。妻游爲尼。

子應先，字實尚。諸生。陽狂，杜門二十年，終日不語。讀父書，椎心痛哭，後成狂疾死。

賴其肖，字若夫，鎮平人。諸生。以豪傑自命。安宗立，鍾凌秀餘黨復亂，上書言寇可滅狀，授監紀推官，歸招鄉兵保里，時稱賴公子。

先惠、潮多盜。隆武元年，楊惟明、潘可泰、劉藎臣自黄畬、鄒坊陷平遠，殺諸生楊奇璞、王承箕。二年正月，涂爪王、鍾勝山、吴勝、賴覺、劉武子聚衆三圳墟，十七日陷鎮平。平遠長田黄統四、黄謹集、黄憶春、丘時乾、黄與甫引鎮平吴盛、涂武子破長田。十月，覺、涂武子、徐黄毛陷程鄉。十一月，卜應鳳、卜應龍千人復攻程鄉死。

張家玉募兵惠、潮，其肖以子弟謁，有衆萬人，樹忠、孝、節、義四旗，家玉因立武興營，其肖自職方主事累遷監軍副使，以鄉兵導家玉斬尖翼虎、秃爪龍、獨角蛟等，收衆十萬。其肖復與族人監紀推官應選、鎮平知縣曾文琦招降黄海如萬人，並編各鄉保甲，申連坐法，嚴夜出禁，地方以安。

紹宗兵潰上杭，家玉聞將入粵，與其肖同出兵迎駕，卒遇敵赤山阪。時惠餉不至，兵飢不能戰，其肖曰：「皇上蒙塵，我曹當先死敵，以明忠義，敵易與耳。」遂斬招降者四人，潛繞敵背而伏，率勁弩馳射，誘敵入谷，斬獲十餘人，敵迸走。其肖治軍嚴，食雖不足而仍禁掠。

未幾食盡，家玉還東莞；其肖亦還鎮平山中，練兵得數萬人，合謝志良屯雷公寨。永曆元年正月，張秤錘又至敗。平遠九鄉曾九龍、張應皇、馮應慈焚畧，在黄沙坑逕，伏殺諸生韓上捷。李應秋攻興寧，爲諸生王若水所敗，程鄉廩生張景力守寨死。

二月，家玉兵起，復鎮平，賴隆、朱良化、古貫一復河源，四營兵攻興寧。三月，其肖與弟其賢、族應殿奉永寧王和復起兵饒平，復漳州、永定、平和各州縣，斬降將文貴金、陳虎、余成隆，大破總兵許有信圳磜。時黄質白、吕耀奉宗室由榛與許元烈謀起兵揭陽。七月，洪高明起兵數千人復和平敗死。九月，由榛爲畔將車任重所殺。十月，家玉死。

二年，擢其肖兵部右侍郎、僉都御史，贊理恢剿浙閩軍務，聯絡漳州義旅。四月，鄭鴻逵攻揭陽，陳四以數千人起兵攻和平不克，會和復扈駕。其肖復奉宗室慈奋以兵入大埔、饒平、和平，敗走鎮平山中。聞李成棟反正，旋師。

四年，黄應杰、吴六奇畔，其肖勢蹙，乃入長潭口，據險自固，與謝元汴爲犄角。五年八月，應殿再復鎮平。十一月，班志富來攻，其肖突圍出，斬數百人。以衆寡不敵詐降，一夕走爲僧。

六年八月，再起兵復平遠。敵千人至，攻之不克。久之，謁安龍，命以原官還粤糾義師，應李定國。至賀縣山寨，欲招其豪傑，已降，其肖不知，仍以大義督責，遂爲所害。

其賢，字可夫。從復平遠，八年二月城陷死。

應殿，諸生。家玉薦監紀推官、武選主事，不知所終。

族君選，一名阿婆。十六年冬，走平和大溪，改名王清。二十五年攻鎮平，敗和平，執死。

先，隆武二年冬，其肖起兵。廣東所在義兵特起。江振文起普寧雲落逕死。林學賢起潮州。陳耀起惠州攻廣州，斬將劉朝用、周一鳳。何同清起東莞。黄上選、黄汝臺、黄兆龍、葉勝祖、葉熊飛、葉桃班、陳章、葉高茂、葉勝宗、殷起弼、宋應捷合羅英陷龍川，知縣陳昕被創，典史陳曄、教諭魯昇遇害。永曆元年，譚詈、吴興、李宗韜先後起長樂。五月，王廷弼復連州，斬參將趙大勳。六月，羅士璧攻乳源，斬知縣施弘猷。七月，簡信、士璧、胡清、馮高明攻曲江、翁源不利。八月，上選、汝臺、兆龍復龍川，逐知縣曲國輔。廷弼再復連州，斬知州魏人鏡，旋爲人所害，其將彭天標、李日英火城市而去。十月，勝祖、桃班、章、英戰死。十一月，汝臺執死。上選走江西死。瑶人黄萬勝以萬人攻乳源走。永曆二年，成楝反正，諸軍皆散。

四年正月，義師復博羅。五年，兆龍戰死。白頭蔡良、紅頭黄顯攻翁源鄉聚。五月，史伯韜起兵數萬屯長樂雙頭戰死。義師復興寧，斬知縣石楚欽，未幾城陷，劉世俊戰死。六年，監軍道吴夢周，都督同知魏鴻謨、江士斌謀起兵興寧，事洩死。

八年正月，陳渠起仁化，降清。

九年，江鵬卿謀起佛山死。

十五年，張都起兵數百人和平缺牙山死。增城蕭都起兵攻博羅，斬守備何瑞。

十六年，宋都起兵博羅。

二十六年九月，陳元京、謝標、蘇國用起兵長樂，一日夜，殺張仲甫。明日，元京殺標，國用走免。

學賢，惠來人。崇禎十二年舉於鄉。新安教諭。南京亡，與弟贊南、有聲，諸生鍾鳴谷、林時發謀勤王。隆武元年七月圍城，爲知縣沈惟煌，諸生黄鳴、夏亨叔所拒不下。聞都督張俊、參將黄山、惠州總兵王振遠、都督郭奇至，乞撫於劉柱國。十一月，授職方主事，屯虎頭寨。二年十一月，與林道乾、劉鴻起兵萬人，合蘇成圍惠來不克，學賢、道乾、鴻敗死，寨屠，有聲、林天成走屯東山寨。永曆三年八月，破葵潭寨。七年十月，有聲、天成降清，又反正死。

耀，歸善人。隆武二年二月，以盜數萬人合任重歸善畔兵圍惠州，六月解去。九月入歸善，與曾有勝寨水北爲應援。十一月，卓履曾陷長樂。永曆元年九月，耀、有勝復大鵬所，與李萬榮新安之師相應。清兵至，皆戰死。

昕，侯官人。選貢。

畧，惠州長樂人。練總。領鄉兵勤王，與興至南直歸，稱宫保軍門。途遇李士璉，約共屯長樂。先崇禎十七年冬，宋缺牙、陳德駐牛牯嶺，屯横陂下阜。舉人卓越、貢生鍾鴻聲請於知縣李田，禽斬德、魏牯六，缺牙黨走。隆武二年七月朔，卓履、卓起結明義社，目卓耀星、張三妹、陳牛麻、黄鏵、蘇子文、賴完九、嚴阿五、卓扁子、卓鴻、刁元甫、陳循仁、張弘功據新河橋土圍爲窟，卓徽曾爲謀主。時惠州十三營畔兵總目李應和、盧耀萬餘人攻府城，敗入長樂，四營閻三哨首李石甫、魏遼東、魏鳳、魯炳龍、曾王甘、楊江湯等亦自江西回，至是合畧。畧性酷，害徐即震、張夢鏡等，其兵畔入十三營。畧居城内招兵，士璉忌其威，引楊殿粵攻城，誘罯出城講好，執之。十月三日，缺牙攻城。十一月十三日，諸軍復城大掠，士璉脅田諭各寨，田密令固拒，士璉命賴周倉害田。邑人金華、副總兵賴萬金引清師。永曆元年三月，士璉降清，三妹、鄒龍不降，執死。有四營以崇陽王火牌命楊大將、甘四將等九人至城下，執死。鏵降，又謀反正死。是冬，鍾萬、炳龍攻城不克。

興，惠州長樂人。隆武時遊擊。即震，字英卿。萬曆四十三年舉於鄉。授永昌同知，教民筒車，乞養歸。夢鏡，字兆珍。歲貢。浙江運判致仕，與子廩生漸鴻、漢鴻、賓鴻、海鴻，增生蜚鴻同死。皆長樂人。

宗韜，惠州長樂人。性勇武，以練總充興寧把總。永曆元年，與羅藻、廖標、周義、馮捷方、郭左畿、劉英、饒忠、胡藻和、黃勝兆、黃勝祚屯窩口寨，各稱總兵，雄長一方。清迭攻不下，招之不應。十七年二月八日，出攻長樂、永安、興寧死。

伯韜，惠州長樂人。永曆五年，屯雙頭圍，以白水齋相號召，張瑞日、鍾天生、曾浩然、藍積根、丘啟凡、黎貞九、黃德貞、劉聚魁、史標立、史乾正、史三正、炫所、啟華、張南斗等從之。攻水心圍、鼇坑圍、石碣圍，爲萬金所拒。三月八日，應杰至招降，伯韜不屈死。

程峋，本名士鳳，字坦公，吉安永豐人。崇禎七年進士。授南京職方主事，累遷鎮江知府，治行爲天下第一，轉蘇嵩僉事。北京危，以衆北上勤王，極論時政。除督糧參議，海盜顧容犯福山，留都大震。峋視師劉河以漁舟出海，斬二千餘人，容遂就撫。

北京亡，嘉定奴變，瞿氏奴宰聚衆千人刃其主，江西圓沙祝氏奴應之，巨室如宗、支、戴及南翔李氏皆受害。衆逼城下，貢生馬元調發三矢殺三人，奴乃散。峋命劉河遊擊貝集斬其魁二十餘人，杖死數十人，亂遂定。鄭瑄薦峋才可大用，調職方郎中。適以爭妾事，與鄉官彭歌祥相訐，安宗命部臣嚴議，峋去官，猶擁鄉勇三百人自隨，用是不爲鄉里所喜。

隆武中，起廣東參政，以僉都御史巡撫惠潮。海豐山寇起，督守備謝芳開敗之。已命與黄錦率狼兵出忠誠，戰敗程鄉歸。福京亡，下遊守備李明招兵謀攻潮州，爲峋所斬。練克又將攻城，爲黄潤中所扼，明年克死。

昭宗即位，召兵部右侍郎。永曆三年正月，江西已陷，行在猶不知，擢峋尚書，宣諭總督援勦軍務。齎敕德慶，趣李赤心、高必正往援南昌。赤心陽言清兵已逼，當亟入衛，因自爲殿，而以子女行裝託峋護之，先行至界口。守將張祥利其資，發礮殺峋而取之。妾趙，自刎死程鄉；藍，不食死。時董方策守羅定，過德慶，以事上聞。將楊弘遠兵縱掠，方策礮沈其舟三百斬之。或曰：李元胤惡峋召忠貞營入行在，使祥害之。

子仲庸，柳州推官。痛哭死。妻羅，觸石死。

弟士鯤，字天修。副貢。自行人遷平樂推官。入清，不應召。

士鵬，自永安知州遷廣西道御史，面糾五虎黨余綸，彈文爲時傳誦。五年七月，陞尚寶卿，督兵南寧，力戰不屈，死欽州大寺埠。

歌祥本名國祥，字天毓，長洲人。崇禎四年進士。自禮部員外郎出爲瓊州副使。南京亡後卒。

同時潘雲衢，字燕雲，南海人。崇禎三年舉於鄉。肆力於古，旁通天文輿地。以僉事監江、粤軍。廣州再陷，與弟雲衢入羅定、靈陽、雲際講學。雲衢，字霜鶴。職方員外郎，宣諭欽州卒。

先峋宣諭江直者：

于鉉，字耳君，金壇人。崇禎四年進士。歷長興知縣、吉安推官、户部主事、員外郎、郎中，饒南、九江僉事。拒左良玉軍，陞嶺北副使。袁、吉陷，勸餉足兵，鼓將士恢復，轉贛南參政。永曆二年四月，擢兵部右侍郎。入江卒。

文明遠，字玄升；明達，字駿有，九江德化人。德翼從子。諸生。豪俠有膽識，而明遠尤警敏。弘光元年，南京、九江相繼陷，李含初兵起，明遠兄弟居間聯絡。事敗，遊江、淮間，與葉士彥、李之椿、僧德宗、兵部劉洪起、副總兵秦緯之，同受監國魯王命。王奇明遠才，授兵科給事中，賜名五成，遣詣行在。永曆三年，江西再陷，行李戒嚴，明遠喬僧裝，崎嶇僅達肇慶，謁上稱旨，仍故官。命敕諭李亦心。至開建界，則赤心已拔營前徙，開建鄉寨遭赤心兵屠，飲恨刺骨，無從雪，而明遠忽從數十騎至，鄉寨以爲赤心碎營也，蜂集圍之。明遠猝不能自明，中亂鏃死。妻黄，隆武元年水死。

明達客楚，與興國守將善。永曆二年，江西反正，覓能使楚者，姜曰廣稔明達名，薦之往。抵興國，則故將已更調去，新將鄔甲狡甚，佯反正。明達吐實，甲即席間執之，解至武昌，論死。從容賦詩多章，無傳。傳其中有「文相國孫姜相國客」而已。

連城璧，字如白，金谿人。崇禎十三年特用。授順德知縣，調靈山。黔賊掌兒等犯境，防禦有功，遷陝西道御史。隆武二年冬，巡按廣東，佐王化澄協理軍務。

有蕭嘉音者，故漳州盜。永曆元年三月，城璧單騎招之。嘉音環以兵刃，城璧屹立不動，陳以順逆。嘉音遂感泣歸，改姓名曰王興，薦授副總兵。城璧守恩平，與清兵相持年餘。佟養甲招之，不聽；乃以利啖興，欲脅取巡方印。興以告，城璧椎牛釃酒，悉召興部弁兵席地列坐。酒酣，語衆曰：「敵懸千金購吾印，當與否？」衆未對，興髯磔磔然，張目眥裂。城壁髮上指，掀衣袒腹，厲聲曰：「刀來，剖吾腹納印，以屍往取賞，則可耳。」興大哭，弁兵亦哭，誓以死守印。城壁具其事報養甲，興復答書曰：「廣東易得，此印難得。按院不可威劫，興獨可利誘哉！」

二年七月，化澄薦陞太僕少卿。上幸梧州，與興入謁，轉太嘗、大理卿。三年十一月，命以副都御史督兵出江楚。四年八月，召刑部右侍郎。未行。

七年，職方主事程邦俊齎敕至，再糾散亡，命興、陳奇策、羅全斌舟師攻三水，會李定國。時武庫員外郎張猶龍，主事饒章，惠潮副使楊肇科，監軍副使陳期新，南安推官容文燁，中書舍人胡世儀、饒藻在軍中。總兵張雲龍故效死忠誠，其子都督同知世焕以副總兵鎮寧遠不降，亦從軍。與徐孚遠、林察、周瑞、蘇茂往來。總兵徐文華至，述閩海起義諸紳，因命聯絡，擢城壁兵部總督兩廣，與郭之奇、李明忠、何吾騶、黄士俊及總兵練復、梁標相相應。迭戰克捷，復陽春、陽江、新興恩平。

十年，命待詔王佐上疏行在。清攻奇策，奇策兵勁少卻，復以全師圍興，環攻二月。興得奇捷，清兵退。或勸城壁歸行在，曰：「與興首事而不終，是負興也。」不去。與興血戰七八年。

十三年八月，興死，城壁在外招兵，聞之大哭，入朗愛山中。尚可喜、李率泰再三招脅，以死自誓。久之，歸里卒。

子以謙，任職方郎中；以訶，恩貢。弟城瑜，户部主事，皆從軍。世儀，金谿人。父士彦，首義死，贈禮部主事。世儀，選貢。藻，金谿人。亦選貢。

張同敞，字別山，江陵人。大學士居正曾孫。爲諸生有文名。崇禎中，追録居正功，廕補錦衣指揮使，改中書舍人。同敞負志節，感恩益自奮。十五年，奉敕慰問湖廣諸王，因命調兵雲南，未復命而北京陷，携所懸牙牌徒步南走。

妻許，亦奉居正神主自江陵來，遇於江西。痛威宗之崩，服喪三年，誓不仕。

南京陷，走福京。時紹宗博求先朝舊臣。宰相以同敞言，召見。命之官。力辭。上曰：「此爾祖廕，今不受職，此爵湮矣。爾縱欲報先帝，奈祖爵何？爾文臣，不當授武職，强爲朕服錦衣官，毋過辭！」未幾，堵胤錫收降李赤心，表至行在，上謂同敞曰：「爾家世有名於楚，今赤心等在楚受撫，爲朕慰之。」同敞行至楚，宣布上威信，赤心等皆感服。復命，及粤界而汀州陷，依何騰蛟奉天。

永曆初，以廷臣薦，遷編修、侍讀學士。謁上慟哭。劉承胤忌之，言翰林、吏部、督學必繇科甲，乃改尚寶卿。奉天之變，爲亂兵所掠，避入黔中。時粤、黔隔絶，數月不聞行在消息。川、黔官紳議立榮、韓二王，同敞與錢邦芑、鄭逢玄、楊喬然力爭之，衆議乃沮。

二年，間赴行在，擢詹事。會騰蛟敗殁，楚師驚潰，瞿式耜薦其知兵，乃命以兵部右侍郎總督諸軍，駐新寧。

同敞健瘦而髯，目灼灼光出睫外，言笑軒爽，有膽氣。詩文數千言援筆立就。年四十無子，蕭然一榻，身無餘衣，食無兼肉。每鼓勵諸將，輒流涕被面。督戰則躍馬爲諸將先；或敗退，則危坐不去，諸將復還戰取勝。以故諸將翕然欽感，馬進忠等奉節制惟謹。

已督諸軍復全州、東安，圍永州。命總兵周當禮、監軍御史藍亭、監紀譚戛偵新寧爲蔣、戴、陳兵復而不守，屯西延峒，鄭太和在奉天，圖内應甚切。王永祚敗，同敞馳扼全州，檄楊國棟救之，清兵解去，而同敞糧不繼，亦退。

朝廷自失騰蛟，經理錯亂，散遣監督，事權不一。同敞行視嚴關，與胡一青阻要害，樹栅立壘，以固桂林，命進忠進取。

無何，梧州詔獄起，同敞疏言朝廷方在危迫，不宜用北寺獄拷掠言官，忤王化澄，降旨切責。會于元燁詣闕，遽命督楚師，奪同敞權，並減一青軍食。同敞請解任付元燁，不許。

孔有德薄桂林，進忠、曹志建敗，命出守榕江，諸軍驚散。同敞方監一青軍靈川，聞變曰：「安可使瞿公獨殉社稷？」自江東泗水入城，見式耜曰：「同敞不死於陣者，爲不欲曖昧自斃耳。願與秉燭行酒，各賦絶命詩。」黎明起，與式耜沐櫛整衣冠坐署中。

清兵執見有德，有德曰：「汝何人？」左右命之跪。同敞瞋目戟手罵曰：「汝非我毛姻家奴耶！受朝廷恩命，官三品，今國且垂亡，吾以汝爲久死矣，而尚存乎？或者吾殆見鬼。且提溺器者，誰爲汝跪？」有德曰：「余聖人後也。」同敞曰：「汝已爲犬羊，辱侮先聖，罪當死。」有德大怒，仆地捶之，折右臂，一目突出。同敞大呼曰：「畔國賊，速殺我！國士不可辱也。」有德知不可屈，命口塞木丸，曳之出，與式耜同縶。有德遣降臣來勸降，式耜言：「四世受國恩，爲朝廷大臣，但祈一死。」同敞曰：「先生奈何以此與戴犬豕頭人語？迅雷豈爲蟄蟲設耶！」縶閒，與式耜唱和，詩各十餘首。居旬日，有德復招之入，盛設酒肉。同敞植立不揖，以足蹴肉傾之，曰：「此犬豕食，何汚吾目！」有德命取巾衫與之，同敞正冠整襟，向有德揖稱謝。有德曰：「汝固不揖我，而今何揖也？」同敞曰：「汝惠我以冠服，我將服之以死，上見先帝於在天，下見先人於九京。汝真善我死者，吾知己也，故揖謝。」乃就坐，舉酒屬式耜曰：「先生且强飲。座中王三元、彭爌、魏元翼、馬蛟麟皆我中國文武衣冠吏士，特一念之差，遂成異類。使孔參戎一轉念，詎不可同爲社稷死乎？」有德目攝之。

明日赴市，同敞曰：「快哉行也！今日得死所矣。」同敞在縶，藏一白綱巾於懷，至是服之，曰：「爲先帝服，將服此以見先帝。」同敞死，屍不仆，首墜地，躍而前者三。妻許，訃聞自經死；壻兵部主事吴從義殮而葬焉。事聞，上累日不食，贈上柱國、少師、兵部尚書、江陵伯，謚文烈。同敞與式耜唱和詩傳達行在，上讀而悲之，賜名御覽傷心吟，命工部刊布之。

于元燁，字闇然，東阿人。大學士慎行從孫。任中書舍人，歷嘗州通判、刑部員外郎、郎中。出爲黎平知府，武弁不法，駕馭有方。累遷長沙僉事、下湖南參政、湖廣右布政使。爲政持大體，不市聲譽，所至民懷。

昭宗立，擢太嘗卿、兵部右侍郎、協理京營，調工部督錢法。迎扈全州，陞太子少保、兵部尚書，總督兩廣，掌刑、工兩部。郝永忠兵至，請瞿式耜閉城勿納，不許。改刑部，攝户部，被劾去。

永曆三年九月，起總督雲南，尋改楚豫，兼巡撫漢黄。

四年，王化澄憾張同敞，遽移元燁兵部、左都御史，總督廣西湖廣，賜尚方劍便宜行事，駐新寧。楚地陷，吴其靁請專任同敞，上命罷元燁。胡一青復疏留，改督廣西，頗與式耜相忤。滇將趙應選方强，元燁欲結以自助。有少女許字王永祚之子矣，乃改嫁爲應選子婦，繇是應選、永祚不睦，諸將心益離。十一月，清兵逼桂林，至靈川，自刎死。妻賈及女自經死。通判劉秉中亦死。元燁機變善肆應，能聯絡勳鎮，顧狡獪不能持正，論者少之。事聞，謚元燁忠愍，贈秉中光禄少卿。

陳謹，字白嶽，賓州人。崇禎十三年特用，授南康知縣，明允決獄如神，罷徭役，去火耗，健訟猾蠹皆斂跡，又立諸生月課，建西流隄，積穀備荒，民歌誦之。歷霑益知州，廣州海防同知、知府，僉事、職方郎中。清兵陷南寧，謀起兵。事露，被執得脱。再起兵復永淳、横州、欽州、靈山，擢兵部右侍郎。

永曆五年，以尚書督師廣西，與胡一青、趙應選守崑崙關。二人戰失利，痛責之。請至賓州，不許，退五十里以待。數騎邀行，曰：「喪師辱國，失守巖關，督師當死，不敢與若爲逋臣也。」刀刎不殊。一青大驚，單騎往視，以藥綫縫喉，二日而甦。輿至南寧，見上頓首謝。上輟食，温旨慰之，並賜良藥。比創愈，命聯絡二十四土司，力疾就道。至土司中，與酋歡飲，激以忠義。

清兵突至，駕倉卒幸安龍，追扈不及，隱遷隆十萬山中，以論語、孝經授童子。李定國兵至，數招之，出見長揖。定國怒。曰：「大明會典大臣無拜二字王禮。」定國謝過，因請監軍，不應。

謹方正高潔，慷慨持大義，數折孫可望逆謀，欲殺之不果。山居窮餓，十一年秋卒。上敕召之，已無及矣。賀九儀爲請卹，未下而滇京亡。

馬天驤，字季驤，崑山人。萬曆四十年舉於鄉。授都察院司務，累遷承天推官。南京亡，入廣西。永曆中，官户兵二部尚書，賜尚方劍便宜行事，守廣西。

陳拱樞，南海人。以御史聯絡四十八峒。皆不知所終。

李膺品，字張錦，靈川人。崇禎十六年進士。授武選主事。紹宗立，遷江西道御史。何騰蛟招高、李諸軍，疏請以監軍御史赴軍前謀恢復。隆武二年正月，從騰蛟赴湘陰，期大會諸將於岳州。諸鎮觀望，不果。已以户科給事中宣諭衡永。調吏科。

永曆元年，長沙陷，命巡按湖南。章曠至衡、永，調守寶慶。二月，遣使趣入衛，從扈奉、靖、柳、桂。

二年，與陳經猷佐騰蛟、瞿式耜力守全桂林，擢兵部右侍郎、副都御史，撫治全永。時朝士黨局相水火，膺品獨無所附麗。三年十月，調兵部添注右侍郎。

四年九月，以兵部左侍郎副都御史督興、靈義旅，保固全桂，乞罷歸。式耜、張同敞聘參謀議。膺品見粵局孤危，而四、五都形勢險固，可守以爲桂援，遂與經猷結二都義民守薄嶺、烏嶺，均田立約，習武修備。式耜、同敞死，而靈東完髮堅守如故。

六年，李定國出師奉天，膺品密啟桂林空虛，孔有德不足畏。定國乃繇西延、大埠逕襲桂林。粵西之復，膺品力也。召兵部左侍郎。

七年七月，定國再攻桂林，失利去。清以膺品逼近桂東，與定國通，爲肘腋患，乃購奸人爲導，分兵三道，出其不意，突陷二嶺。膺品入五指山，自經死。士民多從死者。

膺品豪邁負大畧，家素豐饒，裹糧赴難，盡散家財俸入充軍需。歸後環堵蕭然，不能具饘粥。及再倡義，諸里民均鬻家産出死力以從，其忠義感人心如此。子三，入清遵遺命不應試，後訖無顯者。

經猷，字廷獻，靈川人。崇禎十五年舉於鄉。自職方主事，歷道州知州、福建道御史、監軍僉事，練兵保境。永曆元年二月，聞桂林急，以衆入援。靈當兵衝，諸軍多淫掠，綏輯調護，民得安堵。二年三月，清再攻桂林敗去，經猷之力爲多，桂林陷，與膺品於四、五都設守，西北歸膺品，經猷任東南，清兵不敢迫。定國復桂林，薦擢兵部尚書經畧，守桂林。七年五月，桂林再陷，一門死，經猷自經山巖死。

贊曰：昔石冰之亂，署有揚州，周玘、賀循家居，糾合鄉里，討平巨寇，史册美之。昭宗幸粵西，勢不可爲矣，家玉、邦彦之英果，其肖、城璧之沈練，起而經綸屯難，披草杖筆，見理明決，義不返顧，有周、賀之功焉。同敞尤才氣過人，克世先烈，遭際百六，僅以得死爲願欲。古人所云「心同鐵石」，此之謂歟！夫使李成棟歸而張、陳存；李定國東而同敞在，事詎可量哉！三人殺身成仁，而國之元氣，於斯盡矣。治倜、峋、元煒巽懦輕躁，未必忘身徇國之士也，佳鼎、象明、明遠、謹、膺品，卓乎其不可及也夫！

南明史卷六十一

列傳第三十七

無錫錢海岳撰

黎士彥　金志達　童貴卿　鄧繼球　孔徹元等　蔡觀光等　彭順慶　彭大慶等　郭達伯等　廖英　李文止等　涂伯昌　子先春　金簡臣　黃道臨等　曾拱辰　周損　宜黃榜人　李有實　張福寰　吳日龍　趙正等　吳讓卿　程孟穎　傅夢弼　范大等　張嶺　李時嘉　陳麟　胡經文　余尚鑑　陳元方　余公亮　傅謙之　桂蟾　義堂　胡玉良　陳於密　陳伯紹　修斗輝　葛修懋　孔文燦等　白玉麟　石應璉　李時新　王[火鼎]　白乃忠　王晉功　曹祖參　周承謨　蕭相國　曹胤昌　王晴　沈會霖　侯應龍等　李新等　厲豫　徐胤文　郭允觀等　馮弘圖等　李斆沅等　葉士章　方孔炤　客齊程　金光辰　左光先　李夢麒　賈鴻陽　滿之章　弟之磐等　楊卓然　王基培　葉士彥　謝存仁　徐應運　王道直　張其倫等　朱智明　何士達　王尚偉　魯所瞻　劉本桂　劉馨　范東陽等　夏時亨　子焯等　劉祺　劉濟　屠奏疏　丁之鴻　王應斗等　劉季鑛　彭九願　段酆　盧之燁　段士選　甘永　劉奇遇　周珝　周師文　何一泗　蕭弘緒　黃復震　何山　劉覽　鄒見　陳有功　陳洪　謝焻　龍尚可　謝嗣修　朱嗣敏　魏麟鳳等　金子襄等　習鼎聖等　曹汝聞　賴龍　鄭古愛　余鵾起　李虞夔　萬練　王維垣　劉遷等　李可梗　覃一涵等　李企晟　李喬崑

譚貞良，字元孩，嘉興人。太僕卿昌言子，崇禎十六年進士。授行人。弘光時，遷精膳主事，典試廣東。陛辭二日而南京亡，間行歸里，與吳克孝計城守。事敗，浮海謁紹興，轉福建道御史，改户科給事中，調兵科，監王朝先、胡永貴、張名振、李唐禧四鎮軍，嘗論戰守王前，與田仰爭，以笏批之。仰，馬士英戚也。遂乞休，不允。尋建策請援於福京。紹宗除都給事中，擢太嘗卿。行次福寧，聞浙東陷，閩無固志，將詣廣東，遇潰兵泉州，室家散走，尋聚於同安。欲從平和間道下梅子逕翳薈中，爲持刀者所擊僵。有頃甦，裹創行。老儒張念雪哀之，留居半月。賴燧招入武功山中，鼓舞忠義。

隆武二年八月，陳君陞起兵千餘人永福勤王，火縣署，害知縣宗室由榴。九月，尤元表起兵羅源，莊廷書、張益起兵復德化，斬知縣黄琮，攻南安不克。十一月，永福四都黄美周等攻城，斬知縣翁日賓。

永曆元年二月，曾慶起兵平和，與詔安義師奉德化王慈煒復漳州，敗守平和山中。楊學臯與洪有禎、楊商復漳浦。五月，林忠、盧緒起兵惠安、永春、德化、大田、尤溪山中，迎郭符甲爲帥，復永春、德化，斬永春知縣顔上觀。六月，林良起兵安溪新溪、赤嶺，衆數千人，敗走永春。七月，學臯守梅月寨，自解兵柄。奉貞良起兵漳浦佛潭橋，有衆數萬人，屢破清兵。八月，陳大兗攻漳平不克死。九月，良衆至數萬，與南安長泰仙洞寨杜宗文，同安林祚、陳藩、龍涓、陳爾峯，感化李連山、蘇喬林，來蘇張鼎柱、倪懷池，安溪長泰間，所在兵起。藩尤勇武，尋殞於陣。尤溪王繼忠攻德化、廷書益萬人攻南安，復德化，斬知縣黄琮。十月，良復大田，斬知縣胡天湛。十二月，黄春臺僧道贊攻漳浦不克死，良與南安杜聲聞、盧緒、曾省、馮先明自大田復永春，斬知縣潘際昌，十九都陳邦哲戰死。

二年正月，貞良復平和，斬知縣陳一太，進復詔安，駐平和。二月，許祚昌圍漳浦不克，詹毓壽、歐雲龍起兵仙遊執死。三月，林傑、林子格攻長泰死。方玉復雲霄不守。四月，沈起津攻漳浦不克。楊爲瓛、林俊、鄭虎皮數萬人自永春攻漳平，屯後葛，斬守備張奇等。五月，連城兵攻龍巖不克，慶屯永春。六月，貞良命慶復龍巖、南靖。貞良同年史起明降清，爲漳南副使，書招貞良，不應。無何病作，力疾視師，以精兵三千爲導，行至琯溪，列四十二營，各地義兵響應，而慶違令，殺中軍莊元忠去。貞良疾甚。七月，遺命墓碑書「大明五經進士」，卒年五十，義士朱森、朱英鬻千金歸其喪。上命以兵部右侍郎、副都御史，總督福建恢剿，貞良歿已數月矣，使者痛哭而返。子吉驄，監國魯王賜歲貢，授中書舍人，後降於清。

自貞良歿後，王鎬、賴雍、張文奉慈煒命，以萬人復漳平，斬知縣戴真學、遊擊盧泗、守備顧雍。慶會復寧洋，禽知縣張天麒。永春陷，林永聚結寨三百餘，復永春死。八月，省復永春。九月，大田陷。十月，林健、何二知、林三娘起兵永福埕頭死。趙元煥入山。江爵、林瑞豐起兵玉尺死。副總兵江國珍、陳宗愷自埔埕降清，鄉官林弘祖及總兵、參將、遊擊薛貴、黄牒、林桂昌、陳燮，諸生張維魁亦降。十一月，曾唯復大田，尋陷。永春亦陷。吳伯泰起兵古田卓洋長灣堡，旋敗歿。都督陳俊、陳彬、洪亮，參將黃春會，監紀通判柯友參，自永福山中降清。學皋會盧若騰佛潭橋，進新亭寨。

三年正月，龍巖陷，慶走漳平、平和。二月，漳平、寧洋陷。鍾志以寧洋反正死。開平伯林大綬起兵沙縣嘗順寨，迎石城王某。三月，兵部右侍郎楊昌鼎起兵汀州紫雲楊坊寨，迎慈熚。四月，慶奉慈熚延平將軍寨，復尤溪、將樂、順昌，回守平和。六月，大田陷。七月二十八日，嘗順寨陷，大綬死。八月，省、光、林、孔再復大田。九月五日，楊坊寨陷，昌期與禮部郎中楊其英被執死。十一月平和陷，慶與兄居曹死。廣東義師攻龍巖不克。省自汀州降清，大田復陷。十二月，林日勝、良保守永春、德化、安溪之交帽頂山，鎮將張吉、莊進，協將蘇耀守船頭、船尾諸寨，布鐵蒺藜。營連旁近百寨，出没漳平、大田、長泰、龍溪間。劉黑龍攻漳州，陳奇攻南安，敗入海，援忠雙坑。鄭丹國、趙子章攻興化、仙遊、惠安死。

四年正月，雙坑陷，奇英死，忠走入海。五月，學皋大敗於漳浦。

五年十月，鄭祖朝起兵古田。陳德培、陳思皇、戴捷、洪亮、林永日、趙元翰、陳憲復永福，斬知縣周星炳。省反正，合光、陳統兵千人，自漳平、寧洋欲攻永安，；別部五百人屯半嶺寨後壠溪寨。清分兵陷林田、半嶺、桃源十四寨，陳一靖、陳一攀及參將、遊擊、都司、守備、先鋒黄良牧等死。侯君瑞起兵永福、福清，合子章餘衆結寨善福里，十一月寨陷死。

六年二月，郭爾隆起兵興化高平寨。七月陳固等戰西津死。清兵至，爾隆破之羊角寨。

七年八月，楊又衡攻閩安，爾隆、鄭士衮起兵仙遊寒硎山，戴鵬、吴亨攻南靖死。十月，良、爾峯、張毛皇攻安溪。十二月，鄧和尚復龍巖龍坂。

八年，黄愷、洪習山、王愛民徵餉復永春。

九年，吴覲與弟二、季攻泉州，衆數千，後至三萬。覲屯牛嶺庵，二屯玉葉，季屯香爐寨。馬得功力拒，覲死嵩坑，衆潰。三月，義兵攻漳平，防將謝衡内應。兵入，以其反復，斬之。四月城陷。黄居攻永福，謝朋、何杰、李甲攻福清，劉希亮攻連江，元表攻羅源。十月，鄭鵬復寧洋降清。

十年正月，又衡復連江，斬知縣楊繼生；忠再攻德化、尤溪、大田。四月九日夜，安溪貢生李日熀冒雨攀藤縋險攻帽頂山，日勝、鄭忠、朱朝藻戰敗。平明，老寨陷，日勝二從子死。先鋒李信、劉圭、李曇、許進、連先，教練蔡胤，鎮將林鸞父大等，十九日火攻船尾寨，吉及鎮將王己，營官蘇賢死，未刻船頭茂林寨陷。二十五日，營將劉貴死。五月，清將韓尚亮至，日熀招日勝從子總兵興朱及副總兵蘇試、盧顯降，日勝走飛鵶寨依耀。閏五月，林光自龍通寨僞降，通日勝，謀襲清兵，事洩死。六月，李梁攻泉州死。曾尾、吴巖徇漳浦鄉寨。

進攻日熼不利，良敗死。都督何傳、鄭飛熊，將軍林文龍攻侯官、古田、閩清，以兵千人降清。七月，飛鴉寨長陳員、林台内應，攻永春三都紫鄉九寨，執協將林星、林己、朱踐。清嚴米鹽之禁，兵晝夜攻不息，日勝兵食淡不支，驍將廖孔執死。十月，林勝自寧洋烏錐寨降清。池飛、池度、陳紳、周六、王德、林明國屯晋江、南安間。十一月，日勝食盡，走龍溪湖墘寨。十二月，都督李鳳自海上降清。

十一年正月，尾與副總兵丁彦自長泰降清。二月，日勝至漳州降清。六月，進及總兵張應辰、副總兵林斌自海上降清。九月，忠復永春、德化，攻大田敗績。十月，鵬、鄭鵠再起兵寧洋馬山，温魁屯王城城口，皆戰死。祖朝敗歿古田。德培、捷、亮、永日、元翰、憲敗歿永福。

十二年，飛熊將張景臺、黄二姑、陳二、陳可久、葉安亡去。三月，平和琯溪兵起，忠再復永福，有衆數萬。九月，李月高以二千人攻龍巖，許子敬應之，張崑山攻城死，黄鄒、邢羽元、張耀華屯寧洋長安，鄒執死，耀華降清。馮捷、李茂、黄龍起兵永安死，李唐宗、劉龍降清。程元、慶、董俊、參將陳度、蘇虎、林印、蘇麻、陳七、陳虎、張元起兵侯官馬厝坑死。

十三年正月，月高、子敬敗永春，走德化。二月，黄昌攻泉州雒陽橋。黄色卿復湄洲死。林金榮、蔡四攻詔安應鄭成功死。高陳、涂勝攻漳浦鄉。八月，吴元英攻寧洋，與張振、王賓、鄭鼎、盧述古先後死，朱文英降清。十月，陳式、陳角攻泉州死。

十四年七月，王貴死泉州。十一月，月高、陳楚生、朱漢明千人出没寧洋，被執死龍巖。子敬死德化。

十五年二月，柯瑞攻泉州死。三月，林順、沈采、王步死泉州。六月，楊億死同安。七月，余思始、張普攻南安。李鵬死。普降清。劉尾、陳鎮以三千人攻黄肚寨，昌援之黄崎、崇武不及死。十月，黄盛舉、鄭維榮、李玉瑞屯寧洋，盛舉、維榮執死，玉瑞降清。

十六年十一月，林阿斗起兵饒平死。朱五攻仙遊。學皋、陳文達，都督楊洪先、楊捷，總兵羅永德及推官高自明，總兵吴貞臣，參將戴忠，遊擊王傑十三人，副總兵林萬憲八人，參將楊福十一人，遊擊、都司、守備七十四人，兵三千一百餘人、眷四千人、舟二百四十二、民三萬一千二百八十人降清。周龍以兵千人自霞浦降清。

十七年六月，高成棟起兵德化死。

十九年十月，范伯睿起兵興化死。平和清寧里羅晚、陳愛，新安里鍾光起兵，降清，晚、愛後爲鄉人所誅。

燧，平和人。天啓元年舉於鄉。

君陞，字乃孚，天興永福人。諸生。居長樂，以修寃邑紳事洩，爲美周所害，一門死。

慶，平和人。諸生。授總兵。魯王擢兵部右侍郎。弟居曹，天啓七年舉於鄉，授海寧知縣致仕。

學皋，漳浦人。諸生。太子太保、左都督，挂鎮夷將軍印。

忠，泉州德化人。起兵先後十年，與成功相應。魯王封惠安伯。清迭招不應。後入海。十一年，與弟左都督暹及推官高自明，都督鄭世雄，總兵張瑞、莊凱、陳秉讜、吴貞臣，副總兵顔墀、吴玉、蕭瑞、張福林、萬憲，參將陳隆、李選、林雲戴忠、楊伏，遊擊鄭琦、林春、鄭世英、江標、王傑，都司方畧、薛雄，守備黄豹、施貴，千總危雄、吴璋，把總李宇、吴聚，以官百二、兵五百九十三人降清。又總兵江南平與遊擊都司百餘、兵六千人亦降。十六年七月，清命忠招撫東寧。

良，平和人。起兵以白巾爲號，授總兵，與省、光立寨大田三十都高峯。二年後，衆至數萬。四年四月十五日，寨陷良走，久之乃殁。起兵亦先後十年。

聲聞，南安人。

省，大田人。授總兵。

祚昌，字子弘，漳浦人。崇禎四年進士。授東莞知縣，調新化，歷刑部主事、兵部郎中、太僕卿。

起津，字生鶴，詔安人。天啓五年進士。歷池州推官、廣平、襄陽知府。

爲瓛，永春人。諸生。

弘祖，天興永福人。崇禎六年舉於鄉。鬱林知州，平謝正奇亂，致仕。

日勝，永春人。有衆十萬，魯王授總兵，封永春伯。從子興朱，字而檪，降清改名興珠，從吴三桂起兵，再降清，封建義侯。征羅刹。

奇，閩縣人。天啓四年舉於鄉。

子章，天興永福人。武生。負膂力。與洪莽起兵，挂靖南將軍印。清迭招不降。兵敗，執至天興。清撫駭其貌似其弟，命中軍諭拜爲兄弟，不屈死。

祖朝，古田人。官鎮守古田總兵。

德培、捷、亮、永日、元翰、憲，天興永福人。官鎮守永福總兵，挂將軍印。

一靖，寧化人。官都督。

君瑞，天興永福人。挂將軍印。

爾隆，仙遊人。後從海上降清。

覲，晋江人。與弟二、季皆雄武。

子敬，泉州德化人。家阜於財。

龍，字伯規，福寧人。

又鄭士超，大田人。精技擊。世居廣平寨仔頂。新建王由模至四十五都，迎至其寨。清將薄之，萬矢齊發。士超以石落其矢，連射不入。清將駭，招之，不見。

田彥生，字持和，大田人。勇力過人。清攻五龍寨戰死。

田福全，字聿厚，大田人。仗義起兵，寨陷死。

王忠孝，字長孺，惠安人。崇禎元年進士。授户部主事。時方輸天津、通州外儲實京師，忠孝督大通橋，催運米日三萬石。詗事者獲盜糧及窩主以聞，嚴旨責尚書。尚書怵甚，忠孝疏言：「運之不前，臣當其罪。刺奸緝盜，有司之責，臣不能分身代守，又安能分身代緝？」上是之。

已督薊州倉儲，稽覈精敏，歲節銀五萬兩。内官鄧希詔欲自置兵，令措餉，忠孝不許。希詔曰：「餉官能保無額外征乎？」忠孝正色曰：「吾戴吾頭來，豈以升斗易哉！」會元旦朝賀，希詔與薊督爭班次，忠孝引敕書折之，遂摭兑濕米入奏，時相阿璫意逮治。故事，緹騎所至不厭欲，則楚毒隨之。忠孝不能具一餐，較王世盛以其廉，且冤之，京師相傳爲異事。入獄，詞不撓，廷杖遣戍。王志道疏救，得釋。北京變聞，哭經月，幾失明。

弘光時，起紹興知府。居官廉，釐剔肅清，民不敢爲非。

紹宗即位，累遷太嘗少卿、光禄卿。陛見，上選將、練兵、責實效、慎名器十餘事；力請繇江西、浙江出兵圖復兩京，不當株守一隅，坐而待亡。上韙其言，而政操鄭氏，不能行也。馬金嶺之敗，鄭鴻逵退扼仙霞關。上命忠孝巡關，申嚴約束，劾失律諸將。上又遣路振飛即軍中斬黄光輝，遇於浦城。忠孝曰：「公提一劍入軍門，呼大將而斬之，猝有他變，將何以待？且鴻逵忠謹，公不如曉以上旨，令縛罪帥致之朝，俟後命其可。」鴻逵遂囚光輝詣行在，上釋不誅，軍以無事。已見事勢不振，請假歸。踰年，復以左副都御史召，而福京已亡，遂依鄭成功思明。昭宗立，遣人間道達疏，陳恢復大計，晋兵部左侍郎總督八閩義旅，賜尚方劍便宜行事，道阻未能赴。清兵陷思明，復徙東寧。永曆二十年四月卒，年七十四。

時行遯思明者：

張正聲，字長正，惠安人；蔡國光，字士觀，泉州思明人，同崇禎七年進士。正聲以惠州、撫州推官遷工部主事督河工，中官于躍欲折工價，力爭之罷官。起禮部員外郎，轉職方郎中，劾張縉彦再罷。國光以高安知縣請免浮糧，不受嘗例。改鉅鹿，擢禮部主事、禮科給事中。北京破，皆被拷掠，乘間南歸。正聲散財起義，先後渡海入思明以終。國光卒年八十三。

劉子葵，惠安人。惠安義師之役，子葵襄其事，清索之急，爲僧思明。永曆時，與蔡君亮謁肇慶，授龍川知縣。甫一月而黄應杰畔，子葵扼關，使不得北向，惠屬諸邑賴以全。遷職方主事。標將譏之巡撫，子葵曰：「吾爲國耳，豈戀一官哉！」即日解組去，與王賓臣隱潮深山。久之，復至思明。

賓臣，字簡伯，瀘溪人。母孫死難。子葵起兵龍川，賓臣執母仇殺之。以職方郎中奉命過其邑，河源師潰，自刎不殊，乃與子葵往來閩、粤間。將之桂林，途遇寇死。

又陸昆亨，官錦衣衛，扈紹宗西行。汀州之變，奔思明爲僧，年十八。

黄事忠，字以臣。官職方郎中。嘗崎嶇閩、粤起義兵，母妻被殺，避居思明。永曆十一年，奉敕勞成功。十二年冬，偕徐孚遠及都督張自新謁滇京，失道安南，與國王爭禮。偕上思知州李之屏居思明。之屏降清，事忠後西旋，皆不知何許人。

沈佺期，字雲又，南安人。崇禎十六年進士。歷考功主事、員外郎、郎中。隆武時，起文選，改御史，巡視中城。鄭芝龍以同鄉，薦擢副都御史。福京亡，昭宗命以故官聯絡八閩義旅。與光禄卿林橋升，隨鄭成功起兵泉州桃花山。晚入安平，以醫藥濟人，全活無算。古文安詳融練，卓然成名。久之卒。

橋升，晉江人。崇禎九年舉於鄉。攻泉州死。

時遺臣隱遯東寧、思明終者：

張灝，本名若綱，字爲三，同安人。巡撫廷拱子，萬曆四十六年舉於鄉。弟瀛，字洽五，崇禎十五年舉於鄉。隆武時，灝官職方郎中，瀛官工部司務。福京亡，兄弟自思明渡東寧。瀛卒年八十四，清兵陷東寧，灝年九十五矣，施郎送之歸，舟至澎湖卒。

楊期演，字則龍，晉江人。崇禎三年舉於鄉。與父廪生師琯，自金門移居思明。博學工古文。紹宗授兵部主事。汀州之變，追扈不及，道服杜門不出。每春秋佳日，陟山北望，酹酒痛哭拜，聞者憐之。子秉機，字允中，亦諸生，爲僧。

葉啓蕤，字景芝，泉州思明人。翼雲兄子。隆武二年，與臺灣張金棕、劉顯襄同舉天興鄉試，授漳州通判。福京亡，從翼雲起義同安。城陷，遁跡蓮村十六年。語家國事，輒烏烏哭不止。東寧亡，齎志以殁。子錫蕃，字康侯，察言司。

葉迎，字允受，泉州思明人。與族人克疇、秉華結髮從戎，以功皆授都督僉事。迎有勇畧，晉右都督總兵。國亡，春笠秋綸，徜徉海上以終。

陳士京，字齊莫，鄞縣人。少任俠，見天下多故，挾策浪遊，北走燕雲，南抵黔粵，躑躅無所遇。江上兵起，熊汝霖薦授職方郎中，監陳謙軍，偕奉使福京。謙死，士京逸之中左所。鄭芝龍聞其名，令與子成功遊。芝龍畔，而成功獨仗義勤王，士京實贊之。已而監國魯王入閩，遷兵科給事中。成功以頒詔舊嫌，不欲奉王，士京說以公義爲重，故成功不爲臣而猶修寓公之敬，王亦安之。

永曆二年，擢光禄少卿。王將上表行在，成功亦欲奏事，士京遂與中書舍人江于燦、黄志高賫表以行。時郝尚久持兩端，使車不敢出其途，迂道賫卜以前。疏當通閩、粵之路，上大喜。時黨論方興，朱天麟去，士京上疏曰：「此何時也！曾未見舉朝議何以守，議何以戰，議何以招降；但叨叨汲汲，吹求處置，於上下大小官僚，刻畫烏紗青紫之間，今日及甲，明日及乙，甲避乙而乙防甲，舍搏擊隄防外，無所事事。臣視之惟有痛哭而已。」路振飛薦加左副都御史，固辭不受，留之亦不可，特賜三品敕；命志高爲職方主事監軍。三年，與太監劉玉歸閩。

王入浙，留閩結成功，成功禮之。十三年，成功入江，預島上留守事。未幾卒。王震悼，親爲文祭之。

兄士纁，字伯綸。魯王時，官鴻臚卿，調光禄卿。多著述。族弟弼肩，字幼仔，去諸生，詩多亡國音。

徐孚遠，字闇公，嵩江華亭人。大學士階支孫，崇禎十五年舉於鄉。與夏允彝、陳子龍、何剛以經濟學有聲幾社中。以國難亟，求健兒俠客，聯絡部署，爲勤王之備。及子龍任紹興推官，孚遠引許都見之，使其召募義勇西行；又令剛疏薦之。已而東陽激變事起，子龍招都，大吏竟殺之。孚遠貽書子龍曰：「彼以吾故始降，今負之，天下誰復敢交子龍哉？」以故子龍用功遷給事中，而力辭不赴。

弘光時，馬、阮亂政，孚遠杜門不出。南京亡，慨然指其髮誓曰：「此即蘇武之節也，我寧全髮而死，必不去髮而生。」遂贊允彝起兵。事敗，入吴易軍。

間謁紹宗，黄道周薦授天興推官，上水師合戰議。已又以張肯堂薦，遷兵科給事中。福京亡，浮海入蛟關，結寨定海柴樓，以應監國魯王於閩。一日，聯絡義師嘉興，主吴鉏家。提督馮源淮物色之，賴其將董甲衛之入海。遇錢肅樂温州，慟哭偕行。吴勝兆將反正，假一品服，爲行人司，從張名振北上，遇風崇明兵敗，以殿免。

王再出師，孚遠周旋諸義旅間，欲協和共事，而悍帥如鄭彩、周瑞之徒咸勿聽，因勸肅樂早去。而諸軍方復長樂、福寧，肅樂冀其有功，不納。孚遠復返浙東。

比王入舟山，孚遠入朝，擢國子祭酒。時寧、紹、台山寨爲舟山接應，柴樓尤與山近，孚遠勸輸充貢賦，舟山之餉得不缺。

舟山陷，扈從入閩。鄭成功啓疆禮士，雄冠諸島，老成耆德之避地者，咸往歸之，孚遠領袖其間，以忠義相鏃厲。成功娓娓聽，終夕不倦。有大事，輒咨而後行。嘗自嗟曰：「司馬相如入夜郎教盛覽，此平世事也。以吾亡國大夫當之，傷如之何！」

永曆六年，昭宗晉左僉都御史，贊理直浙恢剿，兼理糧餉。七年，與職方郎中監軍理餉張元暢監名振軍北上。

十二年，命監紀推官潘默，原總兵莊鵬程，差官金康、韓天禄，浮海安南之行在。中道，鵬程等死，默等至滇。上命周金湯、黄事忠晉海上諸勳爵，加孚遠柱國少師、左副都御史，聯絡閩浙勳義官兵。孫可望、李定國蠟書乞師。

是冬，孚遠、張自新隨金湯入覲，偕韓王璟溧及定國、劉文秀同攻江北，失道安南。安南要以臣禮，乃大罵。或曰：「且將以相公也。」則愈罵。安南王嘆曰：「忠臣也。」厚資之。既歸，欲再謁行在，不果。

成功定臺灣，往來臺、厦。成功歿，孚遠無復有望，浮沉島上，與葉后詔、鄭郊結方外七友。

每自握髮撫膺哭呼先帝曰：「孤臣惟以髮爲節，詩書爲友，從容俟死，以事陛下於九天耳。」有勸之爲僧者，曰：「孔孟之徒，豈能借釋偷生乎？頭可斷，髮不可截也。」

思明陷，至銅山。後依吴六奇饒平。二十九年，痛憤歐血死。妻戴，孚遠入海，父總兵某從亡，以女歸之。戴有文武才，嘗戎裝殺敵，免孚遠於艱難。後入潮州山中，采蕨養夫，卒歸其骨。

子世威，字度遼。從易、黄蜚軍，戰長白蕩死；永貞，字孝先。生海外，有俊才，早卒。弟鳳彩，字聖期。諸生。貢太學，博綜名物，兼擅詞章。致遠，字武靜，負才氣，授職方主事，憂死。孚遠從子令素，行遯湖南。

默，字就聞。鵬程，字際飛，福建人。

方舟山陷，與孚遠扈從入閩者，有兵部右侍郎、副都御史任穎眉兵部右侍郎、太僕少卿曹從龍、劉右汝，兵部右侍郎、大理少卿蔡昌登，賜蟒玉兵部侍郎張明瑋、袁嘉彪，太嘗卿任文正，大理卿任光復，太僕卿林子起，太僕少卿任光裕，考功郎中黄岳，户部郎中督餉廣東秦小篆，職方郎中陳昌、王浚、張怙庵，大理丞傅啓芳，職方主事董繩之、張斌卿、葉時茂、林泌、胡叔中、御史王翔、毛甲，中書舍人施甲，行人張吉生、張伯玉，庶吉士陳伯玉，絜壺正王景凡，副使馬星、知府鄭乾石，雷州知府朱爾亮，通判余天倩，推官黄雲官，教諭龔仲宸，將軍李二則、楊玉環、張日永、李銘可、常煒良、王甲、賀甲、余甲、馮甲，總兵沈時嘉、朱岱瞻、王儀鳳、金浚、張子先、夏符、徐含素，錦衣指揮楊燦，内官陳進忠、劉玉、張晋、李騰宇、劉文俊，武弁張師乾、孫惟恭、馮遠之、張宣威、黄退山、吴貞甫、蔡季直，及邢欽之、許修賢、李日永、葉眉長、傅虔、馬杏公、沈延年、李丹山、郭聖猶、蔡幼雯、林自芳、劉穀如、徐孝若、文粹伯、梁明卿、錢蘇門、劉子若、許天玉、郭大河、韓申之、常雪嵩、唐子誠、趙書癡、薛仲達、陳年卿、吴拙孩、吴拙翁、李正青、王廣千、孫友矩、朱秋士、馮遠子、陳匡合、季國侯、葉元培、張雅淡、唐叔子、黄凝甫、曾則通、林烈宇、林大千、顧方昇、林齊甫、曾屺望、傅牧仲、潘霞山、胡再慥、萬美功、桂叔秋、盧子敏、郭友日、鄭伯山、劉子靖、王思飭、吴武靖、陸慎吾、沈聖符、葉予聞、閔對陽、潘宗玉、施鼎售、童羽公、黄清伯、唐粹溪、唐著夫等數百人。

穎眉，浙江人。職方郎中，監熊汝霖軍，從至長垣，改監軍御史。永曆二年，名振舟過昌國衛，守城兵礮擊中胡牀，名振大怒，襲破之，掠城中婦女二百八十有奇，將賞給南田軍士。穎眉自舟山至，具以告，力爭之竟日，監紀推官陳劍鳴、同知黄鳴華勸止之。明晨，名振迎入帳，抗論如前，乃禮謝之，婦女得放還。舟山陷，突圍出，遇邵天牧得脱。

從龍，字雲霖，嘗熟人。南京亡，從荆本澈軍。本澈敗，依黄斌卿，以性柔和相得。永曆元年秋，舟山饑，以數舟北掠，得粟千斛、豕千頭，軍士賴之。薦授太僕卿，遂以沙舡隸其標下。自是北方警備，皆從龍獨當之，飢寒勞苦，歷久不辭。嘗引兵入曹娥江，欲進錢江，舟覆歸。後海有義師宣岳小舟數百，衆及萬，屢戰清兵勝，實爲外捍，而從龍襲之，義師潰不復振，人以此尤之，然出斌卿意。斌卿厚遇之，嘗推爲總督南直副都御史，以肯堂言而止。後晋僉都御史。斌卿死，歸周鶴芝。

昌登子幼文，天興長樂人。隆武時，監軍御史、職方郎中。起兵應王，累擢僉都御史左副都御史，監陳六御軍。永曆十八年七月，降於清。弟昌期，先於九年自思明入中土爲間，事洩，與陳嘉謨、王相、蔡昌勳、林君正皆執死，都司陳孔章免。

明瑋，字沖符，浙江人。江東亡，奔走義師，後蹈海死。

嘉彪，字文虎，寧波奉化人。諸生。從馮京第起兵攻湖州。歸與吴奎明屯奉化。後與京第同執死寧波。自御史累擢。

文正，字南陸，鄞縣人。歷太嘗丞。六年，奉命北上北茭洋，舟覆，入西禪寺爲僧。

光復，字廷貴，會稽人。以太嘗丞，副張煌言監軍應吴勝兆，遷職方郎中、兵科給事中。自海行扈舟山。三年十一月，與阮師范使日本，陞太嘗卿。朝金門，賜「忠悃不渝」銀章。命與孚遠、崔相、盧若騰、范進取入粵水程以進。十三年，聞父卒，至浙東降清。

光裕，會稽人。卒謚忠節。

浚，字長秋，浙江人。

泌，字道嶼，天興長樂人。

叔中，歙縣人。
景凡，吴縣人，未幾卒。
星，字爾毓，餘姚人。從煌言軍。歷職方主事、郎中，監汝霖軍。汝霖死，執免。扈舟山擢。
雲官，從化人。崇禎三年舉於鄉，監紀推官。
二則，淮安山陽人。識紹宗潛邸。起兵，督師海上。
玉環，四川人。早典禁兵戍邊，又奉命使清。
日永，永嘉人。起兵。
時嘉，紹興山陰人。
岱瞻、儀鳳，餘姚人。
浚，上虞人。
含素，北直人。
師乾、惟恭、遠之，嘗奉旨謁行在。
宣威，二赴安龍。成功命扈王行在，未果。
退山，督官義師。

貞甫，訪紹宗五指山。

季直，以義師死獄。

欽之，山西人。崇禎十五年舉於鄉。南直軍前效用。工詩。

修賢，錢塘人。起兵至海上。

日永，鄞縣人。官舟山。父封石，不食死。

眉長，宣城人。

虔，字服生。

杏公、延年、丹山，嵩江華亭人。

聖猶，莆田人。

幼雯，祥符人。

自芳，南日人。

瀫如，江西人。

孝若，廣東人。舉於鄉。

劉士禎，字須彌，吉安龍泉人。天啓二年進士。授韶州推官，遷廣西道御史。疏糾大學士周道登立身不正，同毛羽建合疏論周延儒獨對非宜，救御史任贊化，著直諫聲。巡視太倉銀庫，督修賦役全書。

巡按浙江值海溢壞海寧塘，首捐贖鍰修之，民恃以全。改貴州，建盤江橋，以利行者。出爲廣東糧儲副使。臨藍寇起，移南韶，佐張鏡心會兵驅勦，獲其渠魁，寇悉平。歷廣東按察使、福建右布政使，調湖廣，請告歸。旋起應天府尹。

安宗立，監生陸濬源爲兄澄源頌冤，士禎疏劾之下獄。累擢左通政使。時北歸諸臣思起用，行宮前章奏雜投，士禎請嚴封駁參治之禁。宗室統鑈承馬、阮指劾姜曰廣，並言士禎阻遏章奏。士禎抗疏言：「曰廣勁骨戇直，守正不阿。統鑈何人，揚波噴血，飛章越奏，不繇職司，此真奸險之尤者，豈可容於聖世，乞置諸理。」上柔，不能問也。尋晉工部右侍郎。

南京亡，歸龍泉。以千人從郭維經起兵，率陳課、童以振復泰和、吉安，紹宗改兵部左侍郎。從楊廷麟戰水東復捷。吉安再陷，上命同維經援贛。忠誠陷，避信豐黃田江。金聲桓反正，起兵龍泉，加刑部尚書。聲桓敗，隱龍泉山中，清吏索之急。永曆三年七月，清兵執其諸子，士禎聞，曰：「我所以不死者，以雲、貴、川、楚尚足有爲，幾得以犬馬勞，爲國前驅，光復大物耳。不圖至此！」遂沐浴朝衣北拜，作絶命詞，馳寄揭重熙，勉以兵事。不食九日死。

子肇泰，字通子。歲貢。永豐教諭，遷職方主事。聲桓反正，士禎命子肇履從劉一鵬復吉、撫，圍忠誠；肇泰趨南雄，三年十二月，戰保昌長橋鋪死。

肇臨，字大也。職方主事。從士禎起兵，兵敗水死。

肇升，字南征。選貢，知縣。士禎援贛，從李陳玉起兵信豐，爲忠誠聲援。後同肇泰戰死。

肇履，字坦如。選貢，職方主事。南京亡，從士禎起兵，復泰和、吉安，累遷光禄少卿。吉安再陷，入閩求援。後隱青原。

肇謙，字尊而。選貢，中書舍人。

肇頤，字伊少。選貢，中書舍人。皆被執罵寇死。

朱大夏，字元長，吉安龍泉人。尚書衡子。任中書舍人。專研理學。城陷，與真定同知廖轂皆不屈死。

余應桂，字二磯，都昌人。萬曆四十七年進士。歷武康、龍巖知縣，調海澄。邑瀕海多警，築溪尾、大泥兩礮臺，繚以周垣，而於中爲關聯絡之，沿溪砌石爲腰城二百餘丈，置礮孔。賊艘入，擊之輒沈溺，相戒不敢犯。崇禎初，徵御史，劾周延儒納賄。疏七上，延儒卒罷相，聲動朝野。七年，出按湖廣，以鎮筸、施州兵守承天，捐贖鍰十餘萬，募壯士，繕城治器，寇不敢逼顯陵。

十年，以僉都御史代王夢尹巡撫湖廣，與熊文燦議撫剿不合，搆之逮下獄。應桂乃陳撫剿始末，自己無罪，而詆文燦，疏入不省。應桂嘗貽書文燦，言張獻忠在穀城必反，可先未發圖之，爲獻忠邏者所得。文燦再糾應桂私書貽誤，應桂再疏辨，亦不納，竟遣戍。及獻忠反，文燦誅，起兵部右侍郎。

十六年十月，督師孫傳庭戰歿，命應桂代之。應桂以無兵無餉，入見上而泣。將至山西，則李自成官充斥，逡巡不得前，疏言：「寇衆百萬，非全力剿之不可。請調天下鎮將會師真、保之間，如史可法、王永吉其人者，賜以尚方劍督師，庶寇可滅。」上批其疏曰：「應桂既不入秦，又不防河，往來介、霍，庸怯可知。」奪職，以新擢陝撫李化熙代之，化熙亦不能進也。應桂家居，每語人曰：「吾年六十四，官尊禄厚，復何恨。所未了者，欠先帝一死耳。」

金聲桓反正，姜曰廣檄應桂與毛玨、吴次盛、任濟世起兵，斬南康知府崔尚樸。都昌俗故蹻健，石光龍嘗用以起兵。光龍死，部散湖上，應桂因傾財練水師三千人，命武生王長城將之，紀律嚴明。嘗移書聲桓曰：

今湘、贛重覩衣冠，虜心膽已寒，人民雲霓望切，速宜秣馬厲兵，繇九江横江順流，出敵不意，直指南京。南京既定，根本自固，然後進規淮、漢，北圖中原，計無踰於此者。

若反顧忠誠，株守不前，竊慮北方之警報再至，則新造之地，安能不望風瓦解。雖應桂一軍屏蔽於鄱湖之上，庸有濟乎？如此，則將軍之身敗名裂，其事猶小，中國之淪陷夷狄，無復天日，實將軍使之，則將軍之責實大也。

書至，聲桓不能決，召王得仁議之。得仁力韙其議。其後聲桓向忠誠，應桂聞之大慟，力爭不得。尋加尚書督師。

清兵圍南昌，憚應桂兵强不進。吴江時起兵南康，清兵攻之，應桂赴援。清兵夜襲陷南康，應桂方屯都昌，卧病聞變，力疾以夜半期復南康。薄暮，東南風大作，應桂曰：「天資我也。」以舟百許揚帆而西。甫及落星墩，天冥，轉西北風，舟不至岸。爲九江清將楊捷偵知，以大舟二十餘，合步騎，迎戰落星湖，斬殺相當。捷順風縱火，應桂舟小，因大敗，兵熸，僅以身免。還，聞九江帥師、孫明卿二人饒膽勇，幣致之，立爲中軍，益招潰卒，衆近二千，堵上下流，勢復振。會江求合營不許，二帥交惡。江既被執，應桂益孤。

清圍都昌急，永曆二年十一月十二日，步馬掩至城下，雲梯百道攻城。拒以礟石，清兵死傷過半。捷以九江師大至，劣生邵甲爲將，引清兵内應。十六日夜，城中大譁降，應桂欲走不得，謂左右曰：「我受國厚恩，位侍郎督師，今上陞尚書，死分也。」還坐堂上，杜門自火。清兵撲火入，不得死。投井，井眢不死。執之譚泰營，不屈死。子諸生顯臨，及柳國和，被執皆死。都昌陷，清兵無所忌，遂專圍南昌。

珏，字二如，九江德化人。諸生。次盛，都昌人。皆死難。

濟世，寧都人。諸生。道服不知所終。

師、明卿，九江德化人。初與文明遠從李含初起兵。兵敗，與郭賢操同執免。遊山東歸，授副總兵，多戰功。清令二生招之，師手刃之走。尋被執至南昌，飲食歌笑如恒，尤慷慨云。同死者師謀主王瑶、部將吴斗、張以戴。

瑶，臨川人。

吴江，字蘇子，星子人。主事道長子。諸生。風度如晋人，有聲文苑。金聲桓反正，黎士彦來招，江起兵斬清吏應之，復湖口，進規池州。金志達復宿嵩，斬縣丞遲大魁，一軍水陸攻蘄州，敗走。

昭宗授江僉都御史、巡撫應安蘄黄光固，規恢江皖。未及發而九江再陷，龔錦焕被執。乃以壯士數千圍南康，以計誘斬降將邵甲等五人，定扼湖計，會故將童貴卿兄弟。貴卿時戰九江城下垂克，吴高不救，與李王英皆戰死，部下存百許人，江招結壘開先寺，伺清舟出没，飛舸堵截。清患之，盡調九江兵千人攻南康。白之裔棄南康，江迎戰不利，敗走都昌，得舊鎮張士彦標將黄才潰兵二百人，部勒之，幾復舉。而才復款於清，執江以獻。永曆二年八月，解至南京，高冠長珮，叱咤自若，賦絶命詞死。將張仙軫被執湖中死。

士彦，字君求，新建人。諸生。與殷國楨、胡澹、陳大生、林亮説聲桓、王得仁反正，四出聯絡山澤，授職方郎中。江敗歿，命以僉都御史統領江西義旅、巡撫安盧。後死峽江水中，或云從監國魯王浙東死。

志達，九江德化人。諸生。聲桓反正，授總兵。與僧了悟、會文、悟相等集萬餘人九江，以應南昌，結營湖口、彭澤間。出戰池州，復東流、建德。二年九月敗歿。清東流知縣鄧繼球以餉師，被執死。

貴卿，彭澤人。繼球，全州人。

同時，孔徹元，字伯宗，南康建昌人。家素封。二年，與弟徹哲及客蔡觀光起兵建昌應聲桓。及南昌被圍，徹哲往援之。熊進興自安義降清，徹哲潰歿，徹元勿能忘也。三年七月，李標起兵南康，訛傳瑞、德七邑奉靖武遺宗，徹元喜，遽入武寧，斬知縣俞之琛。已而各邑寂然，部下顧壽秩執以獻，死。事連鄒魁明、張士璠，部衆迸散。觀光心憾之，四年與南昌鄢揭等將起兵西山，事露走鄱陽，被執死。觀光，南康建昌人。

其後，周池、周老、雷旭、雷馗等五年起兵瑞州死；佃僕廖文化、茅里鑽五年十二月起兵豐城，一年乃歿。

彭順慶，字賀伯，寧都人。金聲桓反正，與彭大慶起兵復寧都，衆至十萬，擢太子少保、兵部右侍郎、總督贛南義師，以田廣業爲石城知縣。粤兵黄昌駐石城，黄徽印駐通天寨，久之乃去。聲桓敗歿，順慶負山險固守，封寧都侯。巡撫劉武元招之，不應。屢敗清兵。永曆四年二月，監軍道劉爾臣、周善言、謝祥輝，總兵蔡敬宇、彭上樓、彭雲梯、楊君義、聶愼初、周克念、陳唐玉、曾孟奇、葉象明、連錫萬，副總兵楊詔、李鴻賓、閻可求、温萬象、陳盛、余步雲、曹伯敬、羅之象、黄泰、任受祖、劉尚仁，參將劉標、劉鳳友、彭山、彭赤龍、彭雲翀、蔡奇、蔡玉、胡耀宇，遊擊盧嘉禾、區明阿、彭希孟、蔡國琦、彭儁、彭武奐、彭千斤、彭希孔、王九皋、陳萬言、彭通、彭瑞、彭紹祖、謝君珂，都司朱文，以及都守備先後死者，不計其數。五年二月，順慶爲下所害死。

大慶，寧都人。授僉都御史。順慶歿，大慶亦被執死。同死者監軍道彭伯亮賴泗孫，總兵楊覲宇、連棟梁、賴應文、彭武能、彭泰、謝韶美、謝傳、陳懋宇、謝芳名、謝襄廷，副總兵管爵、曾季隆、黄隆、蔡守文、彭定泰，參將劉燦、丁扁腦、楊勝、錢明、曾心裕、嚴玉、魏敏求、吴登雲、施羣輔、蔡一夫、鍾善生、易德宇、彭益補、陳大乾、王良保、彭明瑞、傅勝、廖赤、曾德、連今礎、魏法嚴、温得奇、温得先、徐心華、廖奇先、彭大年、蔡可立、劉仲文，遊擊陶廷枏、劉嵩山、蔡國瑛、區鳴珂、胡毓梧、曹玉、謝曹、李春先、盧嘉毓等。

寧都既陷，有黄村人郭達伯者，降清，復反正，封鎮遠侯，出没瑞金、寧都、雩都間，清兵不能制。五年，與寧都劉若一至雩都。冬，率部曲十七人攻大猪塘，被圍數十重，矢中要害，陽死路隅。清兵取其首，躍起斬數十人。如是者三，力盡自刎死。

廖英，寧化人。鄒華部將。二年四月，與丘選奉宜春王議衍攻寧化不克。選死，英以餘兵力守石城、寧化間沖天、紅石諸寨。四年六月，華自寧化降清，英敗歿。華弟啓元、先鋒劉薦死。

又李文止，寧都人。諸生。與陳先甲起兵撫、建間，授監軍僉事，所部萬人，以洪廷獻爲强。終事不詳。

先甲，字仲明，臨川人。諸生。

涂伯昌，字子期，建昌新城人。崇禎三年舉於鄉。幼穎敏好學，聞杭州黄汝亨名，徒步涉江，執弟子禮。後汝亨視學至，招之，以方居憂，謝不往。人曰：「子昔千里相從，今咫尺自拒耶？」曰：「日者求師，非見學使也。我豈以師故而越喪往哉！」嘗攜其子先春入山讀書，宵夜不輟，竟日食一瓜，冬披苧衣，怡然不屑也。

隆武時，授職方主事，遷監軍御史，奉命督羅榮軍寧都。散財起兵。與李翔共守新城，敗走寧都。永曆二年，金聲桓反正，與金簡臣舉兵應之，斬知縣田書，以馬芝爲知縣，伯昌晋太僕少卿。聲桓敗，乃嬰城爲守，受圍者一年。城陷自經，大書於壁曰：「讀聖賢書，但知守經死，不知達權生。」時四年二月十日也。事聞，贈太子少保、兵部右侍郎。

子先春，初奉父命，絜妻匿山中。復返，則城已戒嚴。僕呼曰：「虜且至，速走。」先春曰：「吾大人在，吾舍是何之？」僕曰：「主往廣昌矣。」先春弗答，奮袖入，遂及於難。

簡臣，建昌新城人。從王寵起兵，授職方員外郎。至是，與黄道臨、謝子瑶、郭孔陵同死。

道臨，字子敬，揭陽人。崇禎三年舉於鄉。光禄少卿。子瑶、孔陵，泰和人。

曾拱辰，字同旦，又字平叔，寧都人。編修就義子。永曆二年，金聲桓反正，拱辰起兵應之。自監軍僉事累擢兵部右侍郎、總督江西義旅，有衆數千人，會攻忠誠敗歸。九年，屯興國梅窖洞。十年二月，與曾象吾、曾玉華、劉元吉攻永豐、萬安、泰和，復雩都，與青塘何輝明合營。尋陷，董芳榮以數萬人援之，不克走。洞周高山，巖穴相連，拱辰於洞口爲土牆，起瓦樓，開礮眼，外繞深池。清兵無可立足，遊擊洪起元、左雲龍攻之不下。益大礮四，竹簍盛土，運大石填平，施放礮火角樓，拱辰始退洞内。洞曲折容四五千人，内活水長流，多屯粟。清用長圍困之。四月，與象吾、楊興起、黄慶皆被執。

拱辰方頤豐面，形幹甚偉。清將見其抗壯，張盛宴妓樂以觀之。拱辰綱巾烏紗朱衣，岸然上坐，引舉巨觴，噉大胾無算，如平嘗。將坐主位，供事卒奔走侍奉如大官，不知其爲俘也。明日赴市，挺身而出，顏色不改。清將稱之曰「好男兒」云。監軍僉事廖任龍、都司廖士如同死。

周損，字遠害，麻城人。崇禎十二年舉於鄉。授饒州推官。州故萑苻，下車斬數十人，盜多斂跡。馬士英兵過樂平，民苦其擾，格殺數人。士英欲屠城，院司議執殺兵者以獻。損議改爲償金，首捐奉萬金，爲富民倡，裒得數萬金以報，一境以安。遷四川道御史。未行而清兵陷江西，與史繼鰌、倪大恢、大登、大顯兄弟，奉益王由本起兵。兵敗被執，有宜黄榜人脱之。

間謁福京，擢僉都御史巡撫饒廣，命調度巡按盛濃標兵。隆武二年五月，以徽、寧責損與李蘧分任之。尋晋兵部尚書、總督江上義師。歸家，與從子廩生羽儀練鄉兵三百人，立寨朱山，李有實等應之。

初崇禎中豫、楚、江、皖告警，史可法因便合治，安、池、太、光、羅、蘄、黄、廣、九、湖皆在治内，走檄山中豪傑，結劄團守，資以火器財賄，於是潛山、舒城、英山、霍山、桐城、太湖、宿嵩紳衿憑阻累石爲壘，斬木爲栅，按户籍而任版築，山中各家抽丁而爲戰守之具。其中太湖之梅得坡、香茗山，諸生黄上襄就建大堡。潛山四面小寨，張家沖寨山民宋正奇、張華、陳宗一有衆數萬人，爲射獵之雄。天堂寨及太湖司空山寨、嵯峨寨、焦山寨、烏雲寨，司空山近有大潑寨三十寨。黄栗寨司空山下周圍亦十餘寨。其餘如霍山之羊山、桓山，英山之張山、主簿，六安之麻埠、三尖、四極山寨百餘。山民好獵勝兵，少壯精悍，輕足善走，虚機蘖弩。往往殺敵奪馬，爲寇所畏，相戒弗犯。南京亡，張福寰、吴日龍據英、霍三尖寨，合潛、太、桐、霍二十餘寨，奉荆王裔常巢起兵，兵最强。

永曆元年正月，副總兵王福執巢湖死。二月，趙正與弟允升，子捷應，奉宗室議潧屯宿嵩洿池，屢破清兵得勝山。九日，與五百人皆戰死。吴高攻蘄州，副總兵趙文、黄光鼎、周署、張興，參將查揚，遊擊張文進，軍師張智，執安慶、太湖、巢縣死。遊擊徐益志自潛山降清。潛山諸生胡爲向、副總兵陳馥斬益志。三月，吴讓卿、羅仕教、胡思泉謀起兵定遠死。

程孟穎攻英山。

二年正月，金聲桓反正江西，九江以東景附，蘄、黄四十八寨，英、霍天堂、埭口二十四寨，紛起義師，有寨主、洞主之號。二月九日，傅夢弼復宿嵩，逐知縣孟瑄。十二日，都督曹祖參送令丞之任，攻安慶，敗於鱘魚嘴。懷寧儒士張甲從湾池至，戰殷葛山死。傅官生、劉省知奉益王裔翊鏡起兵安慶執，官生死，翊鏡、省知瘐死南京獄，均戮屍。三月，常巢敗歿，各寨散，惟福寰如故。范大、范二起兵桐城白雲寨，張嶺起兵含山桃花寨。四月，李時嘉以五百許人起兵太湖。閏四月，遊擊陳麟戰死。八月，福寰與胡經文、余尚鑑迎石城王孫統錡入潛山飛旗寨，損乃率數百人就之，范大、范二以鳥銃兵百人亦至。昭宗授損仍故官，於是英、霍福寰、陳元方、侯應龍、蕭時泰，潛、太余公亮、陳漢山，後部呂孟，白沙張蓋，南陽湯時行，皆奉損號令。元方等各除總兵。無何，孟蓋、時行自太湖降清。九月，時嘉攻太湖死。十月，公亮以千人屯英寘寨，經文屯横山寨。十一月，劉和尚自蘄州攻英山，敗績三尖山。

三年二月，統錡承制以夢弼、傅謙之、桂蟾、僧義堂爲兵部右侍郎、僉都御史。自損至飛旗寨，文臣王爗、曹胤昌、胡玉良等，武臣陳於密、有實、嘗近棲、侯雲山、時泰、劉奉宇、元方、蕭新等千三百人皆來歸，爲飛旗寨外衛；經文在從龍寨，往來計事；又以遊擊胡勝屯西關寨爲聲援，衆至數萬人。惟潛山崑崙寨主陳文露招之不至，攻之不克。三月，陳伯紹自麻城復霍丘，斬知縣吴國用。統錡攻宿嵩。修斗輝起兵霍山。元方復英山，斬知縣史良柱，與爊合攻霍山，敗於三尖山。清操江李日芃、巡撫遲猶龍圍白雲、梅家、英窠諸寨急，統錡將五千人繇金紫寨赴援，倚山列陣，破清兵。四月，都司許碩甫執死羊山寨，元方得脱，金時秀降清。梅家寨陷，監軍葛修懋、遊擊夏勝重二十四人死。白雲寨降。英窠寨守六旬陷，總兵孔文燦、副總兵方學達、遊擊王祥執死，公亮走城牆寨。六月，將軍白玉麟等執死。猫兒潭、四柱、江家、峯尖嶺諸寨主余化龍、王儼、余君實、師炳等降於清。公亮、漢山攻宿嵩。七月，葉望軒羊酒迎清兵入霍丘，清總督馬國柱、提督張大猷兵大集。十月，皖潤寨陷，夢弼走馬園，諸軍退守飛旗、桃源諸寨。十一月，清兵自水吼嶺進，旬日中，大和、小和山十八寨陷，獨飛旗不下。清攻七日，斷其汲。兵突不得出，石應璉、石應璧、李時新、吉天健戰死。十日，寨陷，尚鑑及監軍王坤基，總兵儲伯仁、石際可，旗鼓汪拓等，執不屈死，統錡趨馬園。翌日，清兵追至霍山界寶纛河，夢弼、謙之、蟾義堂、唐明勝十餘人被執，大罵不屈死。損爲僧，後與諸生蕭熙宇守寨戰死。西關寨仍死守不下。二十五日，清用間破之。公亮降清。兵科給事中左男子、監軍胡班、總兵唐勝、知縣李良倭堅守馬園寨，統錡走英山。經文、玉良被執，清不殺，命招統錡，四年正月十日，經文、玉良遂誘執統錡，諸寨皆降。

福寰猶守山中十餘年，後以食盡僞降，仍謀起兵。事洩，死將軍寨。

其後，二十年，孫二、王萬等二十七家稱皇極教，謀攻六安死。二十七年，羅環伯至西山，陰結山中涇民謀起兵，執死。

宜黃榜人，姓名不傳。清命舟載損、繼鰌，榜人欲脱之。一夕晚泊，密使二人逸。比解者覺，索失二人不得，亦懼而逸。而榜人獨留，反接舟中，順流下過半里許，大呼救命。邏者詰之，曰：「賊殺卒而縛我，又欲殺我，我急呼乃逸耳。」邏者執見清將，展轉拷掠，終不服，乃剮之。

有實，字顯宇，黃岡人。副總兵，挂將軍印，後敗歸黃州東山。七年，與李集桂、熊東泉攻黃州諸堡不利，爲呂陽所撫。後爲清招李來亨死。子森，仍匿東山不出。康熙中，死牧馬巖。

福寰，字復垣，霍山人。諸生。紹宗授監軍僉事，屯麻埠。永曆二年，金鐘謁肇慶，命聯絡福寰、戚守忠、張漢士、胡耀明、葉士彦等義兵元帥，會師南京。守忠，壽州人。漢士，合肥人。耀明，英山人。日龍，霍山人。與弟日虎、日彪立三尖寨。

正，江都人。少以舟爲家，往來湖泊，獵禽爲生。左夢庚兵至，擊破數舟，獲其輜重。清兵陷宿嵩，招之守城，正屯赤壁湖不下。瑞昌王議瀝命充軍師，擢元帥。與子應捷，族人應登、秀、友祿，李際遇、朱美中、張向、劉都、何復圖、吳養龍、陸應星、羅滿、喻斗、許國祥戰九江死。

讓卿，定遠人。

孟穎，麻城人。

夢弼，思州人。選貢。黃平學正調泗州，上禦寇策。歷鳳陽同知、安慶知府。城陷，與推官陳繼善保潛山皖潤寨，遷安廬僉事。

范大，桐城人。參將。

嶺，字九仞，含山人。從軍，禽貼天飛，授守備歸，練鄉兵結寨，民多依之。寇攻，嶺胄立峯頂，轉巨石下，寇糜噪潰去。後散衆，以布衣終。

時嘉，太湖人。常巢將，總兵。

麟，太湖人。參將。

經文，潛山人。太學生。南京亡，志圖興復，事洩亡命，遊説各寨，交其豪右，與福寰尤善，勸迎統錡，授監軍副使。

尚鑑，羅田人。總兵。

元方，隆昌人。川營將，與馬進寶守安慶。夢庚兵至，火城隍廟，與進寶、副總兵賈應登引入城。永曆十三年八月敗歿。

公亮，潛山人。糧里。憤清加賦起兵。

謙之，不知何許人。潛山典史。

蟾，鄱陽人，諸生。從淮王常清軍。

義堂，公安人。歲貢。南京亡爲僧。

玉良，潛山人。監軍副使。

於密，寧國人。任俠多髯，人呼「陳鬍子」。初與范大起兵桐城，授兵部右侍郎。

伯紹，麻城人。

斗輝，霍山人。諸生。事敗，隱西峯寺。圖再起，爲太僕丞張古月所訐，族死。僕某匿其子，及長，手刃古月復父仇。

修懋，潛山人。諸生。

文燦、學達，六安人。

玉麟，霍山人。

應璉，黄梅人。

時新，太湖人。起兵復太湖。

王熸，字定安，羅田人。天啓七年舉於鄉。授淯川知縣，清廉方正，民稱「王一篚」。遷河南監軍副使，王之綱走，歸里，佐白乃忠築羅田城，與周損立山寨二十餘，保全鄉邑，活人無算。

永曆二年，金聲桓反正江西，傳檄四出，命將吴高至，熸與陳譽卓、李有實首起響應。二月，王晉功以衆十餘萬人起黄安。曹祖參復廣濟，禽知縣。黄梅民亦縛知縣迎師，以周甲爲守道，李可梅爲廣濟知縣，李廷芳爲黄梅知縣。一時黄岡馬家潭、張家、金盆、波金、白雲山、何家山、蚊蟲山、天馬山、淋山、河城山、願期山、石人、大崎山、小崎山、劉婆巖、桃花洞、沙畈、嵩湖二十寨，麻城石子、觀音、得勝、五蚪、東義洲、蘇石巖六寨，羅田天堂、周家山、里木崖、銀山、古蒙、尖棚、石柱、雪牙山、豪猪山、八龍獅、古火、光山、觀音山、大羅、仁守、雁門、涂家、揚旗十八寨，上接德安、汝寧各寨四百八十九。西越武勝關，連南陽，以抵熊耳、藍田，義師復起。

熸進攻黄州。未幾，黄梅陷，祖參、周甲、廷芳，副總兵李華，執蘄州上鄉死，高走。三月，廣濟陷，可梅死。高攻蘄州。周承謨起兵麻城，連英、霍師。四月，晉功攻黄州，斬參將成之溥、都司唐銓、沔陽同知趙一桂。總兵蕭相國、都司徐雲從起兵蘄州，合東山各寨，未幾死。會張福寰使至，約會師皖寨，恢復中都，遂定策悉衆東趨。九月，與曹胤昌、王晴率英、霍、蘄、黄兵東復廬州不守。

三年二月，謁統錡。上疏行在，擢兵部尚書，總督鳳陽義師，胤昌、沈會霖皆僉都御史，總督白雲山義旅。三月，熼與陳元方復英山，合侯應龍、福寰萬人圍霍山六日夜不克，回復羅田，結元方再襲霍丘，斬守備徐志高。

熼志切圖報，四年二月，置次子光幹於英山，悉家與故部連戰潛山、太湖間。兵敗，執至南京，不屈死。妻汪同執。清將有辱之者，曰：「我何如人，爾何如人，敢辱我？」遂從死。長子光富亦死。昝應龍及弟名揚，謀起兵廬、鳳、泗、滁、和執死。

熼起兵三年，轉戰二府六邑中，爲山寨兵最。自熼敗殁，皖義畧盡。

乃忠，字邇事，江津人。舉於鄉。羅田知縣，團民爲八營。自崇禎八年至十年，迭破寇，斬滿天飛等。

晉功，字俊公，黄安人。

祖參，潛山人。聲桓反正，以兵部右侍郎、僉都御史，巡撫湖廣。

承謨，麻城人。

相國，羅田人。

胤昌，字石霞，麻城人。崇禎十六年進士。授嘉定知縣，謫福建按察炤磨，歷漳州推官、職方郎中福建按察使歸。起兵黄州，衆三千人。嘗持長刀斬清兵十餘人。兵敗，刃妻子亡命。詩文雄奇偉岸，有才子之目。洪承疇欲致之，閉户不納，陽狂譫語，醉吐其茵，遁免。父巽之，官永昌。胤昌思親日夜泣，間關求之，則父先卒，扶喪至滇京死。

晴，羅田人。相從流離十餘年。兵敗不薙髮，力田以終。

會霖，字時沛，安陸人。崇禎十五年鄉試第一。張獻忠至，被執，授漢陽知府，脱良民萬人。間歸白雲山，與夏時亨同事義師。國亡，仕清。

應龍，字寅生，淮安山陽人。總兵。南京亡，入霍山結福寨，與張圖容、楊國士聚衆萬餘人，屯麻埠，挂義勝將軍印。攻霍山不克，退復舒城、潛山。已自劉家園出攻獅子寨及南關，拔之，營於管家渡。又移剳將軍寨，與壽州吴邦畿、池州曹大鎬師相應。四年正月，清兵會攻，寨陷，躍馬出，仰天截髮爲弦，發賸矢。投印河潭，被執死。潭淤，今猶名落印潭云。

同時，李新，鳳陽人。舉於鄉。永曆三年，拜兵部尚書、東閣大學士、總督直省恢剿軍務，賜尚方劍便宜行事。與贊理部科盧甲、監軍都察院黄申至九江南沙城。杞縣王國英迎至鳳陽，授萬勝營總兵。九月至亳州，授李世標參將，黄承祖守備。十一月，新渡河去。國英事洩，與世標等皆執死。新不知所終。

厲豫，字象予，鹽城人。諸生。家饒於資。好談忠義事，終日無倦容。聞北京亡，悲號叫呼如狂。南京亡，射陽湖東降清，豫伏村舍，不欲易衣巾，旦夕書空咄咄，謀舉義。

時有傳史可法未死者，豫嘗參可法軍，貌叵類似。會原武王肅㴒至，遂假可法名，與張華山奉之，號召給劄，遠近響應。又夜使人潛入神祠作鬼啼，曰「中興中興」，於是號其衆曰「中興義師」，旗幟色尚白。甲兵不足，則佐以農器。永曆元年九月，清逮姜兼我兄弟，豫與元帥楊可志以衆至廟灣篡之。二年正月十一日，前鋒登岸敗績，華山、可志執死。豫率二百人進，跳蕩不可當，遊擊潘延吉創走，豫火靖淮門入，脱兼我兄弟。十二日，奉肅㴒於教場祭諸亡者，令民粘「隆武」二字於門。將趨淮安會師，而丘全孫、姚希和、丘鵬、袁台垣及鹽城諸生王篤生於是日攻淮安敗死，株連死者百許人，周文山入海。豫倉卒易衣走，肅㴒、徐胤文、兼我兄弟，諸生陳户瞻、周介藩、朱瑞儀，竈俠徐儉，及所部百許人，皆執死，郭允觀入獄免。

豫旋至巢縣魚行宋氏，假負販爲名。馮弘圖亦至，改姓名朱國材，主謝村周氏，敝衣草履，形神枯槁。密告曰：「我史可法也。苦身勞形，志恢復，今約兵數萬，刻日齊集，事大可爲。」周信之。豫時陰通消息。二十二日以千人復巢縣，二十五日入無爲。數日弘圖走，豫入九華山爲僧。

胤文，字簡夫，泰州人。諸生。完髮謁肅泐如皋。兵敗被執，死獄中，清猶戮其屍。

允觀，字海若，淮安山陽人。諸生。與張嶼若、吴瑰、璜珊兄弟，張我襄、岳精鍾、李自完，方能權可權兄弟，彭震龍、楊士鼎十三人，同日棄衣巾。著書數十萬言。

弘圖，宣城人。可法書記。隆武二年，舉天興鄉試。永曆元年三月，亦假可法名，奉堵陽王在籛起兵號召江北，張道人、謝克均執死。金聲桓反正，弘圖亦復英、霍、六安，圍廬州，大江南北欣然謂可法尚存。周損等聞風起池州，王而富應之。無爲同知李斆沅、知縣吴光宀，巢縣諸生葉士章、祖謙培及子錫範、祖敷、錫鮑、宗畢、唐浩、吴道登、趙蒙亨，無爲諸生沈士簡、沈志一、盧應爵、王乾生、蕭鳳鳴、邢虎、吴張胤、傅勰赤、傅勰經、丁岳光、高泰徵、劉廷建、吴瑞胤、吴瑞圖、吴祚胤，皆以復城死。弘圖進取廬江，將順流東下，清兵大至，戰死，戴移孝走，而富、蔣懋修、鍾武、宋正卿執死。

斆沅，長子人。歲貢。無爲同知。

士章，舅父盛士瑱官副總兵，薦士章參謀，兵敗皆死。

方孔炤，字潛夫，桐城人。大理卿大鎮子，萬曆四十四年進士。授嘉定知州，調福寧，入爲職方員外郎。時遼東多故，孔炤綜晰邊務，凡將士調發、戰守機宜，贊畫中肯。又疏參逃帥，奏留孫承宗樞輔，魏忠賢欲封從子良卿等爲伯，執不復，又忤崔呈秀，遂削籍。崇禎改元，故起官，加尚寶卿，以憂歸，定里中民變。

十一年，以僉都御史巡撫湖廣，擊李萬慶、羅汝才承天，八戰八捷。熊文燦納張獻忠降，孔炤條上八議，言主撫之誤，陰厲士馬備戰守，已而獻忠果畔。獻忠故畏孔炤，不敢東。文燦檄孔炤防荆門、當陽，鄖撫王鼇永防江陵、遠安，總督鄭崇儉主合擊。孔炤主專斷德、黄，守承天，護顯陵，而江漢以南責鼇永。會楊嗣昌代文燦，令孔炤仍駐當陽。惠王常潤疏言：「孔炤遏獻忠，有來家河、神通堡之捷，射中寇魁馬光玉，陵寢得毋虞，請增秩久任。」章下部未奏，而部將楊世恩、羅安邦奉調會川、沅兵剿竹山寇，深入至香油坪而敗。嗣昌既以孔炤撫議異己，又忮其言中，遂因事劾之，逮下詔獄。其子以智伏闕訟冤，膝行沙堁者二年，上心動，得減死戍紹興。

久之，薦復官，以僉都御史屯田山東河北。疏陳時事，屯緩兵急，欲圖報效，必兼召募。不允。馳至濟南，命兼理軍務，督大名、廣平二監司，就近禦寇。命甫下而京師陷，孔炤南走。

安宗立，請使於清，不許。會吕大器薦宜大用，忤當國者意，羅萬象劾其寇至踉蹌遁，又蒙面補官，乃歸里。

永曆三年五月，起兵部尚書，總督蘄黄安廬軍務，恢剿河南山東地方，道遠未聞命。八年卒。妻吴令儀，有才名。以智自有傳。

客齊程，字遯元，桐城人。孔炤奏簡多出其手。崇禎末，作望南畿詩，傳誦一時。後不食死。

金光辰，字居垣，全椒人。崇禎元年進士。繇行人奉差肅藩册封，萊陽、京山兩王所餽，一無所受。遷御史，巡視西城，陳時務六款。内官周二殺人，牒司禮捕之。其人方直御前，叩頭乞哀，上曰：「此國法，朕不得私。」卒抵罪。改視太倉督餉。會京城因放煙火，延燒民房，巡城者請拆去棚房，百姓悲號。拜疏，朝上夕可，停止拆卸。巡按河南，鼓舞左良玉，請發曹文詔同剿寇。寇趨開封，躬率兵堵禦。會牟文綬兵至，寇遂遁去。歸德告警，檄祖寬往。屢獲大捷。在任十有五月清理冤囚。豁免改擬重輕罪犯，多至六千四百餘人。條奏至三百餘章。九年還朝，京師戒嚴，光辰分守東直門。劾張鳳翼三不可解、一大可憂。上以鳳翼方在行間，寢其奏。又請罷遣中官杜勳總監軍務。上怒，召對平臺，將加重譴，而迅雷直震御座，風雨聲大作，光辰因言：「臣在河南，見皇上撤内臣而喜。」上遽曰：「汝毋復爾。」怒亦解。人謂光辰有天幸云。翌日，謫浙江按察炤磨。久之，起大理右評事，轉太僕東路丞。十三年五月，復偕大臣召對平臺，咨禦邊救荒安民之策。光辰班最後，時已夜，獨對燭影中，娓娓數百言，上爲聳然。尋移尚寶，陳罷練總換授、私派僉報數事。歷光禄少卿、左通政。十五年正月，復召對德政殿，陳中原形勢，上悦，擢左僉都御史。歷陳確偵探、籌實策、伐隱慮以資廟謨，嚴飭以肅覲典，條列風紀之要，申明巡城職掌及申飭憲綱諸疏。無何，以救劉宗周，鐫三級調外。

弘光時，與楊一儁並起故官。阮大鋮列之十八羅漢中。南京亡，家居。清巡按姜金胤、巡撫陳之龍迭起用，不應。紹宗立，召副都御史提督操江；永曆三年五月，起兵部右侍郎，聯絡滁和義旅，道遠未聞命。隱二十餘年卒。

左光先，字述之，桐城人。都御史光斗弟。天啓四年舉於鄉。授建寧知縣，盜賊充斥，故自韜晦，豪猾易之。光先盡得逋地並關通捕牢狀，一夕奄斬二百人，盜跡屏息。崇禎十一年，妖寇起，繕器廣倉以待之，邑無犬吠警。知亂將作，鬻官地貯米七千石，鑄大礮兵仗，後賴其用。

遷山西道御史，疏薦劉宗周、鄭三俊、倪元璐、許譽卿、姚孫棐、方孔炤，劾滸關户部主事宗室術垧貪墨，並糾馬士英。在臺敢言，與光斗直聲偉烈稱「二難」。

巡按浙江，不受餽金，薦章光岳等，勤卹民隱，周覈官方。疏凡百餘上，如剔漕蠹、割重罪、改折弓矢顏料及錢糧洒派，均可。一日，忽傳中旨募兵，察其僞，捕得伏誅。光先受代未幾，金華許都亂，連下東陽、浦江，攻金華，始知前所傳檄招兵者，都黨也。光先出境，馳歸徵兵餉，命將蔣若來、李夢麒、賈鴻陽及朱軫、張建高復蘭谿、東陽、義烏、武義、浦江，都降。光先曰：「三城未破，可受其降。今窮蹙就禽，奈何欲受降以寬其罪？」竟執殺之。至南京，史可法勞曰：「浙靖，南京福也。」時北京危迫，勉可法勤王。

已而安宗立，按撫浙江。時士英出可法於外，再命阮大鋮冠帶陛見，光先疏言：「大鋮綫索逆黨，殺臣兄光斗及魏大中、楊漣，士英云冒罪特舉，明知無復有罪之者矣。皇上忍改先帝之政，臣忍忘不共之仇耶？」會都餘黨復亂，大鋮乃以光先激變上聞，術坰等應之。命逮問，光先間走翬嶺，緹騎索之不得乃止，南京亡，隱居。

紹宗立，起江西道，加太僕少卿；永曆三年五月，起僉都御史，聯絡安六廬州義旅，道遠未聞命。卒年八十一，謚貞介。

夢麒，南安人。崇禎元年武進士。官都司僉書，鎮廣西。

鴻陽，錢塘人。天啓中武舉。官參將。

滿之章，一名巽元，字必發，掖縣人。諸生。好談兵，以天下爲己任。孔有德反，陷登州，圍萊州，八月乃解去。之章謂萊之不破，天也。作城守祕妙，以爲攻不知所以攻，守不知所以守。精火器、太乙奇門、勾股乘除諸算法。自以諸葛且當肩隨，講虛實勞逸諸兵法，每發前人所未發。萊城積粟可三四年，而特苦無鹽，鹽斤與白金等。凡經時不食鹽，目直不能舉，即舉見一線，其病曰雀瞽。之章令城中盡煉秋石，病稍解。而亦諳相法，決將士安危如燭炤。巡撫徐從治方登城，之章遮道欲有所言，不可得，退曰：「撫軍命在旦夕矣。」須臾中礮死。

年二十六，輒告終養，去舉業，攻詩書、古文、八分，審天人理數王佐之學。有四書浴一書，以爲聖賢蒙塵矣，不可不一濯，大約鑿空，稍近於理。如爲政、十室、志道、罕言章，即宋儒不能難也。又作代耕法，一人走而有四牛之用。有自行車法，載礮於車，以火行車，車前而礮發。有飛石法，礮窮而石起。有火龍法，有虎口蚪梅花城諸法。曾櫻取其書讀之，有不打一則，撫卷稱絕，試之禦敵果驗。

時詔舉異才，或云子且一出。之章仰天不答。有經濟六書、太子觀政、屯田及開膠、萊河諸議。

崇禎十七年，預策國事不可爲，果有三月十九日之變。順牌至，其友趙琳奮起碎之。之章曰：「無爲，旋敗耳。」時進士王之相尹萊州，適順敗，百姓咸起斬之，並鄉官之從順者，自名起義，相尋夙怨不已。故道張國士入城，邀之章聯絡各義寨且奮，卒以大勢去，不能就。

十月，清守令至。或言之章前事。之章詣對簿曰：「此事誠有之。雖不成，不可無此。」清重其名，釋之。

隨母隱寧海山中，日講西人奇器，自木牛流馬以至龍尾車、自推磨，無不手自製云。猶以西人磨法稍遲，益一齒，若有神助。與世落落不合，海上獨與趙士喆、董樵，每過必豪飲劇談。

永曆二年，同宗室慈燃潛赴南京，復歸寧海。六年，李定國出師，之章破家招兵。昭宗命楊崑齎敕遥授兵部右侍郎、僉都御史，總督江北五省恢勦。之章撫敕印慟曰：「數爲之，寧守正死耳。」十二月十三日，與弟之磐起兵寧海，攻城不利被執，從容爲衣帶贊。訊者詰之曰：「亦知爾名士也，今何爲？」曰：「奉天子命，收復故疆，不幸而敗，死其所耳。但王師即至，汝曹不日殄滅矣。」守疑能遁以鐵索貫兩股囚郡獄。之章見郡守，卧地。郡守令驗同事首級，之章瞋目視之，長嘆氣絶，年四十。子章長子甲及馬文熹、張吉人、馮文進、于九申、遲朝基、李之申、王國保四十人同死。

妻張，素曉大義，從居海上。之章嘗太息曰：「天下事不可爲矣，無如早反故里耳。」張曰：「腥羶滿地，何處吾家？何不東渡朝鮮，尚存舊衣冠耶？」至是聞敗，携幼子二女投河死。諭家預火其居，清人並無所得。

之磐，諸生。出亡，不知所終。

楊卓然，字自立，盧溪人。崇禎四年進士。授杭州推官，持法嚴明。改太湖知縣，性慷慨習勞苦，日事戎馬，浚隍練兵。八年，蘄、黄寇起。糾民力守全城。十年再至，時城工未畢，率民兵力戰洪家嶺，守備趙繼春死。會王道直、史可法援至，圍解。

楊嗣昌視師，薦職方主事。上書請佐軍，遂任監軍，以王基培爲參軍，駐安慶，諭降張大忠等。張獻忠西走，上言：「馬守應、賀一龍、賀錦兵無紀律，可先破之，以奏成功。獻忠、羅汝才既入川西，秦、楚兵强，可以蹙之瀘州絶地，坐而斃矣。」嗣昌遂命萬元吉追獻忠、汝才，自拒守應、一龍。以元吉言而止。

遷員外郎，監督楚、豫、皖兵，堵守應、一龍、錦，大集諸軍。卓然與廩生黄上襄、諸生劉必高十餘騎入五營，親説一龍、錦蘄、黄、灊、太山中，握手飲酒。鄭二陽移文豫、楚毋搜殺，號曰「新民」，安置灊、霍、太三邑，與通商互市；一龍、錦亦禁掠殺以待命。卓然入京，朝議不決歸。一龍、錦以朝廷無意赦，攻剽如故，每掩復之以自解。李自成破雒陽，勢益熾，一龍、錦皆應。朝命盧九德扼灊、太，張懋爵往潁、亳、壽、宿覈功罪，卓然贊畫如故。未幾，爲汪承詔劾罷。

安宗立，起河南督學僉事。南京亡，從金聲起兵徽州，應丘祖德，轉徽寧池太副使，攻寧國，兵敗被執。清册報南京，中軍高謙與有故，百口活之，然已後時。忽報册使中道被劫，失册請補，爲除卓然名，謙又厚爲行李縱去。

紹宗召兵部右侍郎，未赴，流寓揚州。永曆二年，擢尚書，命聯絡直浙湖廣兵馬錢糧，與葉士彦等會師南京。

七年，坐楊崑事連及，逮至南京，冠麻以見，不屈。訊者曰：「汝何服？」卓然應聲曰：「服先帝。」曰：「即然，服闋久矣。」曰：「大明一日不中興，卓然一日不釋服。」十一月二十八日，與士彦同赴市，從容就義。籍其家，僅永曆錢四十八文而已。

基培，灊山人。諸生。佐卓然多勞，後除官去。

士彦，字無美，巢縣人。崇禎十年進士。授刑部主事，調職方，出爲九江僉事。下車歲除，日夜偵視城内外所轄通吴楚隘道險要，無不嚴備。左良玉兵在郊，關厢鄉路不通，薪炭俱絶，士彦密與宴會，曉以大義，言：「足下心實無他，緣兵驕不用命，累及其主。」良玉赧，乃撤兵。遊擊胡以寧恃内臣王德化爲援，假防寇名，招無賴爲兵，陰劫江上。士彦列其狀，請袁繼咸逐之去。在任撫綏瘡痍，軫念疾苦。已與繼咸不合，歸。永曆三年五月，起兵部右侍郎、僉都御史，聯絡安廬義旅。子鼎，從鄭成功軍，十三年入長江爲間。終事不詳。

謝存仁，字生甫，祁門人。萬曆二十三年進士。授户部主事，榷關監兑，有清望。督儲遼陽，省餉銀二十七萬。歷洱海副使、安平參政、雲南右布政使。奢崇明亂，閔洪學命監軍援貴，轉左布政使。監軍出黄草壩，多斬獲，解安南圍，會於普安，晋左副都御史，巡撫雲南，簡兵覈餉，爲剿撫用。請告歸。金聲桓反正，起兵部尚書、總督南直恢剿。兵敗，與子婦同死。

徐應運，不知何許人。職方主事。隆武末，命聯絡江南北士紳。永曆三年二月入朝，陞監軍御史，仍往聯絡。終事不詳。

王道直，字履之，漢川人。天啓二年進士。授保定推官，知府欲建魏忠賢祠，力持不可。遷御史，累劾周道登、張慶臻、劉鴻訓。出巡南畿，陛辭，陳逆黨霍維華巧借邊才圖翻案，宜嚴邪正之防，謹剥復之介，以安國家」。時蘇嵩水，請停織造及減折色條編十五。悉納之。尋以僉都御史提督操江。張獻忠自豫、楚窺鳳陽、南京，先攻安慶，道直督將士分佔采石、小孤山拒卻之。擢兵部右侍郎副都御史，引疾歸。

永曆二年正月，金聲桓反正江西，張其倫、廖近忠、朱智明與遊擊趙虎山，起兵羅田山中，號召湖北，連合湖南，大舉恢復，各旗應之，人稱「紅營」。約楚人邢志濂攻黄安，復孝感、雲夢，總兵雷應初、張其義戰死。兵部主事彭又玄，副總兵詹之偉、吴守紀，起兵孝感雞籠山，執死。將軍張其道、吴本周、董虎山、李鳴三，遊擊沈彦珍、張其嘗、鄭天、朱覺明、王三重，各保山險。都司何士達、守備王尚偉保隨州山寨。魯所瞻起兵景陵。

八月，起道直尚書，總督豫楚義師。十月，張進澤劉芳起兵靈寶，與副總兵張魁吾、段光吾合。十一月，監軍僉事劉本桂及夏望川、張天澤、杜養性、姚五、張三桂起兵石垛山，謀攻盧氏死。

三年，李榮自雞籠山復孝感，斬知縣郜炳元；進攻雲夢死。楊林山起兵靈寶福底山，吴可俊執死。六月，參將沈學積、張旺、葉粹亭守商城屏風巖死。林山、張國泰降清。清合豫楚兵至。其倫攻羅山，敗白沙鋪，陳士益降清，其倫、近忠與遊擊李向陽、鄭天流走保雞籠山執死。

四年，馬元之、楊索兒自漢川降清。五年，張陽謀起兵禹州，執死。劉馨起兵扶溝死。六年，李好將于七、吴可訓及從子家寬起兵葉縣拐河，張可大、羅平起兵光州。時湖北山寨盡歿，事無可爲。道直尋卒。

其後，八年，可訓、家寬、庾重受、田學詩、宋光先、王西成戰拐河死。九年，王二屯裕州西南山戰死。十一年，婁山復郾城，斬知縣荆其惇。董天龍起兵洧川許田，尚紹曾附之，許州震動，未幾敗死。十五年三月，范東陽亡命至孝感新店，稱肅王使者，散劄謀起兵，與雷信之、胡敬山執死。二十八年，譚以從起兵黄安仙居山，降清。

其倫，字寧宇，羅山人。崇禎中，羅山五旗兵起，分皂、白、藍、紅。皂旗首萬朝勳，白旗首吴守臣，藍旗首近忠，其倫爲紅旗首。降李自成爲都尉。十四年秋，皆來歸。其倫官遊擊，而衆自携貳。其倫與功貢汪雲龍相拒。朝勳依左良玉，良玉命滿盡忠至，已歸武昌。朝勳與雲龍、劉夢淑丁壯萬人合，後爲令郝甲所害。守臣官千總，北京亡後，合自成將韓朝陽。良寨長伍雒書先與守臣抗，至是不支，陽依之，十七年十月，殺守臣，皂、白旗皆散，獨其倫、近忠如故，而其倫兵最强。何騰蛟薦授總兵，近忠副總兵。

智明，麻城人。本僧人，周文江部。文江歿，再起兵麻城，官遊擊。清兵至，走黄蘗山。

清穴地礮攻火之。城陷，不知所終。總兵張颺降清。

士達，隨州人。太學生。從副總兵湯九州軍有功。九州死，歸立人和寨，隸副總兵秦翼明。後州再陷，寨得全。

尚偉，隨州人。立寨王子城，連桐柏一帶，寇不敢犯。且耕且屯，爲隨北聲援。皆以壽終。

所瞻，景陵人。諸生。立千人會，攻城不克，後三四年敗歿。

本桂，雒陽人。本道士。

馨，扶溝人。尚書劉澤深奴。賂劉洪起劄，管扶溝事。以拷掠，爲張竺祐所逐。

東陽，南直人。

以從，羅山人。

夏時亨，字孟嘉，孝感人。天啓二年進士。授户部主事，以郎中督餉延寧，力主興屯。遷興化知府，仍留任，稽虚伍，扣存賞銀八千充抵京運。陞河南糧儲參政，專責州縣買糧，隨徵隨買，無米價騰貴、解費愆期之弊，押運抵通，飛輓不逾期。轉江西按察使，兼南瑞參政，未任，改川北副使，擢參政，兼屯驛副使，又遥攝川北守巡事，兼視按察使。張獻忠兵至，守備保寧全城。崇禎十六年，病歸。

時兵寇充斥，遂與程良籌團結鄉兵，立白雲山寨。先，孝感有大義、忠義二營拒寇，大義即白雲山，忠義即上、中、下十五旗。

白雲去孝感西南九十里，崇禎八年，時亨以諸生唐烈、馬逢泰，耆民湯希禹、胡聆楚請，立寨其上。十六年，孝感陷，通判彭濬典，貢生劉祺、彭清典、萬以忠，諸生楊金聲、黄文星均至。正月，寇突至。五日夜，清典破之。二月，賀一龍數萬人攻三日，夜去。時清典去寨，止壯士況思聖、湯延澤、湯賓選等百餘人，力戰大破寇。四月，時亨子煒至，建立營壘。五月，舉人劉申錫、應山諸生楊之金起兵縣北，爲聲援。李自成將白旺欲加兵黄、麻，恐白雲躡其後，必欲取之，七月，以數萬人來攻。良籌、煒，諸生程元申、張士達、徐應錫、胡應振、程仲甫、馬逢時、唐應奎、賀康祉、湯元鵾、李司直、馬逢康力守，多斬獲，守三十九日乃去。

上中下十五旗。孝感北二百二十里爲三里城，與羅山、信陽接。十一年，孝感諸生胡應奎萬言揆與之金立營萬人，應奎爲長，之金、言揆佐之。部分廖永錫、陳廣、黄懋、邢志廉、萬人傑、余沖、胡宗儉、陶自立、耿時泰爲上五旗，迭破羅汝才。十五年，應奎歿，之金爲首。八月，羅山陷，之金戰七日死，應奎父景姚爲長，景姚有孫諸生效忠、仲璉董其事。

中五旗：十六年，諸生劉滰、程錫祚、張學魁，義民劉啓錫、張應舉、汪廷俊、高啓雲、易廷臣以四月起兵，滰父申錫爲首，而上五旗之金言揆，下五旗諸生汪始達，安陸諸生吴錫蕃佐之，遠近響應。五月，克應山。二十六日，攻德安，斬置吏。六月，復雲夢。寇騎數萬間迫營，青堆山告急，申錫、之金回救，不能陣，乃保龍王潭寨。寇力攻之，萬人先、沈希文、談太恒、楊蕊、傅正宗、萬夫雄、李瓊林、李光國皆戰死，申錫、之金執死。後申錫贈知州，之金贈教諭。

下五旗：十六年，始達起兵煉潭，錫蕃在滙水各立寨，與上、中五旗合復應山、德安、雲夢。其始抵鄧家橋也，分領余昌祚斬寇，寇亦俘義士吴逢良去。命招城中，降逢良大呼「努力」，死。後寇攻潘家寨，錫蕃中矢死。始達爲首，昌祚、傅珍、方士弘、徐自嘗、徐光澴各統一旗。

至是，時亨至，號白雲山軍曰大義營，上、中、下十五旗軍曰忠義營，疏授諸人文武官有差。十一月，祺、煒、以忠分領賓選、延澤、屠奏疏、李珽予、余之軏、蔡同春、湯謀、況於衷、湯議、劉興義、樂和、湯謨襲楊家寨寇，殲之。十九日，克孝感、雲夢。王揚基以良籌爲監軍，祺、以忠爲監紀。十二月，督逢康、馬逢賢、魏中映、況可召、涂鵬程、劉體倫克圓潭。召各營合攻德安不利，良籌、陳良謨、劉象一、程大都、程正黔、徐從先、劉御明、程大德、僧還虛戰死。十七年正月，與遊擊馬應龍攻花源寨，斬獲多。二十四日，與毛顯文、惠登相、湞復德安。何騰蛟命時亨監軍，湞等授參將有差。七月，旺至德安，雲夢亦陷。

北京凶問，時亨一慟幾絶。八月，大舉西向，敗於黄土寨，徐應欽、楊鼎臣、華君美、張一宗戰死。十一月，寇三千人攻白雲山，劉體縉、楊士修、劉顯斫寇多。擢煒，通判監紀黄、德；祺，通判監紀岳州；清典，監紀推官；以忠，信陽知州；應錫，桐柏知縣；分領義士，授參遊都守有差。

弘光元年四月，英王阿濟格兵至德安，招時亨、沈會霖、丁之鴻等，皆不應。赴軍前者：參將奏疏，授武昌副使；張心忠，漢陽知府；士修，漢川知縣；吴祖周，麻城知縣；陳朴來，孝感知縣；體縉，武昌參將；葉天恭、劉顯祥、徐鳳奇、體倫，守備。大義、忠義二營遂散。

永曆二年，金聲桓反正江西，王熼、王晋功等起兵蘄、黄。八月，熼悉衆東趨。騰蛟疏薦時亨、王應斗同以兵部右侍郎，總督湖北山寨義師。晋功與王存誠相左，互持於岱峯山寨，晋功兵多死。清撫遲日益、提督柯永盛兵至乃解。而諸寨空虛，清兵搜山，以次不守。

三年二月，蘄上鄉兵起，未幾敗歿。六月，麻城羅田寨主周于義、陳貴久、陳孟英，副總兵李元卿、李弘卿，監軍僉事熊允謨戰死。

四年，張正中、向有惠、廖國楨、劉若愚糾奴僕反主，謀起兵攻黄安，執死。五年，方繼華起兵麻城，蘄、黄震動，兵潰走死。時亨尋卒，年七十五。子焯，字爾延。歲貢。有戰守功，官通州監紀，哀毁卒。燁，字爾振。崇禎十五年舉於鄉。爲義旅所推服，隱居卒。

祺，字以介，孝感人。巡撫應遇子，歲貢。

滰，字雨田，孝感人。太學生。入清皆不仕。

奏疏，字更生，孝感人。

之鴻，字漸齋，孝感人。崇禎十五年舉於鄉。爲貞通社。官職方主事。

應斗，字天喉，崇陽人。天啓二年進士。授鄱陽知縣，和易愷悌，五年不扑一人。時艱加賦，急於催科，獨輕刑省耗恤民。每於災圖，尤加撫字。獄有屈抑，必多方昭雪。待士特深禮遇。遷雲南道御史，追論島帥糜餉跋扈及邊事敗、枋臣驅逐異己借封疆以處言官，與毛羽健同下理，歸。安宗立，科臣交薦，命候邊撫缺推用。清兵至，入山，旋寓寧州。起官命下，道阻未赴。清薦，以年老力辭。子士芳，字振秀。諸生。清兵至，起義執死；士薦，字拔公。廪生。精騎射。弘光元年拒戰死。

劉季鑛，字安世，吉水人。同升子。以選貢從父起兵，授待詔。福京亡，入奉天，累遷簡討、侍講、中允。與周鼎瀚不合，劾劉承胤、馬吉翔，觸其怒，有旨謫外，季鑛遂請終制。已乃復原官，以僉都御史提督江楚義師。

季鑛志節清峻，高自標舉。故娶李元鼎女。元鼎降清，季鑛遂出其妻。顧年少喜功名，無持重意，輕何騰蛟，與不相下。

永曆二年五月，與彭九願間道至酃縣糾衆，號召響應。復茶陵、興寧、永興、嘗寧。以便宜輒授副總兵、職方主事以下文武吏及郡邑守令，顧不擇人而授，漸失物望。騰蛟厭而裁抑之。騰蛟敗歿，季鑛義兵多駭散。堵胤錫標將彭嵩年、向文明及金聲桓部將蓋遇時屯郴、韶間，季鑛收撫之，晉兵部右侍郎、少詹事，督師江、楚。段酃，郴桂僉事。三年十月四日，至樂昌，兵出剽掠，禁之不止，與盧之燁、段士選皆戰死桂陽九峯。

九願，字穉登，安福人。歲貢。以勤王，累官兵部右侍郎，總督兩廣。卒，予恩卹。

酃，字孟英，廬陵人。選貢季鑛疏薦酃縣知縣，擢監紀推官，招兵諭以大義，皆爲所用。

之燁，泰和人。

士選，廬陵人。

同時，江楚人之不肯屈節者：

甘永，字方不，永新人。崇禎十五年舉於鄉。兵科給事中。與監軍御史周遠從萬元吉、騰蛟軍。兵敗，隱安福懷溪山。永曆三年七月，起兵永新，被執刖死。

劉奇遇，字崛膺，永新人。崇禎十六年武進士。監紀推官。隱青原。

周翊，字以連，廬陵人。崇禎十五年舉於鄉。上書肇慶，授行人。遁樂昌山中爲僧，名以廉，二十餘年卒。

周師文，字期歧，大冶人。聲桓反正，起兵應之。兵敗走九江，季鑛薦職方主事。時耒陽陳洪、謝焻、龍尚可等以衆拒清，師文入其軍，嘗以身先士卒掠陣。遇時屯鄙郴，奉爲監軍。已遇時欲降，師文稱説大義以止之。遇時怒，遂見殺。

何一泗，字衍之，南昌人。崇禎十二年舉於鄉。推官。

蕭弘緒，清江人。十二年舉於鄉。

黄復震，字復一，南城人。十二年舉於鄉。揭重熙、宗室統鑛屢薦，未赴。

何山，分宜人。十二年舉於鄉。事敗入山。

劉覽，永新人。同季鑛起兵，被執不屈。永曆十二年二月再起兵，執死。

鄢見，字無識，豐城人。崇禎十二年舉於鄉。從傅鼎銓起兵，授職方主事。鼎銓敗歿，與季鑛同圖復楚。湖南再陷，爲僧，名無識。隱湘、醴間司空山，縱酒狂歌，十餘載衣冠不改。永曆十六年，爲茶陵人所訐，清吏繫之，至則自請一刃以死，卒不食死。

陳有功，江西人。職方主事。江、楚再陷，完髮懷敕印郴、耒間。是年，亦爲清吏所執。自言：「國亡，願一死久矣。今日且得明白領取白刃，所志得就，更復何辭！」繫送武昌，遂遇害。

洪，永興人。總兵。永曆十三年正月，與總兵龍尚可、靳廷侯、陳玉、周明、謝廷高、李魁鳳及楊國才、周瑞先、魏麟鳳、李應龍，刻印謀起兵。廷侯於衡州鄭太平酒肆飲酣，大言恢復被執，連洪、玉及田九有、汪巖賓、靳佳連、太平，皆死。

謝焻，字君赤，耒陽人。如珂子。弘光元年恩貢。袁州通判。清辟不應。

尚可，耒陽人。負勇畧，以千夫長破清兵草橋，授守備，保障一方。曹志建薦參將。永曆十九年降清。

又謝嗣修，字純夫，耒陽人。監軍。入清隱居。

朱嗣敏，字兼五，懷寧人。功貢。參江督呂大器軍，授衡陽教諭。隆武二年舉湖廣鄉試，遷中書舍人、禮部主事。歷粵、楚軍中，尋以御史監焦璉、曹志建軍。擢僉都御史，監督勳鎮兵馬，安撫湖南。桂平陷，間走賀縣，入志建軍，聯合魏麟鳳之衆，鼓勵固守。未幾卒。

嗣敏，文辨有餘，非軍旅才。其爲監督也，坐嘯而已，顧守正不阿强帥，張同敞重之。

麟鳳，安陽人。從金聲桓起兵，授都督總兵。聲桓敗，與王龍、李魁英，合袁州黄熙臣、朱益吾屯湖西太平峒。湯執中、黄天純、鄧安、黄三、張勝、梁圖、黄子明、黄子述、謝新祖，及副總兵封儒宦，守備嚴儒焕，總旗黄顯志先後降清。永曆五年十月，將李光樞、守道周天爵戰死，蕭慶春、王吉、郭觀、郭新、張泗、郭永、黄世隆、梁棟材、王奇、萬大鉉、陳鶴、李雲被執，死南昌。李定國出師，與蓋遇時、劉京、劉晃攻永寧、泰和、永新，與金子襄、習鼎聖相應。定國回師，以衆屯宜章莽山，武庫主事黎化中爲謀主，守備毛漢、賴魁、胡昌爲將，出没楚、粤、江右之交，屢破清兵。十三年，出吉安，敗殁，漢、昌降清。化中於吴三桂兵起應之，攻連州。

子襄，榆林人。永曆元年十二月，復永豐。二年春，復崇仁、宜黄、興國。四年，復石城，挂平胡將軍印，封開化伯。後退屯寧都、永豐、樂安山中。九年，與旗鼓汪長卿，材官楊得勝、陳得勝被執，死寧都。總兵吴榮，副總兵孫光宗、張一虎、司光明降清。

鼎聖，字象耳，廬陵人。侍郎孔教曾孫。從劉同升起兵，已從王寵軍。寵敗，從劉季鑛入楚，又從何騰蛟，薦監軍副使。堵胤錫調監五大營兵。胤錫敗，被執，羈濟爾哈朗營。有火頭軍，故鼎聖家丁也，緩之得脱。定國軍臨吉，命爲接應。忽回師，勢孤。六年十二月三日，清兵夜襲之，戰死。中軍曹汝聞罵寇死，標將郭甲致南昌死。汝聞，信豐人。

又賴龍者，於八年二月起兵桂東，號「紅頭軍」，攻江西死。

鄭古愛，字子遺，江夏人。以歲貢爲章曠監紀推官。幹濟明練，與余鵾起齊名。時開粵東鹽，稅之充餉，命監其事。永曆初，堵胤錫奏遷御史，監王進才、馬進忠、楊國棟、牛萬才軍。進忠戰麻河，古愛執矛躍馬，首衝敵營，大破之。古愛故與馬蛟麟善，至是蛟麟爲清守辰州，古愛以蠟書招之，剋期效命。而毛壽登忌古愛收蛟麟，因激胤錫，强古愛同入蜀，蛟麟遂不降。久之，擢僉都御史，命與太監秦宗文出辰、常，再招蛟麟。行次平樂卒。

鵾起，字南溟，鄞縣人。初以超貢從何騰蛟軍，累功薦授監軍御史。與曹志建爲中表兄弟。志建命招何圖復，入寨指天爲誓，圖復乃出。已與職方主事李甲春復寶慶，會兵向長沙，而騰蛟敗歿，遂重趼返桂林，補廣東道御史。桂林陷，入野寺，絶粒卒。

李虞夔，字和廷，平陸人。天啓二年進士。歷大理評事、兵部主事、郎中，犒宣大軍。出爲關中參政，裁抑宗藩。擢僉都御史，巡撫寧夏。韃虜黄台吉部入侵安定，大破之。以綏輯功，加左副都御史。北京陷，家居不出。永曆二年冬，姜瓖反正大同，諸在籍鄉官萬練、王維垣、劉遷等皆舉兵應之。虞夔偕子弘乘勢起兵，復潼關，蒲、解二州。三年十二月，清兵至平陸，山寨不守，弘投崖死，子文球執死。虞夔走陝西，匿壻王簡自家。跡得之，皆不屈死。

練，偏關人。尚書世德孫。弟諸生鉞妻孫，懷隆總兵繼隆女，少習詩書，明大義。鉞殁，年十九，獨居一室，足不窺户四十年。山西陷，以三關將士皆孫、萬二家故部，與維垣謀恢復，抵書於瓖，勸反正，復四出號召，義師響應，皆孫力也。練任錦衣都督，與孫珽、蘇繩武、燕元楨，斬偏關副使徐淳、同知馬維熙、參將張國纓，復寧武、岢嵐、保德，授偏關副使。

維垣，偏關人。都督維城弟。山西亡，入山。與子翊鼎從牛化麟起兵保德，署知州。

遷，代州人。崇禎中，以副總兵從陳奇瑜攻寇竹谿、平利，追至五狼河，禽渠十二，已扼畧陽、沔縣，寇南遁車箱峽，遷薊鎮中協團練總兵，晋都督歸。與瓖友善。永曆三年正月二十五日，與劉豹、郎枋以萬人復平型、雁門關，授左大將軍。圍代州不克。二月，復繁峙、五臺、靈丘、廣昌，劉永忠亦自山中來會。四月，劉偉命副總兵楊奉山、李茂蘭守忻口，控南北衝。博雒兵南下，適遷攻代州垂克，分兵截之，大敗平城，枋與兵戰死者萬餘人。五月，練、遷合兵自徐溝、清源分攻太原，爲巡撫祝世昌、副都統雒碩所敗。六月，遷守北、南二寨，清兵數道攻，總兵郭斌、趙英，韓斗樞礮拒，不支死。八月，遷走黄香寨戰死，總兵李雲死五寨。九月八日，總兵閻國柱畔，偏關岢嵐陷，練飲金死，鉞妻孫及孫、萬二氏男女百餘人，僕張選刃練妾曹，皆自焚死，子孫亡入口外大青山。將萬年國戰死，妻馬經死。將劉清客、趙玉皆自經死。當孫與瓖書也，族萬世威力阻。孫曰：「義在則鼎鑊可蹈，吾志決矣。」世威遂先經死。七年，保德陷，維垣與子羽鼎水死，羽鼎妻宋經死。

同時起兵者：

李可楩，大荔人。尚書元孫。任職方主事，倡義執死。

覃一涵，漢陰人。二年四月，與武大定奉山陰王鼎濟起兵興安毛壩關，授元帥。一時仁河、南山諸寨四起，監軍道許不惑，監紀賈三聘、賈鶚，總兵覃一純、覃遠，副總兵賈三策、劉秉懿，參將賈良真，遊擊王家祚、賈奇、賈三重應之。清兵攻關不下。明年二月，總兵張天福自漢中分道入，一圍觀音寨三聘、良真、三策、三重、楊震聲、賈祥、賈保之寨，一圍兩河口單治堂、丘應啓、孟養浩、丘賢之寨，一圍望夫山不惑、秉懿、張世廣之寨。諸寨相繼陷，三聘等皆戰死。杜家祖師寨亦陷，諸生賈明時戰死。毛壩關陷，鼎濟及監軍王守基，參將許文秀，遊擊單昌祉、李之運等被執死，一涵投崖死。顯忠寨趙進忠等降清。不惑與一朵雲、馬上飛攻西鄉戰死。

李企晟，文水人。姜瓖反正，與虞胤、韓昭宣起兵韓城，事敗行遯。永曆九年，自華山出，聯絡義師，與太行山牛光天，五臺山高鼎，及開封董天禄，鄧州雷將官、馬興吾，淅川周良弼、朱見宇、朱振宇、劉見宇、陳化鳳，光化全汝山、張拱臣，均州陸應奉、韋希宇、李光岱、劉見玉、李得福等相應，授兵部右侍郎、僉都御史，總督山西陝西河南山東。十年二月，入鄖陽，與郝永忠密圖大舉。八月，與參將張進孝，遊擊王德明、李枝桂、李光順、温應祥、朱積德、李光宗、郭蘿玉、吴應蛟見執同死，張慈自刎死，將軍黄鳳昇、任虎降清。

又李喬崑，字泰寧，高陵人。舉於鄉。崇禎五年官海北、南參議，獄訟重情，民無冤者。練兵置守，劉香不敢犯。歸。與瓖起兵，敗於渭南，入四川。四年六月，偕文安之謁梧州行在，授僉都御史，總督陝西，專力恢剿。終事不詳。

贊曰：昭宗播遷，中土衣冠故族、猛士勳豪，不顧宗社淪胥，義師紛起。貞良、忠孝、佺期、士京、孚遠之於八閩，損、熼、豫、孔炤、光辰、光先、之章、卓然之於直、魯，道直、時亨、季鑛、嗣敏、古愛、企晟之於三楚，虞夔之於晉南。横草之績，綽有規模，雖其人之忠奮哉，亦才之所施有以成之也。金、王反正，一時耆宿如士禎、應桂，以林居急國難，江、順慶、伯昌、拱辰褰裳相從，幾得一當。惜攻取無策，不二年敗亡殆盡。然風聲所激，人人知國急身家。

其後廣、撫、吉、忠立寨，死守者數十處，鄉村百姓大半戴髮，搢紳先生間存者，入山不見當道，文士知名者不應試，易代十年，故國之思不改。江右文章節義之邦，當時殉國之盛，蓋有繇云。

南明史卷六十二

無錫錢海岳撰

列傳第三十八

趙臺　徐彪　歐繼修　陳昌祚　倖秉澹　胡允中　劉鼒　徐朝陽　龍文明　王菁　陳博　王垣京　王芋　巫如華　黎憲　魏廷賢　鍾行旦等　高選　吳道魁等　彭年　朱朝祚　余鳴鳳　鄭其昌　方應運　李棟芳　謝麟趾等　陳士玉　傅作梅　李慎良　王際新　馬之馴等　晏應舉　馬鳴鑾　易正體　龍補衮　李栻　莫豪　張以煥　羅忠獻等　熊起渭　劉永輪　舒繼周等　蔣有彝　温厚光　丘華珽　鄧有祚　羅應昌　梁夢斗　莊梯雲　孫承棨　梁柱　許登庸　陳士良　薛大豐　鄧祖皋　莫新　倪承統　鄭禹銘　陳明陛　周璜　陳國計　陳正儀等　文成章　陳維禮　王鐸　謝宸命　巫子鳳　何天衢　藍繼善　王之臣　裴文燦等　雷啟東　梁大樹　葛應禎　吳亮明　潘可受　涂必先　易繩宗　程克武　周命新　王庭耀　王灝　東玉　盧廷翊　林芹　岑嶠　顔弘度　朱洞觀　汪德元　萬言興　許之兆　徐榮祖　曾鳳采　徐調元　段宫錦　孫之錦　趙昌化等　陳汝器　姚弘中　井幹等　龔麟標　許登遴　黄納言　吳嶲

凱　馬之驥　張問士　董克正　趙美斯　劉士通　李恂孫等　寧偉　鄧之楨等　葛元正　吳翼　鄧紹禹
黎之顯　顏佐　宋延極　丘民牧　邵堯治　翁正坤　陸守惠　李之華　宋鳳來　吳士顔　劉九思　陳
廷孚　林芝　董廷輔　鄧鼎新　葉秉重　吳士訓　黃可賢　鍾世英　甄尚志　周卜世　俞忠袞　劉用啟
楊兆文等　胡學海　湯宗萬　周禎祥　熊兆姬　劉三觀等　葉昌辰　蔣廷仁　淩東泰　祝應龍　余應
縉　張崇儒　余大生　盧攀丹　周希孟　羅兆陞　梁志勤　黃世忠等　郭玠　顧名嵒　張慎行　宋鳳來
等　路之陛　江必振　陳位　談經等　譚廷啟　尹懋中　喻逢年　陳大對　梁天成　楊延嗣　林夢禎
田之璋　馮時顯　張愫　黎民忻　彭岳齡　劉先甲　羅公璇　何德統　陳大縉　王吉士　湯維岳　解學
皋　薛明聲　趙廷獻　高仲賓　李廷楷　謝錫　俞昌言　吳思友　黃衷孚　阮詔庸　吳琯　孫林等　黎
天相　盧夏起　區世英　文成象　羅文解　劉芳　王文林　曾陳詩等　謝錩　王吉卿　陳麟定　朱國玘
許登進　李昌裘　沈應節　賀懋敬　岑漢翔　黃宗濂　李友梅　曹衢等　何思華　柯日新　劉祖謙　楊
師武　顏爲邦　應守聖　陸銑　梁昌　徐美　劉體仁　賀懋讓等　蘇良臣　張繼曾　俞情　余元　周承
烈　劉士宏　袁啟翼　豐世一　陶渙　李楚章　劉之誼　楊濬英　羅補袞

龍之虬　胡邦靖　范炳元
陶鍾恒　唐萬鵬等　楊鐘　周官　楊鑑

李用楫　弟來　族祖頎　陳震祥　翁吉熻　張同居　黎國
衡　祁光復　洗友桃　鄺裔　黃文英　何執中　陸蟾客　梁湛然　歐兆槐　陳嘉惠　洗憲譽　盧有觀
黃有年　張裔達　張賡颺　梁廷球　黃甲　歐子虬　蘇家偉　麥成　李子樸　張侃　梁仞廉　李夢嵩

余錦等　程必煥　何偉如　盧翬　潘柱臣　麥橒　黃開熙　朱浚基　陳養健　劉琛　盧啟昆　岑漢翀
潘鳳飛　洪穆霽　袁學海　鄧震　萬之泰　丁邦楨　楊元甲　張夢達　魏璜　麥爰魁　李象豐　伍如璧
　陳翼運　高有馮　湯應捷　葉陽弼　許泓　樊應元　蔣汾　葉高生　梁獻赤　聶振奇　胡士哲　勞之
琦　陳士奇　陸烜　陸鍾靈　李嶙　林望春　張應樞　庾樓　翟祖佑　林耀先　呂應恭　鍾元運　陸鍾
麟　呂獻　崔振　謝元睨　區昌應　謝一鵬　鄭作霖　彭鈺　鄧元瑛等　鍾聲繹　劉道生　符遴元　陳
定一　張國紳　廖衷赤　廖泮英　李近霄　黃雲　蕭貞運　李仁　唐臣忠等　吳敏穗等　楊維弢等　盧
通等　**張孝起**　龍永明　方國祥　柯拂雲　謝贊運　李之喬　廖曇　喻荀龍　呂起泰　宋應昇　沈耀
辰　祝守禧　黃甲葵　陳經文　陳豐陛　林待聘　羅光廷　李日大　許高崑　江議　丘士嶠　周士貴
蔡枬　陳嘉猷　陳尚賢　余鼎藩　嚴爾琮　余國經　淩甲　孫文奎　楊昌　李振奇　張德溥　羅儀則
李宏名　柳宗　楊一龍　劉渾成　黃明袞　郭衛磐　孫繼登　林學增　劉起鳳　羅明夔　黃灝中　萬興
明　楊美開　王性　陳其時　羅鍾胤　朱光熙　莊鯤化　張大勳　謝倫　劉秉樞　季奕聲　鄧承芳　吳
應旻　沈濂　饒霦　方孔一　嚴初旦　饒瑋　張體仁　竇必勝　李一白　任太初　陳熙廷　郭璘琮　張
聖型等　何子穎　張瑀　孫國枬　柳鍾奇　范圍中　劉應璧　潘繼洙　郁文初　史延旭　蔡潤　宋鳳彩
　陳燧　蔡雨潤　張源思　吳聖錫　林藩　高冠　徐中元　陶履祥　林維經　梁國柱　朱稷　張琇　王
臣丹　任士昌　宋光年　程禹仲　劉豸徵　饒章　鍾彥綱　蔡宏道　甄希聖　吳起元　孫徵奎　林泰昌

程正範　龔奕振　陳有隆　吳之儀　黃錕　劉世豸　卜萬祺　李士震　許元庸　趙之球　林翰沖　李邦英　羅光國　林應選等　余士宏　楊芬　丁檝　張昌運　應守性　鄭東璧　馮汝吉　楊憲卿　趙鏡李舒華　姚張爛　束朝綱　鄧永乾　何卓然　唐天則　康穀　潘邁　吳開胤　伍堣　陳計安　林一奇李士騏　蔣守益　黃廷才　陳善　蕭鳴鸞　陳祝　花文炓　馬三禮　廖維大　謝錫元　鮑叔裔　汪堯德　張廷綱　王逢年　秦廷獻　林崇孚　葉上苑　汪國瞻　王世琦　鮑文宏　范軾　張化成　張炅　黃家時　江勁　鍾天斗　劉應璧　陳邦簡　范體仁　歐陽蘇　侯啟御　羅萬俊　馮異　胡長庚　王聯芳　莊應詔　蔣恒奇　王舟瑶　羅拱極　溫明登　劉克旋　王臣賡　施有恒　李可培　黃夢麒　楊錦線　馬之駿　單興印　傅國俊　朱家瑞　王奠民　黃中澮　唐元弼　趙申謨　游正中　鍾萬瑞　竇文炤　鄭鳴瑜　李春華　沈惟煌　龔燿　吳希點　郭如珩　唐有章　王錫恩　馬一傑　衷仲孺　王聘臣　樊尚成　謝光翰　劉珙　梁高登　曾家祥　林芝秀　王佐　陳位中　顧元　林悦仁　孫維翰　林彩　江介　段國紀　郭焻　王廷相　詹彌高　馬宗乾　張天粹　熊鳴渭　鄧天任　王協卜　韓甲　賴此存等　蔣堯勳　王景熙　蕭洪曜　郭作新　王時熙　黎朝臣　藍守栩　劉伯璿　李之華　吳調陽　李子章　彭應榮　黃上參　楊文芑　林轉亨　洪士弘　王良弼　胡繼武　陳啟泰　周瑾　陳昖　趙仲衍　陳龍可　李春蓁　吳延亮　蔡嗣芳　戴文衛　李先春　周鼎新　謝君顯　曾廷掄　蕭俊文　何之梅　薛天瑛等　何其義　張京胤　孫起鳳　歐陽守元　林登第　華復蠡　廖錫蕃　林鍾　陳端蒙　吳一元　黃甲登　伍成舉　胡士

美　何同德　王廷選　朱正色　蔡啟　陳迪經　馬維紘　蒙克悌　王懷仁　趙我馮　劉道生　曹穎洙

梁宏建　何操敬　黃立修　黃鼎元　董功懋　楊論　楊六府　潘瀾　陳國訓　丁家進　鍾麟蛟　陳文明

林濬　唐修　鄒德淇　李文芳　吳壽雷　蘇兆元　許國猷　陳所養　彭法古　沈日新　王師夔　潘一

駒　姚翁　林炤　項承爵　李士琮　李當貴　羅鉅璘　吳如祈　唐之夔　鄭龍光　歐陽思釗　黃基固

喻萃慶　曹叙白等　費長統　吳逢翔　李思萓　黃陞　封維翰　葉天陛　吕之節　李繼祚　吳孩存　衛

淇　金鼎彝　鄒允鵬　黃兆穰　伍兆元　張于衡　施應選　吳德操　族人國瓚　用鈔　顧之俊　沈閎

中　蔣克達　喻琦慶　徐定國　鄧天錫　鄭國藩　劉江　張美中　饒元璘　劉嗣寬　宣廷試等　方象乾

區龍禎　蔡之駿　李調鼎　黃士珴　黃臣虎　謝芝蘭　魏元翼　劉振秀　馬良遠　高達　顏可及　張

一成　徐以暹　劉焜　謝天禄等　許國智　孫繼禹　袁立俊　華白滋　梁崇廷　兄在廷　王道光

李鍾璵　周騰鳳　喻虬等　鍾廷耀

趙臺，大興人。世襲錦衣指揮。授營繕主事，督理臨清塼廠。出爲南寧通判，累遷知府、左江副使、廣西布政使。爲人明敏有才幹，深得土司心。

昭宗幸南寧，以潯南行在近地，巡撫遠在桂林，軍國要政，往返奏請不便，擢臺副都御史、巡撫南太雷廉，兼直大内食饌。時李雅、徐彪羣盜滿山，與陳邦傅討之失利。上東幸肇慶，加兵部尚書留守。中軍趙弘源劫侯性於永淳，畧其男婦，不問。

初邦傅爲子曾禹納其女，臺見其肆逆，背約絕之。曾禹引兵攻南寧，力拒二月不支，不得已開城涕泣出女，遁入山中，未幾卒。

彪，横州人。率鄉兵起義。永曆元年四月，從陳謹復靈山，累功官副總兵。二年，爲邦傅激變，相攻。彪被執，爲臺所釋。三月，與羅全斌大破清兵府江南。後事失紀。

同時歐繼修，字二如，零陵人。天啓七年舉於鄉。張獻忠入楚，與陳純恕屯師恢復，自融縣知縣累遷廣東監軍副使。隱。

陳昌祚，遷江人。天啓七年舉於鄉。廣西監軍副使。

俸秉濬，臨桂人。崇禎三年舉於鄉。歷臨江推官、知府、廣西監軍僉事。隱。

胡允中，樂昌人。吏員。累陞廣西監軍副使。降清。

劉鼒，字及叔，華陽人。崇禎九年舉於鄉。豪儁有才智。王應熊辟軍前贊畫，薦職方主事。昭宗即位，改禮部。從扈奉天，歷評事、庶吉士、御史、吏科都給事中。王坤奏薦大臣數十人，鼒抗疏言：「内臣不得薦人，况大臣乎？坤所薦者皆海内人望，方且以間關不得至爲憂；若聞坤薦，益當裹足不前，則是名薦之而實止之，拒人於千里之外也。」坤怒，將逐鼒，已監陳曾禹軍。覃鳴珂劫掠，曉以大義。永曆元年十二月，代龍文明爲僉都御史，巡撫柳慶。爲人持正，與陳邦傅忤。三年五月，邦傅總兵王鎮中及徐朝陽曾海虎鼓衆火院門，發礮中鼒死，家口同盡。邦傅以鼒檄調各賊圖不軌疏聞，朝廷不敢問也。

朝陽，柳城人。諸生。右江副使。

文明，雒容人。天啓四年舉於鄉。自保定知縣累遷右江參議。覃裕春不法，設計殺之。永曆元年十月，以僉都御史巡撫柳慶，爲鳴珂逼走。

王菁，本名璽，字爾玉，荆門人。萬曆四十六年舉於鄉。授廣昌知縣，歷蘇州同知。鼒死，以僉都御史代爲巡撫。終事不詳。

陳博，紹興山陰人。蒼梧副使擢僉都御史，巡撫梧潯，爲朱士鯤所劾，未任。

王垣京，字雄生，晋江人。崇禎十年進士。授南城知縣，歷御史、職方郎中，監張家玉軍，轉建昌僉事、廣西按察使、太僕少卿。家玉起兵，以兵部右侍郎巡撫惠潮。廣東亡，隱。三子皆去諸生。

王芋，字元鑰，偏頭人。天啓二年進士。歷青州、福寧僉事。擁戴紹宗。劉孔昭窺温州，命率兵千人救之，調羅定副使。已以僉都御史巡撫惠潮。李成棟以清兵至，迎降，改廣東按察使。成棟反正，加太僕卿，仍故官巡撫。廣東再陷，與守道高金印爲僧入閩，不知所終。

時廣西疆吏先後可紀者：

按察使經歷巫如華，寧化人。歲貢。

桂林知府黎憲，番禺人。吏員。

魏廷賢，諸暨人。

鍾行旦，字不夜，筠連人。副貢。荔浦知縣，拒守全城。自石屏知州陞。卜居筆山。

艾法炙，不知何許人。

同知高選，貴陽人。天啓元年舉於鄉。

通判吴道魁，不知何許人。盜糧餽郝永忠，被劾提問。

朱中困，不知何許人。

彭年，字泓叟，南直人。

朱朝祚，仁和人。吏員。懷集典史累擢。

余鳴鳳，字翔羽，辰溪人，選貢。

推官鄭其昌，黎平人。崇禎十二年舉於鄉。

經歷方應運，字朝泰，浦江人。太學生。桃源丞，設防修河。朱大典、張國薦陞。

李棟芳，字孟陽，睢寧人。

臨桂知縣謝麟趾，揭陽人。歲貢。桂林衛經歷擢。卒。子大賓在沖年，歸父骨，隱。卒年八十二。

陳士玉，永州東安人。諸生。征播有功，自廣西布政理問擢歸。吴三桂招不出。

傅作梅，城步人。

李慎良，字六如，從化人。歲貢。歷南雄訓導、高明教諭，練兵曰「儒門義勇」，數獲盜擢。

靈川知縣王際新，濰縣人。崇禎三年舉於鄉。

馬之馴，貴陽人，崇禎十二年舉於鄉。開建知縣調。

韋疏，不知何許人。

晏應舉，新喻人。靈川典史主簿陞。

陽朔知縣馬鳴鑾，順德人。萬曆二十五年舉於鄉。

易正體，嘗德桃源人。選貢。

龍補衮，黄平人。萬曆四十三年舉於鄉。中江知縣調。

李栻，番禺人。舉於鄉。

莫豪，平樂人。歲貢。

張以煥，瑞昌人。歲貢。

羅忠獻，臨武人。

唐榮，不知何許人。

義寧知縣熊起渭，偏橋人。歲貢。

全州知州劉永輪，邵陽人。諸生。

舒繼周，溆浦人。卒官。

蕭永奇，不知何許人。

蔣有彝，天柱人。恩貢。

灌陽知縣温厚光，化州人。

丘華珽，高州石城人。廩生。

訓導鄧有祚，寶慶新寧人。永曆三年歲貢。

永寧知州羅應昌，字會嘉，黄巖人。歲貢。桂林通判陞，守正不阿。

梁夢斗，會同人。天啓四年舉於鄉。全州知州調，陞袁州同知，未赴。

莊梯雲，番禺人。崇禎九年舉於鄉。

學正孫承榮，字君覝，瑞昌人。恩貢。仙居訓導遷歸。詩酒。

義寧知縣梁柱，城步人。歲貢。

許登庸，武岡人。例貢。

程士良，不知何許人。

平樂知府薛大豐，仙遊人。萬曆四十三年舉於鄉，户部主事擢。

鄧祖皋，不知何許人。梧州通判遷。

莫新，全州人。選貢。隱西延。

同知倪承統，字君一，寶慶新寧人。恩貢。於潛知縣遷，管桂林糧務卒。

鄭禹銘，字惺卿，桐鄉人。恩貢。仁化、清遠知縣，剿連陽石馬峒寇遷。

推官陳明陛，字殿贊，莆田人。崇禎六年舉於鄉。

周璜，隴西人。爲曹志建誘殺。

平樂知縣陳國計，滁州人。歲貢。

陳正儀，江西人。

謝者乘，不知何許人。邦傅劄授。

文成章，高州石城人。恩貢。

恭城知縣陳維禮，汀州歸化人。歲貢。

王鐸，都勻人。隆武元年舉於鄉。

富川知縣謝宸命，字而息，全州人。崇禎九年舉於鄉。焦璉疏薦。隱。

賀縣知縣巫子鳳，英德人。歲貢。

何天衢，南海人。崇禎三年舉於鄉。

藍繼善，程鄉人。諸生。

王之臣，紹興山陰人。選貢。

裴文燦，陝西人。選貢。

李宗禄，不知何許人。

雷啓東，湖廣人。恩貢。

荔浦知縣梁大樹，高要人。選貢。

典史葛應禎，字瑞嶼，句容人。有惠愛，國亡，不交一人。

修仁知縣吴亮明，南直人。舉於鄉。

永安知州潘可受，字澤山，善化人。恩貢。南寧經歷監廠潯州遷。

涂必先，江西人。舉於鄉。

易繩宗，南海人。萬曆四十六年舉於鄉。

程克武，江西人。舉於鄉。

周命新，奉節人。選貢。永州推官遷。

王庭耀，平湖人。天啓元年舉於鄉。

梧州知府王灝，慈谿人。崇禎十三年特用。

東玉，字崑毓，禄豐人。恩貢。衢州訓導累擢。

盧廷詡，增城人。崇禎九年舉於鄉。

林芹，字志采，福清人。歲貢。

同知岑嶠，餘姚人。崇禎六年舉於鄉。

通判顔弘度，本名紹庭，字庭生，宣城人。太學生。負文采。

推官朱洞觀，番禺人。崇禎六年舉於鄉。

蒼梧知縣汪德元，字正淑，歙縣人。崇禎十三年特用。桂王常瀛南下，力戢悍兵。賀寇亂，撫民定變。歸，講學紫陽。

萬言興，大庾人。舉於鄉。

許之兆，安仁人。選貢。入山，彭而述訪之不出。

教諭徐榮祖，字君榮，和平人。弘光元年歲貢。

藤縣知縣曾鳳采，平溪人。萬曆四十年舉於鄉。

徐調元，番禺人。歲貢。

段宮錦，黎平人。崇禎九年舉於鄉。宜章知縣調。

容縣知縣孫之錦，邛州人。歲貢。

趙昌化，九江德化人。選貢。

方子壯、施其仁，不知何許人。

訓導陳汝器，海康人。隆武二年選貢。

岑溪知縣姚弘中，惠州海豐人。選貢。

懷集知縣井幹、姚汝承、黄振成、彭廷瓚，不知何許人。崇禎十七年，弘光元年，永曆四年、五年任。

鬱林知州龔麟標，字隱溪，瀘溪人。歲貢。興業知縣遷。

許登遴，武岡人。恩貢。

黄納言，化州人。副貢。

博白知縣吴雋凱，天興長樂人。恩貢。

北流知縣馬之驥，信豐人。選貢。

張問士，字達可，峽江人。

董克正，合州人。

陸川知縣趙美斯，肇慶新寧人。諸生。有善政。

劉士通，化州人。歲貢。

李恂孫，高州石城人。歲貢。

張起一，不知何許人。挂冠去。

興業知縣寧偉，字孔碩，鳳陽人。

鄧之禎，字應桂，順德人。崇禎九年舉於鄉。降清。永曆元年譚榮起兵，伏誅。

潯州知府曹爾材，不知何許人。

葛元正，平原人。任子。永曆元年城陷死。

推官吳翼，順德人。恩貢。

鄧紹禹，羅定東安人。萬曆三十七年舉於鄉。

黎之顯，高明人。弘光元年歲貢。

桂平知縣顏佐，河内人。

宋延極，山東人。

丘民牧，高州石城人，恩貢。

平南知縣邵堯治，巴縣人。舉於鄉。

翁正坤，福州人。選貢。

陸守惠，字還初，蕭山人。歲貢。潯州經歷遷。拒寇安民，卒。

柳州知府李之華，字元白，巴縣人。崇禎十年進士。歷威縣知縣、宣大屯田推官。以才氣稱。北京亡，入山。南歸擢。爲僧湄潭。

宋鳳來，字君羽，安陽人。選貢。肇慶通判遷。

吳士顔，字元復，海寧人。歲貢。歸卒，年七十。

同知劉九思，字宿海，安縣人。

推官陳廷孚，永嘉人。選貢。

教授林芝，寶慶新寧人。諸生。

馬平知縣董廷輔，遼東人。舉於鄉。

雒容知縣鄧鼎新，不知何許人。

柳城知縣葉秉重，順德人。恩貢。

呈士訓，廣東人。

黄可賢，蕭山人。選貢。
羅城知縣鍾世英，筠連人。選貢。
懷遠知縣甄尚志，會同人。
周卜世，字天室，京山人。恩貢。
俞忠衮，通道人。隆武二年舉於鄉。永曆元年任。
融縣知縣劉用啓，武岡人。選貢。
楊兆文，化州人。歲貢。陸川知縣調。
王明道，不知何許人。永曆元年任。
胡學海，黎平人。選貢。戢郝永忠兵。妻舒、媳汪死於難。
湯宗禹，黎平人。選貢。
來賓知縣周禎祥，不知何許人。
熊兆姬，貴州人。
教諭劉三覲，臨桂人。
典史盧大讚、章日焕，不知何許人。
象州知州葉昌辰，字體繩，會稽人。舉於鄉。開化教諭遷。國亡，日流涕。

蔣廷仁，會同人。納粟。歷施秉、博白知縣遷。

淩東泰，黎平人。隆武元年舉於鄉。懷遠知縣遷。

武宣知縣祝應龍，武岡人。卒官。

余應縉，蘭谿人。選貢。

張崇儒，丹徒人。歲貢。

余大生，南城人。崇禎十五年舉於鄉。

教諭盧攀丹，隆安人。崇禎十七年選貢。

賓州知州周希孟，字孔所，金谿人。恩貢。隱平溪，從萬年策遊。

遷江知縣羅兆陞，建昌廣昌人。選貢。

上林教諭梁志勤，字勵修，東莞人。歲貢。陵水訓導遷。

慶遠知府黄世忠，崇安人。舉於鄉。

曹安，不知何許人。

郭玠，番禺人。

顧民喦，浙江人。進士。

張慎行，北直人。

宋鳳來，山東人。
鄭鳳儀、吴起元，皆不知何許人。
推官路之陛，字子臨，宜興人。副貢。
宜山知縣江必振，惠安人。天啓元年舉於鄉。
陳位，平壩人。選貢。
談經，都勻人。隆武元年舉於鄉。
王廷，不何許人。
譚廷啓，安順人。選貢。
天河知縣尹懋中，浙江人。
喻逢年，榮昌人。
陳大對，偏橋人。恩貢。
河池知州梁天成，肇慶廣寧人。選貢。
楊延嗣，廣西府人。崇禎六年舉於鄉。
林夢禎，字君祺，閩縣人。天啓七年舉於鄉。
田之璋，麻陽人。永曆中恩貢。

馮時顯，四川人。歲貢。

張瑔，四川人。太學生。

同知黎民忻，字建極，遵義人。選貢。七十親喪廬墓，卒年八十一。

思恩知縣彭岳齡，桂陽人。恩貢。入瑤峒。

劉先甲，北勝人。選貢。

荔波知縣羅公璇，南昌人。歲貢。

何德統，始興人。恩貢。

陳大縉，偏橋人。歲貢。

南寧知府王吉士，字鳳翥，安岳人。崇禎九年舉於鄉。湄潭教諭、思南推官遷。安撫遺黎，復銅鼓陂，凶不爲災。已以陳時政，忤權貴，致仕。

同知湯維岳，字山公，臨川人。崇禎三年舉於鄉。象山、南靖知縣，寇迫力拒遷。

通判解學皋，字淥水，興化人。歲貢。吴江訓導、澄邁知縣，建三門子城，以德化民遷。

薛明馨，茂名人。選貢。

推官趙廷獻，臨安人。

高仲賓，銅梁人。

李廷楷，新會人。副貢。
教授謝錫，高明人。弘光元年歲貢。
宣化知縣俞昌言，字禹聞，吴縣人。崇禎十三年特用。
吴思友，新會人。萬曆四十三年舉於鄉。
黄衷孚，平巂人。副貢。雅州知州謫。永曆五年降清。
阮韶庸，增城人。副貢。
吴瑄，增城人。崇禎十七年恩貢。
隆安知縣孫林，永嘉人。舉於鄉。遷雲南知州，未赴。
朱成濛、劉嘉胤、歐陽世慶、莫文選，不知何許人。
教諭黎天相，字吉夫，高明人。歲貢。鉛山訓導，修鵝湖書院擢。土官儂國奇破城免。
横州判官盧夏起，字嗣嶶，鍾祥人。選貢。
訓導區世英，高明人。隆武元年恩貢。
永淳知縣文成象，京山人。崇禎三年舉於鄉。
羅文解，字元美，連山人。選貢。南寧訓導擢通判。永曆初，上官檄剋期措二千石，無所出，乃集豪右激勸之，不三月，集解以應。諸帥冒功，多誣民下獄，鞫實釋之。會條陳不當意，謫。無何歸，與劉湘客、嚴伯龍野服入山。

新寧知州劉芳，字礎潤，奉新人。選貢。

王文林，雲南人。天啓七年舉於鄉。

曾陳詩，南海人。崇禎三年舉於鄉。

張曾全、朱勝元、羅大經、羅貴、楊佚然，不知何許人。

上思知州謝錩，英德人。恩貢。太平通判改。

王吉卿，京山人。選貢。

陳麟定，四川人。選貢。

思恩知府朱國玘，字炳垣，嚴州建德人。選貢。黎平推官遷。平隆安馬目仙亂。

許登進，武岡人。恩貢。

武緣知縣李昌裘，字冶公，高淳人。歲貢。崇明訓導，撫顧容遷。國亡授徒。

沈應節，仁和人。天啓四年舉於鄉。

賀懋敬，字山叔，丹陽人。萬曆三十七年舉於鄉。授寧陵知縣，破惠登相，改永福調。

岑漢翔，順德人。隆武二年舉天興鄉試。

黃宗濂，桂陽人。

太平知府李友梅，大理太和人。萬曆二十二年舉於鄉。

曹衢，攸縣人。隆武二年舉於鄉。卒官。子天球，字文我。太學生，隱。

通判何思華，字鑑滄，内江人。選貢。國亡，隱新繁。

教授柯日新，字銘吾，寶慶新化人。歲貢。卒年九十八。

崇善知縣劉祖謙，字懋節，永春人。選貢。聰明孝友，著書以老。

楊師武，江西人。舉於鄉。

顔爲邦，字宗謙，大田人。選貢。西安訓導擢。

左州知州應守聖，南直人。

養利知州陸銑，字孟㒞，嘗熟人。選貢。潯州推官遷。歸，永曆八年卒。

永康知州梁昌，香山人。天啓元年舉於鄉。藤縣知縣遷。

徐美，不知何許人。恩貢。

劉體仁，德慶人。歲貢。

上林知縣賀懋讓，丹陽人。

蔡萬俊，不知何許人。降清。

教諭蘇良臣，武緣人。恩貢。

又張繼曾，思南安化人。天啓七年舉於鄉。兵部户部主事，陞廣西知府。

俞情，字霽和，諸暨人。邵武同知調廣西，清起不應。

余元，馬平人。隆武元年舉於鄉。通判。

周承烈，字佑我，恭城人。副總兵改監紀通判，隱嘗家村。

劉士宏，字毅人，歙縣人。廣西通判，招瑶、壯有功。隱繁昌。

袁啓翼，平樂人。選貢，昭平教諭。永曆時廷試，遷推官，隱。

豐世一，武緣人。諸生。舉孝行，授來賓教諭，遷御營監紀推官。

陶涣，字堯章，長沙寧鄉人。崇禎九年舉於鄉。推官。

李楚章，江寧人。諸生。姐阮，弘光時選妃，未入宫而南京亡，清師至，歸孔有德，從入桂林。楚章訪。城破，被執。李定國試以文，立成，授知縣。定國徵賦，民避山中，見楚章張示，知王師至，爭出輸餉，不數月立得二千金。桂林再陷，歸。

劉之誼，清浪人。選貢。楊濬英，字海門，長沙寧鄉人。選貢。皆知縣。

羅補衮，衡山人。歲貢。判官。

龍之虬，字伯子，永新人。崇禎十七年歲貢。授兵部司務。何騰蛟大破清兵桂林，復全州，與職方員外郎胡邦靖，兵部司務黄維泰、方允昌、劉鉉，監軍僉事李大奎、范炳元，監紀通判龍伸乾，推官龍之虹，永州道監軍孫應、廖來，署鎮吴師棟，副總兵李一魁、劉瓊、陸樞，全永道中軍參將梁敦圻，興安守備栗濟權及陶鍾恒、唐萬鵬，俱有功，累官太僕少卿、廣西布政使。

永曆中，以副都御史巡撫廣西，駐慶遠，與楊鐘、周官、楊鑑日籌戰守。五年七月，清兵逼，募兵徵餉，無應者。之虬率殘兵二千，審視要害，濬濠築壘，爲死守計。城既圍，躬冒矢石，晝夜拒者四月。而桂、梧先陷，外援已絶，守將陳金舉開門爲内應，城陷被執，不屈死。教授金星降清。

方城未陷，或勸之虬去，之虬曰：「以死守城，分也。」引佩刀示志，賦絶命詩衣襟間，曰：「背君失節，敝體辱親。不忠不孝，賊子亂臣。我懷往哲，信國忠勤，危疆盡瘁，豈敢愛身。斷頭剖腹，庶幾古人。」之虬死，妻朱聞，曰：「吾夫得死所矣。」奮身墜崖死。柳人哀之，收屍合葬鵠耳山。

邦靖，安福人。選貢。易門知縣擢。

炳元，桂林永福人。選貢。歷徐聞知縣、瓊州同知、御史，從軍廣東。

鍾恒，全州人。崇禎十五年舉於鄉。萬鵬，字太沖，桂林興安人。隆武元年舉於鄉。

皆職方主事。弟萬齡，字太平，同年舉於鄉。從子元虞，字賀父。同年舉於鄉。陽山知縣轉同知。

鐘，字子辨，吉水人。崇禎十三年特用。從劉同升、楊廷麟軍，授監紀推官。間關謁奉天，遷職方主事。扈從象州，撫覃鳴珂亂。轉廣西道御史，侃侃直言。巡按廣西，會崇陽王擁亂民數萬稱監國，以大義折之，被拘數月，郝永忠至，得出。時何吾騶謀入相，倡科道糾之。吾騶一夕去。出爲僉事，晋太僕卿。慶遠陷，不屈死。

官，字百度，臨川人。諸生。從廷麟軍，累官兵部郎中。以檄募義兵從死。

鑑，字子治，吉水人。從鐘廣西，授職方主事。廣西陷，歸，入山終。

李用楫，字若濟，宜興人。崇禎十六年進士。授瓊州推官。中途聞北京變，或勸還，曰：「余受先帝命而委之，非臣節也。」乃與陳震祥之任。

甫下車，即杖逐劉醫生倚前任勢爲奸利者，士民稱快。瓊地多黎人。時有翁吉煽者，以訓導署臨高知縣，沈湎暴虐，厚責寶賂。黄德華合黎人符萬岡劫殺吉煽。事聞，當事議調兵剿之，用楫上言：「國步方艱，舍大敵而勤小醜，非策也；不若撫之，且可資爲我用。」即日赴峒口，召諸黎諭以禍福，且曰：「今日之衅，罪在翁尹。然爾等殺縣尹，不義。今我來活汝，止責首難者一二人而已。」黎人感泣羅拜，因諭之曰：「汝今從順，肯爲國家出力，且當大賚汝。」黎人戴德勒碑，後有軍役，無不樂從。

調肇慶，遷福建道御史，主試廣東，薦舉故吏陳公忠爲西寧典史。

昭宗即位，播遷靡定，用楫與張同居出入戎行，奔赴行在，累晋吏科給事中、禮科都給事中、太常少卿。永曆元年五月，命以一品服，偕潘琪奉敕封安南，宣諭德意，並結外援，擢太常卿。

時朝士各樹黨與，久之，復分吴、楚二黨。用楫主吴黨，與楚黨及御史廖應亨互訐。五虎專政，與吴貞毓劾之罷。

孫可望請王封，嚴起恒持不可，欲斬使以聲其罪。用楫力爭曰：「今日事當從其權，不能禁其不自王，而反激之，是又樹一敵也。不如封之，使恩出自上。」久之，其議始行。賀九儀害起恒而來拜於門。曰：「吾爲朝廷計，非私可望也，何謝爲？」用楫慷慨好言事，公忠孤立，日夜憂禍且不測。

五年，李明忠歿，貞毓疏薦以兵部右侍郎巡撫肇高廉雷瓊羅。時廣、韶、惠、潮盡陷，度有萬難支者，遂寄父母妻子於公忠，而獨赴任。六年春，耿繼茂來攻，力拒之。戰廉州青頭營，斬都司僉書李昌，數日勝負未決。總兵萬良、蔡奎、徐聞遊擊洪維新畔，告虚實，引之夜劫營，師遂潰。走靈山勞貞觀所，謂曰：「事無可爲，我惟當一死報國耳。」越宿，過八合墟，土官薛威鳳偵知之，將劫爲奇貨，不得越，仍歸勞氏。是夜，衣冠自沉園池死。

弟來，字我貽。少負異才。隆武二年選貢。授中書舍人，封藩廣西，遷職方主事。永曆三年，考選庶吉士，擢編修，出爲監軍僉事。肇慶失守，矢志恢復。李定國出師，監其軍，圍城躬冒矢石。七年七月，殉難德慶。來幼聘同邑吳，道梗不得迎。同官勸授室，曰：「國事至此，何以家爲？公等詎欲來全軀保妻子乎？」終不娶。卒年三十三。

族祖頎，字廷實。選貢。同用楫入粵，累官浙江道御史，遷僉都御史。坐安龍十八人之獄，慷慨賦絶命詞死，贈左副都御史。

震祥，字體元，武進人。以方正授儋州知州，平黎符元豪亂，遷安順同知，未行。永曆三年，清兵至，力請免屠。後卒於儋。

吉爔，永春人。歲貢。

同居，字如祖，鄒平人。萬鐘子。任太僕主簿，以户部主事管鳳陽倉，出爲澂江知府，調廉州。永曆四年，卒於官。弟實居，事別見。

當用楫主試廣東，取士九十六人：

廣州：黎國衡，字方侯。祁光復，以字行。冼友桃，字復剛。鄺裔，字厚樞。黃文英，字美英。何執中，字元亮，刑部主事。陸蟾客，字秋枝。

南海：梁湛然，字醒人。鄉試第一，講學里中，弟子千人。歐兆槐，字若虛。陳嘉惠，字掌禮。洗憲譽，字長貊。盧有觀，字子容。

番禺：黄有年，字永其。安化知縣。張裔達，字伯淇。禮部主事，主鶴峯書院。張賡颺，字君贊。梁廷球，字建人。黄甲，字失考。歐子虬，字康遇。博白教諭，興業知縣，城陷死。蘇家偉，以字行。麥成，字有夏。

順德：李子樸，字木生。卒年七十一。張侃，字伯穎。梁仞康，字伯簡。李夢嵩，字伯齡。余錦、李向明，字失考。程必焕，字文先。何偉如，字叔弘。盧翬，字子舒。潘柱臣，以字行。麥檽，字失考。黄開熙，以字行。朱浚基，字培君。陳養健，字穉行。劉琛，字失考。盧啓昆，以字行。岑漢翀，字失考。潘鳳飛，字彰翼。

東莞：洪穆霽，字藥倩。工部主事，博學多能。袁學海，字躍卿。鄧震，字文生。萬之泰，字介眉。丁邦楨，字善甫。張家玉疏薦，以廣州亡，未赴，憂憤卒。楊元甲，字鍾憲。張夢達，字子元。魏璜，字康居。麥爰魁，字揚尹。

從化：李象豐，以字行。

新寧：伍如璧，字崑奇。

增城：陳翼運，字昌國。

香山：高有馮，字仁長。爲園高泊。

新會：湯應捷，字元興。葉陽弼，字挹清。許泓，字汪若。樊應元，字長文，爲僧名今鷺，字月藏。蔣汾，字失考。葉高生，字馨圃。梁獻赤，字葵若。聶振奇，字荃弼。胡士哲，字吉人。勞之琦，字奇玉。陳士奇，字正夫。

三水：陸烜，字始然。陸鍾靈，以字行。

惠州：李嶙，字峻甫。林望春，字腴年。

歸善：張應樞，字薇仲。庾樓，字筠倩。淹貫經史百氏，下筆千言。翟祖佑，字顯申。

海豐：林耀先，字愧于。多才略，練鄉兵保里。

饒平：吕應恭，字君章。

大埔：鍾元運，字體元。

高要：陸鍾麟，以字行。行人。

新興：吕獻，字失考。崔振，字毓英。

高明：謝元晛。區昌應，以字行。謝一鵬，字飛九。

電白：鄭作霖，字蘇徯。

遂溪：彭鈺，字席之。家居教授，高、雷之士多出其門。徐聞：鄧元瑛，以字行。永曆元年，與子禧爲洪維新所害；禧同年舉於鄉。鍾聲繹，字仲宣。

瓊州：劉道生，以字行。符遴元，字膺綬。

東安：陳定一，字砥甫。

西寧：張國紳，字挺生。入清再舉。

程鄉：廖衷赤，字藎孟。食貧力學，詩多感愴。

又曲江：廖泮英。行人。

樂昌：李近霄，字彌高。隱居力學。

皆舉隆武二年天興鄉試。

恩平：黄雲，字孟徵。隆武元年副貢第一。

樂昌：蕭貞運。

新寧：李仁。

新會：唐臣忠。梁梓芳。容長庚，中書舍人。容南英，虞衡主事。

高明：呈敏穗。黎如璧。

皆隆武元年副貢。

順德：楊維弢。蘇夢吉。

東莞：盧通。祁禟。

皆隆武元年武舉。

張孝起，本名起，字將子，吴江人。崇禎三年舉於鄉。授廉州推官。永曆元年，清兵至，指揮張烈戰死。孝起走海隅，舉兵謀恢復，戰敗，妻史、妾楊投海死。孝起自經，被救，羈軍中久之。

李成棟反正，遷户科兵科給事中。清直介立，不畏强圉。與龍永明、方國祥、柯拂雲、謝贊運、李之喬、廖曇、喻荀龍、吕起泰從扈梧州。時劉湘客、丁時魁、金堡、蒙正發失李元胤援，並辭職，乃以孝起掌吏科印。高必正爲湘客鄉人，疾孝起排湘客黨，怒罵於朝，又嗾廖應亨劾孝起擅執朝政，排除異己。唐諴方居憂，亦疏入奏辨，孝起叱曰：「諴服未闋，何故擅入，今豈復官員日耶？」諴悚然退。孝起再疏劾必正，上爲解之始已。

六年春，擢副都御史巡撫高廉雷瓊。未至，四府已陷，乃入廉州山中依鄧耀。會周金湯移軍防城，耀疑其併己，攻之。孝起往來爲之遊説，耀不悦，遂依金湯。金湯敗，被執，逼薙髮，不從，不食七日死。

監軍副使郭光祖、吴人龍，知縣文振義，副總兵王邦友、黄魁、馬進忠、李光先先於五年自廉州降於清；總兵郭登第與馬應龍自羅定降。總兵寧武忠於四月以萬人攻廉州，李士元、冷雄傑屯玉峒山死。王翰、李人超自雷州降。

永明，湘陰人。歲貢。授岑溪知縣，明聽斷，清漕政。遷職方主事，以貴州道御史監兩粵軍。入山卒。

國祥，字仲旋，崑山人。天啓七年舉於鄉。歷電白知縣、肇慶同知、瓊州知府，平大盜莫二，陞廣東監軍副使。永曆中致仕。

拂雲，南海人。崇禎十二年舉於鄉。廣東監軍僉事。

贊運，陸川人。崇禎九年舉於鄉。吴川同知擢監軍僉事。

之喬，沅陵人。選貢。歷固原知州、南昌知府、思銅僉事，調廣東監軍。

曇，字解乙，大埔人。諸生。從吴六奇軍，授廣東監軍僉事。六奇降，歸隱。

荀龍，榮昌人。廣東監軍僉事。

起泰，新會人。廣東軍前監紀推官。

時廣東疆吏先後可紀者：

廣州知府宋應昇，字元九，奉新人。應星兄。萬曆四十三年舉於鄉。歷湘陰、恩平知縣，請以開平屯立縣，不許。自高州同知擢。歸，見頒清曆至，仰藥死。

沈耀辰，字君房，嘉興人。邵璜子。副貢。三水知縣，拒海寇，禽渠郭加正，陞歸。

通判祝守禧，字元錫，海寧人。恩貢。保守鄉里，戒子孫勿仕。

黄甲葵，邵武人。恩貢。歸隱。

推官陳經文，字徵白，建昌廣昌人。崇禎十六年進士。潮州推官，免課税，大埔盜起，捐奉拒守全城。監軍斬寇調，中道卒。

陳豐陛，字元藎，晋江人。崇禎三年舉於鄉。歷國子學録、高州推官，土酋韋翃鳴反攻城，力守拒之。署化州知州調。梁兆陽歸，昭宗命禽斬之，市民呼「陳佛」降清。

教諭林待聘，海康人。隆武二年選貢。

訓導羅光廷，四會人。恩貢。

李日大，始興人。隆武元年副貢。

南海知縣許高崑，晋江人。崇禎十五年舉於鄉。

江議，古田人。隆武二年舉天興鄉試。

訓導丘士嶠，平遠人。崇禎十七年歲貢。

番禺訓導周士貴，羅定東安人。崇禎十七年歲貢。

順德知縣蔡枬，南安人。崇禎六年舉於鄉。

陣嘉猷，福建人。降清。

陳尚賢，隆安人。

教諭余鼎藩，程鄉人。弘光元年選貢。

東莞知縣嚴爾琮，歸安人。爾珪弟。崇禎十六年進士。撫巨寇。

余國經，閩縣人。隆武二年冬，降清。

淩甲，不知何許人。與城守徐扶九撫民。

新安知縣孫文奎，紹興山陰人。萬曆四十六年舉於鄉。

楊昌，四川人。舉於鄉。

三水知縣李振奇，字平甫，米脂人。選貢。寇至力守全城。崇禎十七年五月，創發卒。

張德溥，雲南人。歲貢。

羅儀則，字無美，南昌人。崇禎十三年特用。開文明門，建青雲路、大路隄。

李宏名，仁和人。崇禎十五年舉於鄉。

柳宗，賀縣人。從戎柳州水師營，以殺敵爲王之臣所重。

楊一龍，浙江人。恩貢。走。

訓導劉渾成，高明人。弘光元年歲貢。

增城知縣黃明衮，不知何許人。隆武二年八月赴省。龍門寇袁勝祥攻城，教諭郭衛磐固守六日斬之。明衮降清。

郭衛磐，晉江人。崇禎十二年舉於鄉。

孫繼登，青陽人。天啓元年舉於鄉。永曆四年正月降清。

龍門知縣林學增，不知何許人。

香山知縣劉起鳳，不知何許人。降清。

羅明夔，雲南人。崇禎十二年鄉試第一。鎮平海康知縣調。禁胡蔓草之禍。

新會知縣黃灝中，晉江人。鳳翔子。崇禎九年舉於鄉。

萬興明，南昌人。舉於鄉。皆降清。

楊美開，南直人。

訓導王性，字生之，安福人。選貢。隱東山。卒年七十九。

新寧知縣陳其時，嘗山人。崇禎十三年特用。

羅鍾胤，宣城人。天啓四年舉於鄉。卒。

朱光熙，字澹明，紹興山陰人。崇禎七年進士。授南海知縣，盤古峒寇亂，轉餉給軍，兵民安堵。諸誣良下獄者，皆寬免。立各海口水柵。會大水振，建圩隄，修三水、峽路基圍。改新會，斬關逢三，調。

莊鯤化，不知何許人。爲葛登標所劫。

張大勳，侯官人。歲貢。

謝倫，羅城人。隆武元年舉於鄉。

從化知縣劉秉樞，泰和人。恩貢。

季奕聲，義烏人。選貢。授新興知縣。永曆元年正月十九日走，典史陳桂芳、舉人麥安降清。李成棟反正，起。五年，降清。

訓導鄧承芳，高明人。永曆元年歲貢。

清遠知縣吴應旻，桐鄉人。萬曆四十三年舉於鄉。

沈濂，不知何許人。

饒霦，南昌人。

方孔一，桐城人。

教諭嚴初旦，高明人。隆武二年歲貢。

連州知州饒瑋，銅仁人。崇禎三年舉於鄉。

張體仁，字元夫，新喻人。天啓元年舉於鄉。從化教諭，卻炭例數百金，陞。

竇必勝，宛平人。爲僧佛山，名性嶽。

陽山知縣李一白，江寧人。天啓七年舉於鄉，多惠政。

任太初，石樓人。隆武元年任。

連山知縣陳熙廷，嚴州建德人。天啓元年舉於鄉。

郭璘琮，字爾黼，晋江人。崇禎九年舉於鄉。入山。

張聖型，字子疇，寶慶新化人。恩貢。廣州再陷，隱三江口，洪承疇徵，不赴。不入城市二十年卒。兄聖垣、聖陛。聖陛，字九儀。工詩，去諸生。弟聖域，別見。

教諭何子穎，翁源人。隆武二年選貢。

肇慶知府張瑀，豐城人。舉於鄉。爲人公正。

孫國枬，夔州東鄉人。舉於鄉。景寧知縣擢。

柳鍾奇，富川人。崇禎十二年舉於鄉。

范圍中，字宏夫，廬陵人。天啓七年舉於鄉。歷餘干教諭、國子博士、翰林待詔、虞衡主事、郎中陞。

劉應璧，安福人。崇禎九年舉於鄉。

潘繼洙，黔陽人。

郁文初，字彬如，蘄州人。恩貢。授長泰知縣，浚濠建城，實糧制器，募壯丁城守。遷漳州同知，調韶州知府，徵輸轉運，兵實足而民不病。改高州，擢肇慶府尹。入仁化山中。

通判史延旭，晉江人。大學士繼偕子，任子。南京工部員外郎擢。

蔡潤，星子人。選貢。

宋鳳彩，不知何許人。

陳燧，浙江人。

教授蔡雨潤，番禺人。弘光元年選貢。

高要知縣張源思，字睿衷，海鹽人。崇禎四年進士。

吴聖錫，字士宣，莆田人。天啓四年舉於鄉。

林藩，福建人。選貢。

教諭高冠，字方山，常熟人。從瞿式耜軍。隱。

高明知縣徐中元，字元子，莆田人。

陶履祥，秀水人。選貢。隆武二年任。

四會知縣林維經，閩縣人。

訓導梁國柱，番禺人。弘光元年歲貢。

新興知縣朱稷，字南圖，仁和人。崇禎十三年特用。

教諭張琇，永曆四年十一月，與將賴廷正降清。

訓導王臣丹，字葵羲，晋江人。考選。

開平知縣任士昌，不知何許人。

宋光年，福建人。選貢。降清。

陽春知縣程禹仲，閩縣人。選貢。

陽江知縣劉豸徵，閩縣人。歲貢。

饒章，不知何許人。成楝反正後授。

恩平知縣鍾彦綱，賀縣人。崇禎九年舉於鄉。

蔡宏道，容縣人。舉於鄉。

甄希聖，會昌人。

德慶知州吴起元，同安人。天啓四年舉於鄉。降清。

封川知縣孫徵奎，不知何許人。舉於鄉。

林泰昌，莆田人。

程正範，孝感人。歲貢。

開建知縣龔奕振，建安人。崇禎十五年舉於鄉。

陳有隆，浙江人。舉於鄉。

吴之儀，不知何許人。

韶州知府黄錕，不知何許人。舉於鄉。

劉世豸，雄縣人。崇禎十五年舉於鄉。

卜萬祺，秀水人。天啓元年舉於鄉。

李士震，字崑來，富順人。萬曆三十七年舉於鄉。麻陽翁源知縣陞。廣東再陷，死難。子瑞鶴，别見。

同知許元庸，字世響，同安人。樂昌知縣陞。廣州再陷，降清。

通判趙之球，衡山人。副貢。督餉監軍，署英德、乳源、仁化。憂歸。

推官林翰沖，漳浦人。崇禎十三年進士。

李邦英，字仲畏，吉水人。尚書邦華弟。歲貢。歷峽江訓導、曲靖推官，平反卻羡千金。從邦華勤王調。爲政平恕。隆武二年死難。妻賴抱屍哭死。弟邦藻、邦蔚，以文名。

羅光國，字華廷，嘉禾人。選貢。以大年終。

教授林應選，字五標，惠來人。歲貢。歸。子爾張，字四維。歲貢。歷天柱知縣，桂陽、靖州知州。降清死。

曲江知縣余士宏，南城人。歲貢。

教諭楊芬，字蓮幕，昆明人。歲貢。杜門。

樂昌知縣丁檝，晉江人。選貢。翁源知縣調，降清。

張昌運，不知何許人。舉於鄉。

英德知縣應守性，温州平陽人。崇禎三年舉於鄉。乳源知縣調。

鄭東璧，晉江人。天啓元年舉於鄉。

教諭馮汝吉，雩都人。

仁化知縣楊憲卿，平江人。選貢。遷義寧知州。

趙鏡，字呦仲，紹興山陰人。恩貢。長樂教諭遷。上書祁彪佳。萬元吉命索蕭琦餉銀箭。

郝尚久至，措三千金去，民免焚劫。國亡，歸，卒年八十二。

訓導李舒華，字履素，廬陵人。歲貢。

乳源知縣姚張斕，金谿人。崇禎十三年特用。

束朝綱，復州人。舉於鄉。
鄧永乾，字希旋，瑞金人。隆武元年選貢。任甫一月，而清兵至。
何卓然，字立仲，崑山人。歲貢。
翁源知縣唐天則，莆田人。崇禎三年舉於鄉。
康穀，字莆田，泰和人。選貢。隱。
訓導潘邁，羅定東安人。隆武二年恩貢。
南雄知府吴開胤，無爲人。官生。有恩威。
伍堣，字君號，清流人。崇禎十三年特用。授刑部主事。適議大辟案，當事受賕鬻獄，持不可，且上聞。中傷，罷。起員外郎。出爲雷州知府，調。奉外不染。歸止存五錢。
陳計安，涪州人。天啓四年舉於鄉。貴溪知縣改。
同知林一奇，字拙若，海澄人。七歲童試，商周祚命對「七歲神童」，應聲曰：「萬曆皇帝。」周祚色動。萬曆三十一年舉於鄉。青浦教諭、國子學録陞。國亡，日祈死。卒年八十。
李士騏，吉安龍泉人。崇禎十七年恩貢。歷職方主事、惠州推官遷。降清。
通判蔣守益，閩縣人。恩生。
推官黄廷才，字辛陽，泗州人。崇禎十三年進士。杜門。

陳善，閩縣人。崇禎十二年舉於鄉。

蕭鳴鸞，衡陽人。選貢。

教授陳祝，字華三，和平人。崇禎十七年歲貢。

保昌知縣花文炓，江西人。選貢。

馬三禮，邵陽人。恩貢。

教諭廖維大，翁源人。永曆二年恩貢。

訓導謝錫元，平遠人。隆武二年歲貢。

始興知縣鮑叔裔，歙縣人。舉於鄉。隱忠誠。

教諭汪堯德，不知何許人。降清。

惠州知府張廷綱，宣城人。尚書守道子，任子。

王逢年，字台承，上海人。恩貢。

秦廷獻，曲沃人。副貢。

林崇孚，字永中，福清人。隆武二年舉天興鄉試。大祲粥振，多全活。降清。

通判葉上苑，澧州人。

汪國瞻，六合人。恩貢。興寧知縣遷。

王世珂，字鳴仲，永春人。選貢。
推官鮑文宏，字士可，浮梁人。崇禎十三年進士。平寇。卒年七十六。
訓導范軾，字載瞻，壽寧人。弘光元年選貢。
歸善知縣張化成，字止文，江陵人。太學生。歲飢捐振，瘞骨萬計。卒年七十三。
張炅，大興人。選貢。
黃家時，程鄉人。永曆三年歲貢。
教諭江勁，番禺人。弘光元年歲貢。
博羅知縣鍾天斗，長寧人。恩貢。
劉應璧，荆門人。崇禎九年舉於鄉。
長寧知縣陳邦簡，石埭人。崇禎十五年舉於鄉。
范體仁，字長卿，高安人。選貢。
教諭歐陽蘇，翁源人。隆武二年選貢。
永安知縣侯啓御，四川人。封川知縣調。
教諭羅萬俊，興寧人。崇禎十七年選貢。
海豐知縣馮異，不知何許人。隆武二年十二月降清。

長樂知縣胡長庚，縉雲人。副貢。
王聯芳，江西人。吏員。
興寧知縣莊應詔，字宣侯，武進人。副貢。降清。
蔣恒奇，全州人。崇禎三年舉於鄉。
王舟瑶，餘杭人。崇禎十五年舉於鄉。
連平知州羅拱極，南昌人。崇禎十五年舉於鄉。
河源知縣温明登，字宜侯，晋江人。崇禎六年舉於鄉。
和平知縣劉克旋，福建人。恩貢。永曆元年任。
王臣賡，不知何許人。二年任。
施有恒，丹徒人。天啓元年舉於鄉。
李可培，玉田人。崇禎十二年舉於鄉。
潮州知府黄夢麒，字子申，福清人。副貢。
楊錦線，晋江人。選貢。
馬之駿，河間人。選貢。
單興印，紫陽人。恩貢。

傅國俊，南安人。舉於鄉。

朱家瑞，蘭陽人。選貢。

王奠民，淮安山陽人。恩貢。

同知黄中澹，字元嘗，建昌廣昌人。選貢。潮州通判遷。守拒黄海如。大祲振活萬人。歸。辜朝薦薦福建鹽運使，民留任。招海如畔。

通判唐元弼，烏程人。選貢。

推官趙申謨，惠安人。崇禎九年舉於鄉。揭陽知縣遷。

游正中，不知何許人。

教授鍾萬瑞，乳源人。隆武二年歲貢。

潮陽知縣竇文炤，嘉興人。有惠政。

程鄉知縣鄭鳴瑜，字兆基，莆田人。崇禎九年舉於鄉。家玉疏薦。

饒平知縣李春華，字邦偉，莆田人。崇禎十三年特用。

惠來知縣沈惟煌，字美季，孝感人。歲貢。有進荔枝者，啓之，皆黄白金，曰：「誤矣！夫豈不知沈季子不可市乎？」立卻之。後殉於化州。

龔燿，不知何許人。

吴希點，字樂真，慶元人。恩貢。連城知縣調。卒官。
鎮平知縣郭如珩，奉節人。舉於鄉。遷知州。
典史唐有章，字世勛，莆田人。隆武元年歲貢。隱。
大埔知縣王錫恩，字日忠，惠安人。崇禎十三年特用。
馬一傑，不知何許人。炤磨署。負才名。
平遠知縣衷仲孺，字稺生，崇安人。工詩。
王聘臣，字起莘，西充人。舉於鄉。
普寧知縣樊尚成，字亦思，南昌人。崇禎十二年舉於鄉。
教諭謝光翰，字仲昌，東莞人。萬曆三十四年舉於鄉。國亡，久之卒。
澄海知縣劉珙，滋陽人。選貢。寇變走。
梁高登，蒼梧人。天啓七年舉於鄉。
教諭曾家祥，博羅人。選貢。走。
訓導林芝秀，高明人。隆武二年歲貢。
高州知府王佐，河陽人。崇禎三年舉於鄉。歸化知縣遷。
同知陳位中，福建人。

顧元，字體仁，仙遊人。一門死亂。

林悦仁，字長卿，侯官人。選貢。

孫維翰，不知何許人。永曆二年任。

推官林彩，不知何許人。

教授江介，番禺人。隆武二年歲貢。

茂名知縣段國紀，南平人。崇禎十五年舉於鄉。

郭焆，福建人。

王廷相，英德人。歲貢。

電白知縣詹彌高，字卓爾，上杭人。崇禎三年舉於鄉。永曆元年二月，與參將劉正學降清。歸偕永定盧日就、長汀沈士鑑遊。

馬宗乾，紹興山陰人。

張天粹，武岡人。天啓七年舉於鄉。

化州知州熊鳴渭，會同人。歲貢。東安知縣陞。

鄧天任，不知何許人。廣州再陷，降清。

吴川知縣王協卜，閩縣人。天啓四年舉於鄉。降清。

韓甲，不知何許人。永曆元年任。

賴此存，不知何許人。二年春任。八月，爲林察迫死。

李天秩，不知何許人。二年任。

蔣堯勳，尤溪人。崇禎六年舉於鄉。

王景熙，不知何許人。

石城知縣蕭洪曜，江西人。選貢。

郭作新，福清人。恩貢。

王時熙，建寧人。

黎朝臣，番禺人。

訓導藍守栩，大埔人。歲貢。

劉伯瑨，江西人。

雷州知府李之華，祁門人。萬曆二十五年舉於鄉。

同知吴調陽，丹徒人。副貢。

李子章，光澤人。恩貢。

遂溪知縣彭應榮，桂林永福人。選貢。

教諭黃上參，四會人。恩貢。卒年八十。

徐聞知縣楊文芑，湖廣人。選貢。

廉州知府林轉亨，字宏標，南安人。崇禎十三年特用。刑部主事陞。博學通經。

推官洪士弘，晉江人。尚書啓睿孫，崇禎六年舉於鄉。

王良弼，永嘉人。

胡繼武，字仲繩，歙縣人。崇禎十七年恩貢。

合浦教諭陳啓泰，字子亨，和平人。歲貢。

欽州知州周瑾，字玉芝，永明人。舉於鄉。鎮江通判遷。

靈山知縣陳昖，太湖人。選貢。

趙仲衍，永嘉人。

瓊州知府陳龍可，字蛩潛，晉江人。天啓二年進士。授户部主事，榷淮安。遷員外郎陞。

修學課士。

李春蓁，棗陽人。崇禎十二年舉於鄉。鳳陽同知陞。

吴延亮，晉江人。崇禎十三年特用。

蔡嗣芳，字懋中，臨海人。選貢。茘波、海陽知縣陞。降清。

同知戴文衛，字季貞，建昌人。恩貢。長沙通判，平天王寺寇，楊嗣昌倚之，羅買舟至夷陵，連檣不匱，士無脱巾。改化州同知陞。

李先春，湄潭人。崇禎三年舉於鄉。瓊州通判、荆州同知調。

推官周鼎新，字仍美，崑山人。萬曆三十四年舉於鄉。麗水知縣陞。

謝君顯，上虞人，選貢。

經歷曾廷掄，福建人。太學生。署會同。

教授蕭俊文，字去勝，始興人。選貢。歸，不入城市。卒年八十七。

瓊山知縣何之梅，蒼梧人。崇禎十五年舉於鄉。忤上官去。

教諭薛天瑛，字季瑜，順德人。歲貢。清兵至，亂民劫官舍，獨戒不入。清將察其廉，命還故官。曰：「嫠也未期而醮，人賤之矣。」乃歸。卒年九十。子起晋，字君翔。諸生。從隱。卒年八十五。

澄邁知縣何其義，字亮卿，福清人。選貢。

縣丞張京胤，詔安人。歲貢。署會同知縣。

典史孫起鳳，不知何許人。單騎定亂。

臨高知縣歐陽守元，盧陵人。

蒙克悌，字恭先，北流人。副貢。永曆四年四月授，五年四月去。六年正月復任，八月去。

杜門讀易，當事請謁，不見。卒年八十三。

樂會知縣王懷仁，夔州新寧人。選貢。

趙我馮，平越人。選貢。

儋州知州劉道生，福建人。

曹穎洙，浙江人。

梁宏建，全州人。萬曆三十一年舉於鄉。

何操敬，隨州人。歲貢。

昌化知縣黃立修，龍溪人。舉於鄉。安岳知縣調。

訓導黃鼎元，澄海人。崇禎十七年歲貢。

萬州知州董功懋，全州人。舉於鄉。

楊論，臨桂人。崇禎十二年舉於鄉。

陵水知縣楊六府，字浩生，平湖人。舉於鄉。陸懷玉薦賢良，勸農重學，平黎吳春盤亂。巡按薦真儒。歸。

潘瀾，桐城人。

陳國訓，字御屏，晉寧人。崇禎六年舉於鄉。奉化知縣，平胡乘龍。忤當事調。

崖州知州丁家進，福建人。舉於鄉。

鍾麟蛟，昭平人。崇禎三年舉於鄉。感恩知縣遷。

感恩知縣陳文明，桂平人。選貢。

林濬，閩縣人。舉於鄉。

唐修，全州人。舉於鄉。

羅定知州鄒德淇，字次竹，安福人。崇禎十三年特用。教化變俗。

東安知縣李文芳，桐城人。選貢。新興知縣調。降清。

吴壽雷，南城人。選貢。江山高明知縣調。

蘇兆元，福寧人。崇禎十五年舉於鄉。

教諭許國猷，長洲人。諸生。入陽春陽江山中卒。

訓導陳所養，遂溪人。歲貢。

西寧知縣彭法古，婺川人。崇禎十二年舉於鄉。彭水知縣調。遷車駕主事。

樞高巡簡沈日新，字銘齋，桐鄉人。解米南直，道出九江，遇左夢庚兵，歸。

又王師夔，南城人。崇禎十五年舉於鄉，知府。

潘一駒，歙縣人。通判。詩文自娛。

姚翁，字拂塵，平遠人。選貢。知州。授經。

林炤，番禺人。崇禎十二年舉於鄉。平山知縣陞知州。

項承爵，字從之，新建人。諸生。推官。痛哭入山。

李士琮，字宗玉，吉安龍泉人。例貢。推官。

李當貴，番禺人。崇禎十二年舉於鄉。羅鉅璘，番禺人。崇禎十五年舉於鄉。吴如祈，番禺人。崇禎十五年舉於鄉。唐之夔，湄潭人。隆武元年舉於鄉。鄭龍光，大田人。選貢。皆知縣。

歐陽思釗，字介庵，泰和人。恩貢，教諭。隱蜀江洲。

黄基固，字九鼎，桐柏人。恩貢。授蒲臺縣丞，遷長寧知縣，調信豐。剛決精明。昭宗即位，擢湖廣道御史，巡按高廉。清兵至，與洪天擢力守雷州，不支走。尋再攻雷敗績，監紀推官吴起陽、陳志，大總李子蒙，二總陳興元戰死。隆武二年十二月，基固被執死。

喻萃慶，榮昌人。舉於鄉。授遂溪知縣，勤於撫字。累遷監軍僉事。從基固攻雷州被執，與楊、張、閻三將同死。

曹叔白，字少青，莆田人。恩貢。自石城知縣遷廉州同知。城陷，與弟諸生叔鎮及母嫂十餘人火死。

費長統，字霍山，鉛山人。恩貢。雷州推官。城陷死。

時廣東司道之可紀者：

吴逢翔，字田年，晋江人。崇禎元年進士。授長沙知縣，改歸善。政平無留牘，崇尚古學，諸生以古文質者庭滿。遷刑部浙江司主事，歷員外郎、金華知府。藍客亂，當事欲兵之，躬諭禍福皆散，誅魁餘宥，全活四千人。陞嶺西參政歸。卒年八十。

李思萱，不知何許人。嶺西參議。永曆二年任。

黄陞，不知何許人。四年十二月，以車駕郎中擢嶺西參議。

封維翰，字大宗，容縣人。崇禎六年舉於卿。授宜黄知縣。南京亡，奉益王由本起兵。隆武元年九月十九日復城，斬知縣馬玄錫。遷監軍御史，改副使，擢羅定參議，招兵守土。卒年七十四。

葉天陛，莆田人。萬曆四十四年進士。廣信知府，累擢羅定參政。

吕之節，字次公，龍遊人。天啓元年舉於鄉。授廣州同知，有捕盗功。歷高州知府、嶺西、嶺南參政，與守備順德周隆平寇。爲政機警，民得安堵。歸，卒年七十四。

李繼祚，安溪人。崇禎九年舉於鄉。嶺東副使。

吴孩存，字名選，湖口人。選貢。歷龍陽知縣。紹宗立，遷河南道御史。出爲韶州知府、嶺東僉事，卒官。

衛淇，字菉園，東莞人。崇禎十年進士。嶺西副使。

金鼎彝，字孟秋，安仁人。選貢。曲江知縣王孫蘭殉，請虔兵度郴、桂攻寇防守，諭降黄村土寇。歷工部主事、嶺南副使。隱仁化茅坪，國亡後歸。

鄒允鵬，新淦人。貢監。海北僉事。

黄兆穰，晋江人。大學士克纘孫。任韶州知府，遷嶺西參議。廣州陷後，連結山寨，通表行在。永曆二年春，與知縣賴此存招山寨兵守吴川。歲大飢，石穀一兩，雹白以人易米，人值米二三斗，飢死者枕籍。吴川縣兆穰通商貿易，艚舟貿米，出銀萬餘振民。李成棟反正，李明忠與兆穰不合。龍泉劍投閻可義，説兆穰割據。九月，可義至吴川，執兆穰、吴士振、陳其素弟珽，兵死數千人。兆穰得脱，五年，起海南副使。六年，從杜永和降清。

伍兆元，臨川人。選貢。海南僉事。

張于衡，字賓于，金谿人。崇禎九年舉於鄉。授定南知縣，調石城，遷忠誠推官。福京亡，入山。金聲桓反正，入龍南繳清令印，擢嶺北參議，改南韶副使。國亡，隱二十餘年卒。

施應選，灊山人。選貢。廣州經歷，累陞僉事。

吴德操，字鑑在，桐城人。諸生。授長汀知縣，遷職方主事，轉大理丞。永曆時，與職方主事陳夢甲從何騰蛟全桂林，調河南道御史。劉承胤劫駕幸奉天，與劉湘客疏請還蹕桂林。已巡按廣西，兼督學政。陳邦傅自稱「世守」，下檄朱判如屬吏，德操笞持檄者，馳疏奉聞，上釋勿問。桂林陷，被執不受官，盡其橐中裝以免。卒。

族人國瓚，字中黄。隨德操廣西。焦璉薦南寧監紀推官。上疏言時政四事歸。

用鈐，字士衡。任内閣中書。

顧之俊，字仲容，吴江人。崇禎十六年進士。授奉化知縣。錢肅樂倡義，首以兵餉應之。紹宗遷浙江道御史，巡按江西。監國魯王入閩，召故官。鄭彩專政，上疏劾之。閩亡入粤，改廣東道，著剛直聲。李成棟反正，隨駕，上天地人三策、水火藥三用。巡按廣東。後卒於肇慶。

時廣西司道之可紀者：

沈閎中，字季彪，嘉善人。選貢。自郴州知州，累遷廣西布政使。從瞿式耜守桂林有功。桂林陷，被執。

蔣克達，字非聞，普安人。崇禎十三年特用，授桐廬知縣。永曆元年七月，以監軍御史聯絡滇黔。李定國復桂林，擢廣西布政使。城陷走，爲孫可望杖死。

喻琦慶，字景韓，榮昌人。副貢。授建昌知縣，有治劇才。調南豐，累陞桂平參政。從式耜城守，擢廣西按察使，以風操稱。卒官。

徐定國，南陵人。萬曆四十六年武舉。授懷集丞。梧州陷，入山，誓不薙髮。永曆元年七月，起兵復懷集。定國復桂林，超擢廣西按察使。

鄧天錫，字培生，湘鄉人。歲貢。歷揭陽典史、象州同知、監軍僉事、廣西督糧參政。

鄭國藩，繁昌人。歷金谿主簿、桂林通判。從式耜城守，終廣西督糧參政。國亡，居紫雲峯，以詩酒終。

劉江，字源岷，洪雅人。萬曆十九年舉於鄉。桂林知府，陞桂平參政。

張美中，字孟文，丹徒人。選貢。自潯州推官，累陞桂平參議。

饒元璘，字因璞，進賢人。尚書景暉子。任梧州知府，遷蒼梧參政。

劉嗣寬，不知何許人。蒼梧參議。

宣廷試，字逢泰，蒙化人。崇禎六年舉於鄉。歷密雲知縣、刑部主事、左江參政兼督學政。國亡，爲僧五印山。戒子孫不仕。弟廷賓，字逢盛。選貢。興化推官。爲僧。嘗曰：

「死得書石大明文林郎足已。」

方象乾，字廣野，本名若節，字聖則，桐城人。太僕卿大美子，恩貢。左光斗逮，千金爲治裝。授黄州通判，贊畫鳳督軍。以執劉超功，遷高州同知，轉知府。隆武元年八月，王之吉亂，攻城，斬之。九月，狼總韋翅鳴攻城，與參將孫維翰破之，斬千餘級。十一月，翅鳴伏誅。調廣州，累轉左江參議，瑶壯化服。後降於清。

區龍禎，順德人。萬曆三十八年進士。簡討，右江參政。

蔡之駿，字遇伯，攸縣人。選貢。右江參政，著政績。國亡，隱四十年。卒年九十二。

李調鼎，弋陽人。萬曆四十年舉於鄉。右江參議。

黄士玳，晋江人。崇禎十六年進士。禮部主事，累遷廣西督學副使、右江參議。

黄臣虎，字癡侯，桂林義寧人。崇禎十二年武舉。歷兵部主事、員外郎、武庫郎中、府江副使。桂林陷，依焦璉。

謝芝蘭，邵陽人。府江僉事。

魏元翼，晋江人。天啓四年舉於鄉。歷石埭知縣、永寧知州、工部主事、桂林副使，以墨爲式耜劾罷。降清。

劉振秀，臨桂人。副貢。授廉州通判，擊敗山寇。遷雲州知州，以清敏擢桂林副使。

馬良遠，不知何許人。桂林知府，管靖江府長史，遷桂林僉事。

高達，不知何許人。桂林僉事。

顏可及，陽山人。恩貢。蘇州同知，累遷蒼梧副使。

張一成，東莞人。舉於鄉。左江副使。

徐以暹，字赤海，銅仁人。崇禎九年舉於鄉。歷平遠、潮陽、封川知縣，肇羅僉事、左江副使，調桂林。劾黄朝宣、劉承胤。國亡，隱茶園山，卒年九十四。

劉焜，永春人。選貢。歷義寧知縣、尋甸同知、左江僉事。

謝天禄，英德人。恩貢。浪穹知縣、順寧通判，累遷右江副使。子錩，恩貢。上思知州。

許國智，武岡人。右江僉事。

孫繼禹，字允如，確山人。崇禎十七年功貢。右江副使。降清。

袁立俊，字遜萬，東莞人。歲貢。隆武時入閩，在蘇觀生、陳際泰幕。昭宗即位，授宣化教諭，遷太平通判。妖賊起，流毒南、太等州，築屯堡以守，賊遁去。陳邦傅督餉，按户科斂，將釀大變，急命州官巡防，力請罷科派，民始安堵。

永曆二年，安南莫敬耀圍永康，經月不下。十二月八日，陷養利，學正華白滋一門與知州程甲死難，道無人煙。巡撫王菁特疏薦立俊爲知州。三年涖任，安集蠲租，免徭役，寘巨棍於法，境内以寧。敬耀再圍永康，兵民力拒，夷退舊縣。

御史廖應亨使滇，道州，檄取役夫，力陳困苦，批還其牘曰：「鄭圖可繪，賈涕長流。該州撫此殘疆，用心良苦。但滇南請封，安危呼吸。與其一路哭，何如一家哭也。」不得已，捐資雇役以應。應亨召致勞，贈玉帶一圍。後見菁曰：「袁牧知有百姓，不知有上官，今日難再見也。」

已流寇四起，有巨寇自署其巢曰「團京」，設官恣焚掠。立俊會剿，禽總兵知府，斬獲無算。以功加僉事。五年秋，羅陽土縣目黄國安再攻永康。

未幾，立俊父艱歸。時故里已陷，閉户著書，不入城市，清聘不就。與族人普類隱居，卒年七十八。

白滋，字紫梁，無錫人。歲貢。遷南寧教授，未行。城守十餘日，衣冠坐明倫堂。妾姜殺其三歲子從死。子絖，自里歸葬，爲僧。

同時梁崇廷，字伯晶，順德人。天啓元年舉於鄉。自政和知縣，累遷平樂知府、左江副使。靖江王亨嘉徵兵，崇廷不屈。有欲奪其章者曰：「余官受自先帝，此印豈輕假人耶？」堅守孤城，卒無如之何。昭宗立，加二品服。以病歸。與兄在廷林居詩酒卒。在廷，字伯仰。萬曆二十二年舉於鄉。賀縣知縣遷叙州通判。

王道光，字羅霽，宜春人。崇禎三年舉於鄉。授太和知縣。永曆時，累擢廉州副使，加太僕卿。七年二月，清兵至，與李鍾瑛、周騰鳳、喻虬、廖魯男、盧延震、王禮傳、曾仲弘、黄履全、黄文鎮、盧升德、鍾廷耀皆被執不屈死。

鍾瑛，不知何許人。職方主事。

騰鳳，字應時，靈山人。選貢。河南知縣，遷蘇州知府，中道憂歸。隆武時，起漳州，未赴。昭宗立，擢海北僉事。

虬，監軍御史。魯男，監紀推官；延震，合浦知縣；禮傳，合浦縣丞；仲弘、履全，總兵；文鎮，副總兵；升德，守備；藉貫皆不詳。

廷耀，字二含，桐鄉人。掾吏。靈山丞，亦不屈死。

贊曰：臺、鼒、立俊，守令之器，膺封疆之寄，材輇任重，無補大局，宜已。之虬、用楫、孝起、基固、道光，受命倉卒，展布無聞，獨能志堅化碧，不惜一死，與回面改向、速如反掌者，不幾天壤相去哉！德操夙著風棱，行朝景仰，而晚節不終，時論惜焉。

南明史卷六十三

列傳第三十九

無錫錢海岳撰

興麟　李之芳　周大啟　王者友　楊嗣震　熊溵　郭奎光　關士琳　楊宗孟　張冕　羅國瓛　焦潤生
等　夏衍虞　朱服遠　李滋白　吴正心　徐維藩　徐宏泰　李鳳鳴　饒必籙　劉守君　廖俊功　林鍾
張嘉運　王景　鄭劭　鄭觀光　簡高　盧錦心　陳達道　孔元德　劉中磯　侯協恭　何龍禎　羅應台
羅孟斗　喻符慶　羅標等　張五瑞　夏啟龍　周應遇　楊先芳等　何圖呈等　陳彌高　張柔嘉　胡雲龍
譚道開　趙珣　程鳳　萬嗣達　尹先覺　史纘烈　孟紹孔　姚化龍　彭夢鶴　高梁楹　竇紹仁　廖含
弘　冷文熚　張耀　郭九圍　朱茂時　唐從悌　廖維仁　魯舜中　喻守先　李試　李之華　李時秀
鄒之瑾　敖惟詮　徐謙　萬夫望　朱昌任　余鷴翔　李思睿　李瑞鶴等　徐可汲　張士龍　王璠　劉三
德　陳計大　劉鴻業　趙得璋　曹學易　張明輔等　喻時龍　胡時　龔三汲等　倪永壽　曹天錫　萬鵾
黎民望　徐保泰　龍時躍　侯思恭　劉世龍　朱國祀　張珣　魏士沖等　張君聖　楊整綱　傅廷峯
任熙　張勉行　李正華　唐思琓　金之鎔　周希貴　李頫　談亮　胥達　曾啟益　蘇九河　張鎔　劉昭
姚大統　胡國璉　林致禮　徐廷綬　譚文隆　吴琰　郭之翰　劉安坤　張應井　黃有年　祁州持　奚
佳棟　莫如龍　湯仁洽　江爾發　朱士琨　倪大煥　孫玉潤　董孚毓　嚴予自　李自奇　楊之鵠　李紹
沅　申公偉　方時吉　陳虞熙　王適　江洪範　歐陽祜　陳大猷　熊錫揚　顏復孔　喻文昌　何振虞
桂天燦　楊先秀　趙登階　劉茂和　何致祥　張映奎　羅申望　王維新　吴邦寧　崔維坤　阮文曾　陳
天貺　夏偉　李明先　喻思超　黃中穎　胡宗虞　趙元溍　何東俊　向廷聘　舒昌容　田毓龍　李宗周

熊兆聖　周甲等　段渾然　彭嚴　楊升亨　李之誠　龔希　秦于莘　李盎然　徐綱　鄧承簪　張一中
劉方早　郭孝懿　黃有年　鄭龍采　葛楚元　王士梅　王際　史諫　施玉明　周吉人　胡貴卿　陳明
殿　張其綱　楊先春　沈縉　劉起蜀　江濬　黃夢瑞　丁裕慶　黎象斗　張宗煒　鄧應韶等　閔繼詩
黃運燁　蔣正藻　徐文品　陳然　任師洙　朱啟元　何廷玉　盧騰鳳　陳惺　吳伯裔　涂淑　喻劍龍
王登邦　郭鳳儀　俞穎濱　黃光中　張懋賞　程之文　牟學程　王瑞徵　周禮山　傅爾礪　劉世安　涂
陳謨　董國柱　高仲熊　錢生輝　張應宿　楊霏玉　劉蒲　何士壯　喻希珍　龔繼勝　孫廷蘭　楊可畏
任之聰等　任中龍　林之平　蕭永奇等　陳計定　彭萬里　陳如旦　高士毅　萬鍾錫　葉如檜　魏明
魁等　李達等　傅元和　子爾訥　爾玄　弟元勳等　陶汝鼐　弟汝鼒　陳洪範　戴光裕　劉璧　胡
澄一　張文紘　歐陽顯宇　蔣克光　熊之臣　趙希孔　寧用轍　王玄居　金許增　陸騰騋　張大亨　葉
占榮　康元典　蔣奇生　劉啟周　梁凝祺　汪能育　李先登　杜同益　萬象復　趙烔　程澤　蔣德秀
吳守興　程門徒　劉衍洙　龍吟　張際熙　劉宗陶　蔣德儒　彭濬典　鄧奇　辛嗣順　龍有珠　于灝然
譚素芝　王鼎彝　王大振　熊鼎延　劉舜濬　李軒　楊兆雷　王景雲　趙伯榮　鮑義　余開泰　韋崇
德　何文炤　蔣國紳　王廷宰　王尚行　李璨然　何奎　姚命高　聶起潛　鳳翕如　謝所舉　羅廷策
鄭爲霖　彭萬舉　朱久壽　盧煒　蔣有成　蔣振世　蔣維芳　趙師世　黃雲舉　張甲　毛應雷　李國楨
朱文徽　朱錦標　劉湛　江虬　程良駟　劉端　劉三聘　陳佳胤　李亨　吳道羽　李之華　林際開

謝嘉賓　蔡宗虞　朱夢雷　譚大政　鄒繼孟　陳九鶴　胡良知　何占魁　黃起鯤　劉伯相　許金礪　鄭九苞　唐朝凱　林學泰　劉裔都　譚奇遇　羅懋賢　莊鋌　謝國安　楊冠南　蔣爾揚　周大賚　鍾鳴時　朱明遇　何甲　李大捷　胡邦儀　劉廷祚　孫美　董應朝　胡文　陳偉烈　張允昌　王上許　劉有源　丁煜　尹珪　陸景暉　饒球　丘振翼　翁道　洪公述　丁仁宜　譚宗廩　馬思永　孫繼偉　吳士俊　牛夢禎　胥調陽　劉懋賞　胡均堯　沈鯨　范繼溟　馮璟　楊其尤　張鳳翔　楊延嗣　劉平　李登雲　馮福謙　姚咨相　羅逷　熊祚陽　劉佳胤　楊士繡　周士琦　王國雋　李鰲　趙敏學　楊萃　熊文夢　王錫命　陸晉錫　袁偉　朱躍　張治道　沈綿應　陳繼元　譚顯綸　周鳳毛　王祚久　雷鳴皋　劉之傑　李虞昌　李之蓁　李益蕃　黃愷　吳一驥　崔俊　藍天麟　陳藺　李宏源　劉之澄　徐中斗　王應乾　楊本厚　陳承恩　周尚文　馬士達　吳之玉　王士　金玉振　歐陽季謙　唐大亨　夏琳　楊延之　鄭民安　劉萬齡　胡景超　周麟　周兆星　石之鼎　宋夢熊　江應斗　馬仁龍　李兼　周鼎芳　方鑾　牛化龍　余廷薦　郭維翰　郭繇興　李才啟　石國瑋　鄺鵬程　闞士覲　龔爾仕　鄭國孝　余萬翔　江有溶　楊農晙　李科　閔朝宗　鄧林楩　李元成　丁醇　蕭聞宇　伍一生　何閎中　子昌祚　劉鳴鳳　淩夫惇　王懌　許有寰　田安國等　高粱楷　傅才元　郭秉忠　張璜圖　袁應福　戚功勳　劉于鑠　方興祖　楊祖植　孫憲忠　姬詔　吉品　吳士奇　林龍見　吳邦憲　謝楨　夏珩　陳振琦　徐守　喻應豸　劉光大　楊潔　曹澈　孫世祐　張啟賢　任立相　漆紹開　王國勳　胡士虞　張瓚　黃旻　李起

宋采　來端蒙　姚以亨　賈尚志　夏有功　鄭維岳　孫玠　陳士愷　何負圖　馬天來　牟道顯　葉國華
郭良驥　韓文燿　鄧繼遠　劉體仁　鄒甲　張星耀　張逢嘉　鄧同龍　周麟徵　金玉相　王聘徵　楊
文謨　夏暐　陳所養　魏翰光　繆傳聲　王用賓　王寰　慕庸　張哲　黃宇　刁醇　劉國貞　陳一爵等
蔣文麟　何居廉　杜鍾岳　李應龍　張惟　陳其愫　宋世裕　羅三極　顧纘詒　覃潢　敖惟銓　胡世
英　王三徵　戴應時　許黃　鄭國僑　劉譽　繆傳臚　方逢聖　吳鑰　吳之甲　余德韶　陳三才　許起
鳳　涂鼎調　楊一祐　張文耀　陳中繡　王承鼎　張日謙　施聖化　閻致和　徐日新　馮如春　周之相
唐誥　鄒宗孟　楊鳳鳴　張士楚　曾京階　陳至宣　趙崇訓　周希文　秦崇文　楊名臺　焦尚明　王
尊賢　蔣良珙　丁獻廷　鄒光祖　吳國聯　楊宏達　李以袞　施瑞鳳　楊應策　劉鏊　朱應聘　周應
朱永齡　左還淳　梁重望　鄒思言　汪兆頊　高明　蔣獻奇　郭君聘　張尹志　趙璧球　萬年亨　于選
唐登第　湯運培　包嘉胤　李春鯤　王宸極　全楚才　王三卿　區光表　馮日章　周眷新　黃衷謙
張斗象　宋世第　李之彥　曹元捷　張鶴齡　蔣嘉謨　趙以相　鄺賢禎　蕭聞　孫以衡　羅廷璠　彭世
英　李占春　費元昌　耿應昌　莫之光　楊達儁　歐先表　王元瑞　徐澤　陳晗　黃昉　李延齡　李爵
佐　李時英　鍾調元　張茂桂　趙繼羲　劉化龍　蔣文瑞　姚德溥　李士達　陳文熠　程雲鳳　段銓
陳一新　程之統　詹祚昌　洪良性　梅寧聯　康永祚　李先植　楊祐　楊天麟　陰毓和　向廷獻　韓灝
劉文治　董旭申　吉甲　王亮工　陶光胤　王顯　曹志寧　莊日強　馬之鵬　安王圖　汪金聲　白印

斗　彭自修　盛士淑　張甲撰　洪啟胤　傅汝舟　韓興儒　曾美　嘗道立　黎光　胡斌　錢經濟　陸康
兆　王道生　劉漢向　牛侶雲　楊元佑　楊正芳　梅友蘭　楊嗣龍　陳泗州　劉仁　楊郁然　厲汝翮
敖浤貞　錢士仁　劉珣　魏應星　陸元原　陳在宸　尹似瑗　倪良璋　羅時昇　張一愷　盧學孟　陶大
興　李光培　潘統宗　楊泰　張偉　薄淳　張雲翼　嘗懋中　張悅　張廷俊　陳贊　蘇宇元　李廷機
許逢興　戴特　萬文輝　嚴佩祖　林明輔　樊若　何呈圖　王宏戴　陶潢　蘇希瞻　宋騰龍　劉九思
楊學曾　魏藻德　羅好仁　柴士紳　彭之年　李還素　曹巽之　吳廷輅　羅以旌　齊以正　劉遠錫　孫
修吉　施于鏞　雷攀龍　袁翼龍　田之龍　羅元佐　范孫蘭　史經世　龔鳴球　余士俊　侯温宇　劉達
度　杜其漸　闞應祥　羅心素　謝遴重　葉調元　程輅　胡來臣　彭翮健　陳荀產　陳德諭　柴伯龍
楊顯名　蕭鏞　薛希周　程之紀　楊廷璧　田起圖　賴如保　胡文衡　范應貴　李鎮明　俞景昌　周際
明　熊同如　傅夢弼　鄭重　尹三聘　龔九衢　楊燦輝　楊行健　張其恭　**韓宗愈**　兄振愈等　廖
晟　子暹　翁仲碧　**吳子騏**　子中藎　劉瑄　楊元瀛　郭忠懿　李公門　李世甲　丘洪　王孫齊　馬
士升　金家麟　謝瑄　何兆柳等　施養吾等　周齡六　黃應祺等　**譚先哲**　弟先召　劉澤遠　張守位
楊德昌　劉耀熉　朱正國　孫武成　王國正　石聲和等　張守和　**曾益**　子之琮等　唐勳　陳新第
華成實等　尹大任　陳徵　陶世顯　徐鑣等　程民悅等　尹思明　顧人龍等　黎維垣等　陳瑞　陳富
子良輔　**曾異撰**　程玉成等　張一熊　尋鼎等　張珣　**宋又旦**　陳六奇　周維翰等　伯承恩等

王宗堯等　王壽彭等　傅必中等　阮近賢　史司衡　林之翰等　顧慥等　白必勝　尹嘉俊　俞嘉言　莫貴德　詹士會　王來儀　喻思煒　楊斌　董邦昌等　劉撫　楊樹烈等　向琪等　劉昌應　蔣薦　張倫　楊瑄等　朱蘅　羅正符　張霓明　趙弘祚　龔尚信等　鄭善植　黃文達　徐道興　唐懋俊等　皇甫信等　李高　李城璧　段大受　李章鉉　趙嘉鳳　楊日進等　趙焯　王縉等　席上珍　金世鼎　何思沈邵璜　陶珙　陳昌裔　李開芳等　楊師文等　劉士祚　張朝綱等　郭對　杜天禎　陳士彥　丁惟恕　陳士恂　方元祖等　彭乘聖　陸九衢　石聲和等　梁健植　劉僖　舒國華　劉之蘭　王民望　廖履亨　黃天秩　祁上合　楊應柱　曹宗載　朱國柱　翟元肅　沈續科　曹天錫　張聯象　陳靖忠　吳道美　李廷英　吳運昌　馬之驎　張燮任　王晋　曾惟魯　丁德蔭　冷陽春　段伯美　吳邦憲　監紀某　張孔鑄　譚三謨　李守質　張如良等　夏祖訓等　林鍾泰　徐日舜等　周柔強　王褒華　李元祺　楊一忠等　錢大用等　王開等　楊雲龍　程九逵　馮永祚等　邢鎬等　王運開　劉廷標等　陳夢熊等　劉如性　鄒良彥　熊化　陸與進等　黃應運　姚劉四總兵　徐登高　蔣勸善　曹士銓

吳晋錫，字茲受，吳江人。崇禎十三年進士。授永州推官，清獄出冤囚數千人。經歷太倉陸文聲貪橫，杖斃之於獄，人咸快之。流寇至，團練鄉兵固守。祁陽馮異亂，衆至數萬，陷祁陽。晋錫率唐鎔兵五千討之，異命其黨僞降，斬之。異陽聲三道攻永州，而自間道來犯，知城防嚴去。追斬千級，巽乃降順。長沙陷，永州空，何騰蛟至，調武昌。安宗即位，左良玉部携貳，因説盧鼎，得開讀如禮。遷永州知府，轉衡永郴桂監軍僉事，以計禽魏可教。騰蛟開府長沙，命攝郴桂副使。晋錫上書曰：

今湖南北兵餉皆在掌握，應破從前局面，大爲整頓，總計餉數，配合兵數，以各府餉練各府兵。督撫任大帥，司道任副將，府州縣任參遊，以文臣理武事，則令出惟行，生殺予奪，撫軍以一人操之。惟楚有材，擇可爲大將者若而人，可爲偏裨者若而人，懸殊格以待有功，則真英雄自出矣。湖南北一帶，應設水陸連珠營，十里一礮臺，一方有警，號礮所發，千里百里響應。所練之兵，孰勇孰怯，撫軍不時單騎按部，即以程殿最；縻餉者，軍法從事。再居守兵若干，征調兵若干，一紙之書，集師數萬。如是者三年，可告成功。

騰蛟然其言，卒爲人沮格，不得行。

隆武二年，紹宗召兵入扈。晋錫請行，騰蛟不許。已命郝永忠以其兵行。晋錫合王允成、陳賡守湘陰，與劉承胤忤。承胤走武岡，晋錫從章曠還長沙。有雲南參政魯鑑以所招兵數百請自效，晋太僕少卿，代爲監軍，月餘束手還辰陽。晋錫崎嶇湖、湘、衡、永間，整軍籌餉有勞，累陞廣西布政使、大理卿，太僕卿。董英招降，復書拒之，誓死守疆土。已督餉赴郴，永忠遂屠州城。

永曆元年，上命錦衣吕元和拜僉都御史，巡撫衡永郴桂嘗寶。八月二十二日，清兵陷排山，據熊飛關，諸軍潰。九月五日，永州陷，與御史裴文燦爲僧東安山中。清招不降，抑抑卒。

鑑，字冰長，孝感人。父可行，字達可，歲貢，官通判。鑑，崇禎七年進士。歷應天教授、國子助教、禮部主事、郎中、雲南督學僉事，士習一振。後回雲南，署布政使、按察使七印。國亡間歸，隱。

其後以僉都御史巡撫湖廣者馮璋、廖文英。

璋，字曼郎，資陽人。崇禎三年舉於鄉。歷遂寧教諭、南雄推官，政簡刑清。累遷太僕少卿，督學湖南，甄拔多名士。擢撫，卒官。

文英，字昆湖，連州人。選貢。授南康推官，歲大饑，振活萬餘人。已平李肅七亂，犒良玉軍受約束。歷袁州同知、知府。永曆元年三月，與諸生蔣世鸞、馮鳴京、鳴畿、鳴世、陳而賡，從信豐王議澳起兵，復連山、陽山、連州。六月，城陷入山。副總兵陳斌疏行在，還文英監軍，世鸞監軍僉事，鳴京等監紀推官。七月，彭威、羅伸、鍾珍斬陳、趙二遊擊內應，再復連州。四年七月，巡撫江西。八年，降於清。

馬光，字君先，吴縣人。崇禎中，以賢良方正授永寧知州。土司羅大政匿印殺人，父兄死獄，印終不出，臟不完。參將統兵剿之，受創歸。又奸人首告於靖江王亨嘉，云土豪數百，侵三鎮兵田三萬畝，亨嘉欲清出爲莊，事久不竟。光以按籍必生變，令從實自首，得五千畝。亨嘉不慊也，復欲立官收租。光力阻之，州不煩擾。是日，徑大政穴，披瀝以待。大政曰：「出即死，不敢出也。」光約三日到州。大政如期至，放之歸，剋二日取印銀至。以才調全州。

十六年，張獻忠破全楚逼州，祁陽王禋泞爲虐，民畔。檄永寧副總兵孫尚鑑守城，獻忠攻城敗去，諸軍復永州。楊國威與監紀爭虜獲，撤兵回州。光提刀謂國威曰：「嬰城固守，我分内事。今爲私忿，棄城引寇，是誰之咎？公不速入永，即以刀殺汝，乃自刎矣。」國威悚然退。亨嘉謀不軌，密調田州狼兵萬人，先出會城，單騎之州，匿民家。光潛白撫按，並託宗室曉亨嘉，宗藩無出境理，款田州兵使退，光登陴設守，目不交睫，計百日而事解。以狼兵效命，大政之力爲多，蓋感光保全德也。

昭宗陷道州寇中，同國威救出，爲備扉屨送梧州。疏薦轉瓊州同知。時黎人攻城，知府張允佳候新府李逢春未至，束手無策。光以方畧解定安圍，殲厥渠魁，亂事以定。

忠誠急，丁魁楚在南雄，檄充監軍僉事。返肇慶定策，陞車駕員外郎、海北僉事，改嶺西副使。肇慶陷，走海濱。

永曆二年冬，謁肇慶，上念潛邸舊恩，擢光禄少卿，晋太僕卿。丁時魁等詣閣詆朱天麟，相與登殿大噪。上方御便殿，與光追叙五年前永州蒙塵入全州前後，手書謝光，有「先生衣我食我，後日歲月皆先生生我成我」語。聞聲大驚，兩手交戰，茶傾於衣。已以厄於五虎，引疾去。

三年八月，瞿式耜以全州思光故功，疏薦以僉都御史撫治衡永郴寶，賜尚方劍便宜行事，與副都御史賜劍巡撫廣西許啟洪、御史巡按衡永藍亭，從堵胤錫同行。陛辭，疏陳時政。道出桂林，與式耜商陳措餉、厲兵、偵探、夾擊、分汛、保民諸事。及至全州，捐金犒師，督諸軍五道進。諸將遷延二月，乃出兵攻永，大兵屯全，爲措置米糧，軍聲大振。四年三月，訛傳清兵至，諸軍爭走，光督民兵萬人，設十三關以守。諸軍愧，復回全。而諸軍劫掠無飂志，光憤甚，再疏乞休。命赴部用。冬，行至陽朔，爲下脅致線國安所。尋脱歸，隱堯峯山，以詩酒終。

尚鑑，字朗目，上元人。武舉。崇禎十三年考天下將才第一，官永寧參將。十六年調全州，累功擢右都督總兵。

允佳，大興人。舉於鄉。後遷海南僉事、上江防參議。

逢春，字文台，湘鄉人。天啟七年舉於鄉。天長知縣、黃平知州擢，終户部雲南司郎中。

啟洪，字任宇，宜興人。天啟四年舉於鄉。授遂昌知縣，府差擾害，申請各撥縣役聽差，村落不擾。閩寇西鄉，請命熊人霖、陳子龍日夜剿撫得靖。遷欽州知州，嚴戢胥吏，課士有方。西寇李文龍攻城，卻之。歷惠州知府、廣西督學副使，政明大體，人不敢干以私。胤錫薦擢。桂林陷，不屈死。

時與光前後巡撫湖南者：

鄭愛，以僉都御史任。與盧弼、何文熹、陳五鼎、李精保攸縣燕子窩。永曆三年十一月，戰孔有德，陣死。副總兵陳勝、彭昌、高勝、談玉等戰白虎關，亦被執死。

黃順祖，以僉都御史任。四年四月，清兵陷郴州、興寧，與總兵林國瑞戰死，所部二千人皆殉。總兵向文明降清。

朱俊臣，以僉都御史任。七年十二月，郴州再陷，戰死桂東黃蠟潭。總兵羅念降清。

弼，字元安，增城人。有志節，決機應變。以太學生授推官，護紹宗入閩，爲蘇觀生所知，奉命召湖南兵，何騰蛟重之。憂歸。昭宗即位，起户部主事，以御史宣諭湖南諸鎮。會諸將逞私，人無固志，不得已歸。國亡後，山水自娛，自號休庵。

林登第，莆田人。

縣丞華復蠡，無錫人。諸生。

定安知縣廖錫蕃，藤縣人。天啓元年舉於鄉。

教諭林鍾，瓊山人。崇禎三年舉於鄉。

陳端蒙，歸善人。歲貢。符元豪反，城守得全。

吴一元，宣城人。永曆二年八月，署會同知縣。九年卒。

黄甲登，茂名人。卒於官。

文昌知縣伍成舉，全州人。舉於鄉。

胡士美，桐城人。選貢。

何同德，香山人。選貢。

會同知縣王廷選，晋江人。舉於鄉。寧化教諭遷。攝定安卒。

朱正色，商水人。選貢。隆武元年八月任。

蔡啓，南直人。永曆二年八月任。

陳迪經，侯官人，三年正月任，四年四月去。五年四月復任，六年正月去。

馬維紘，平湖人。歲貢。都司經歷遷。弘光元年二月，署知縣。

文熹，字曙嘗，桂陽人。歲貢。獻忠開科，焚衣巾哭文廟，請兵沈猶龍，斬官復城，北收嘗寧。騰蛟薦沅江知縣，調龍陽，遷職方主事。國亡，隱龍華山終。

五鼎，字耳臣，攸縣人。副貢。授耒陽教諭，狷介山居，惟與王夫之一通音問。

精，商丘人。永寧參將。

田鬫，字茅公，項城人。崇禎七年進士。授中書舍人。弘光時，以户部郎中榷税贛州。隆武二年二月，募兵入衛，擢僉都御史。疏糾閣臣曾櫻，語連中宫，上含怒未發也。五月，遣王之臣往閲其師。之臣迎合意旨，疏糾詭兵冒餉，逮下詔獄。以郭必昌請，得不死。然兵籍皆實，餉亦自備，官所給尚未發也。王承恩婉轉辨白，班行亦多申救，上怒不解。旋以皇子生，得釋。福京亡，居韶、郴，糾義師，崎嶇楚、粤間，自署督師閣部。永曆二年，以兵部右侍郎巡撫偏沅。九月，引兵至桂陽，兵不戢，民變起。江西潰兵丘昇圍鬫，遂遇害。四年八月，有楊、陸二軍門至桂陽，事跡不詳。

同時湖廣司道之可紀者：

李甲，不知何許人。荆西參政。

張士亨，字用行，溆浦人。選貢。授安義知縣，平李肅十亂，兵後修城濠，復社倉，活人無算。遷九江同知，止左夢庚兵。累擢上湖南參議。國亡杜門。

倪養恬，字二引，威遠人。選貢。歷横州知州、監軍僉事、上江防參議歸。年八十，猶不輟筆。

趙邦琦，黎平人。萬曆四十六年舉於鄉。歷大理知府，辰沅、黎靖參政。

方元正，字起日，莆田人。授萬縣知縣。北京亡後，在任屯田九年，多遺愛。累遷下荆南副使。

王培喬，泰和人。歲貢。南昌僉事，遷上湖南副使。

臧煦如，長興人。上林監正，歷郴州知州、户部山西司主事、員外郎、下湖南副使。

李斌，零陵人。永明知縣，累遷下湖南僉事。

唐綸賢，婺川人。歲貢。

鄭逢玄，疏薦下湖南僉事。隱。

朱正午，廬陵人。歲貢。沅靖僉事。

劉憲模，字侗初，永從人。崇禎十三年特用。歷海寧知縣、紹興推官、奉天知府、辰沅副使。

胡會賓，字同仁，昆明人。天啟元年舉於鄉。慷慨喜事。歷鎮平知縣、辰州推官、辰沅副使。從復澧州、益陽，攻嘗德。城陷死。

石萬有，字涵初，滁州人。崇禎十七年選貢。授辰州通判。張獻忠至，與唐夔嚴防得完。歷師宗知州、雲南知府、辰沅僉事。卒年八十二。

張弘抱，師宗人。選貢。歷餘慶知縣，思恩、思南知府，辰沅監軍副使。

吴兆元，字公策，莆田人。萬曆四十一年進士。授確山知縣。邑民憚輸，里甲因得侵攬，逋負滋多，兆元爲設徵收畫一之法，宿弊頓除。秩滿行取，父老遮道攀轅，數十里不絶。遷刑部主事，改營繕。歲供大木，商侵蝕不貲，兆元謹筦鑰，獨無所耗。出爲韶州知府，務與民休息，軍餉以時給，大得軍民心。時魏黨崔呈秀以同籍相慕，兆元絶不與通。崇禎初，賜宴天下入覲郡守廉異者四人，兆元居第一，轉江西副使。

二年冬入賀。至山東，都城告警，衆逗遛不肯進，兆元嘆曰：「吾等愧不能紓君父急，奈何奉頭鼠竄乎？」益疾馳。俄事平，詔趣諸賀者進，兆元首，人咸嘖嘖嘉嘆。

三年，陞按察使。南贛恒患盜，兆元視賊勢最急者當之，賊憚不敢犯，屬邑皆得安堵。進廣東右布政使，改廣西兼視鹺政。西粤不産鹽，歲輸協濟銀八萬，易鹽東粤，及運至，舵工例得貨餘鹽自利，而實侵官鹽正運，逋負逮繫不釋。兆元曰：「法當清其源，空囚此輩何益？」乃飭以先公後私，公入增而繫者益寡。

八年，調雲南左布政使。廷議增雲南餉額十二萬，兆元竭心力區畫，滇以免困。舊例，歲辦貢金二千兩，久蠲徵，兆元乃取缺軍廩以代，且請暫徵一年，後仍停免，民德之。

十二年冬，入覲。命以副都御史巡撫其地。明年正月，召見平臺，賜銀幣及御前果品，曰：「朕以酬萬里勞臣也。」兆元因陳撫馭機宜，上獎勞有加。至則益務寬簡，駕馭土司，捐其細過，咸遵約束。奏增解額三名，又奏立黑鹽井儒學。

北京亡，兆元聞變痛哭，亟遣將統兵入衛南京。時督撫以師至，獨雲南耳。

紹宗立，沙定洲據會城，劫爲題請代沐天波，不可。拘別室，奪其印，而託名兆元上疏。時干戈路阻，上不知情僞，命張應星齎詔賜兆元尚方劍便宜行事，疏辭。上復諭加意料理，曰：「卿久撫滇疆，弘宣猷績，正資善後，毋貽朕南顧憂。掃除天波，業有成命，不許辭。務令南人不反，以就一統豐功。」

永曆元年，以楊畏知巡撫雲南，晋兆元總督。孫可望兵至，因誅定洲餘黨二百餘人。可望脅授職，兆元自經。可望令人救之，遷於中衛，簡囊篋，嘆其清節，仍加優禮。久之卒。

應星，沛縣人，歲貢。工劍術。歷興化簡較、知州，以軍功遷兵部郎中。隆武元年十月，齎詔過汀州，歸化知縣華廷獻留飲，忽報峒寇至，應星曰：「我雖作客，而眷屬在城，義無退避，禍福與君共之。」因集鄉官瀝血登陴。寇造天車如方栅，容四十餘人，數人挽而前，高與城齊，應星以衝木破之。相持數晝夜，城賴以全。

瞿鳴豐，字弇山，整江人。天啟七年舉於鄉。授零陵教諭。崇禎末，以御史巡按貴州。國破，衰絰號哭，誓衆恢復。扈昭宗柳州，亢直不回，上恒倚之，晉僉都御史。

時韓王璟溧有異志，間入劉承胤軍說擁戴。承胤惑之，上命朝士屢開誠不悟，鳴豐劾之，承胤且曰：「使再來，血污吾刃。」鳴豐請行，承胤盛威以待，鳴豐厲聲曰：「强虜外侵，公又内惑，太祖有靈，天下人將謂公何？同心戮力，未始非建功立業之秋也。」承胤氣懾，改容謝曰：「向來朝士目我爲逆，故忿至此。如公言，敢不共襄厥事。」是役也，衆皆欲手害之，而鳴豐卒成功以返。

旋以副都御史巡撫雲南。王祥與皮熊鬨，勒兵貴陽城下，令曰：「黔人有助熊者，即屠城。」鳴豐說之曰：「熊與公左右手也，奈何自去右手？」乃歃血罷兵。

及孫可望入貴州，有司半解印去，鳴豐不動。甚之，以楊畏知與雅善，殺以脅之，卒不改。上賜「弘毅直臣」銀章，迭加兵部右侍郎、尚書。永曆三年九月，可望强命入朝，必得秦封，不從。後走廣西，中瘴毒，嘆曰：「我不死於國而爲瘴侵，惜哉！」朝服北拜死。

妻古，嗚豐歿後，權貴欲逼委禽，以石灰揖目得免，苦節三十餘年乃卒。

同時胡甲魁，富順人。天啟七年舉於鄉。歷洱海僉事、參議、太僕卿，總理川貴監軍事務，以幹濟稱。國亡隱終。

米壽圖，字子輿，宛平人。恩貢。授胙城知縣，調新鄉。力折藩尉，立磚城，革私役，墾荒土，引衛河灌田。土寇起，率兵督捕，斬千二百級。遷南京山西道御史。監軍張若麒冒功罔上，請誅以謝天下；楊嗣昌倡練兵之義，壽圖疏陳十害；尋劾偏沅巡撫陳睿謨、廣西巡撫林贄貪黷。上皆納之。

弘光初，與擁戴。時朝臣泄沓，不以雪恥復仇爲事，壽圖疏言：「若止言守，寇必我攻，勢且難支。寇在門庭，諸臣不從國家起見，言及殺敵，則咋舌而不敢，止借陞官一事，結黨把持，狂騁誣撓，力逐大臣，替人報怨。狎至尊下濟之恩，喧譁御前，大褻體統。」又請遣官治先帝山陵並祭告。馬士英薦起阮大鋮，壽圖再疏極論。

時蜀已殘破，遽命巡按，又命吏部簡堪任監司守令者從之西行。至則募兵五千，與王應熊、樊一蘅聯絡諸將，收復川南郡縣。又請鼓舞三邊莊浪魯氏、哈密番僧，爲直指秦川之計。

紹宗立，内召。過沅州，平溪有查繼仁者，僞稱聖安皇帝，湖南諸臣以爲真，虔事之。壽圖故在南京勸進舟中，親玉音，而日簪筆起居者，入視即知其非，伏謁不起，大言曰：「自南京不守，諸大臣爲社稷計，迎立今上。陛下失國之君，既削髮爲僧，固應居蕭寺，候旨安置，何得儼然南面，臨涖臣民，署官職，蓄士馬，動摇人心，非自全策也。」繼仁不能答。又再申前説，慷慨抗論，聲淚下，繼仁色沮。左右叱壽圖起，曰：「皇上自有鑒裁。」壽圖不得已趨出，往晤李若星。若星極言聖主隆遇感恩之狀，期以死報。壽圖知不可與言，晤皮熊。熊細叩聖安真僞，壽圖曰：「僞也。」熊曰：「某較王亦言非真，恐識未確，且羽翼成，未可輕動，俟公來耳。」壽圖曰：「願緩圖之。」次日，左右傳諭昨壽圖驚聖躬，今不豫，趣召醫診，敕壽圖勿得再見。壽圖就熊畫計。熊曰：「公昨言太急切，故奸憚之。余稍婉，彼不疑也。某部將王皆可使。」明日，言於左右，請備宿衛。倘許之，吾事畢矣。」又曰：「吾觀繼仁左右皆小人，可以利誘，啖之重賂，必就縶縶。」壽圖深以爲然。通明，熊即以前説告左右許諾。熊因進曰：「昨壽圖語言伉直，有忌故主意。如執迷不悟，當繩以法，儆後來者。」左右是其言，而壽圖亦致重餽於金國鼎等，且謝疇昔唐突罪，祈代爲緩頰，受之。二人計就，乃密約各官同歃血盟。與盟者爲鄭逢玄、徐煒，不令若星知，恐異議僨事也。月幾望，擬繼仁當出，熊等選厩馬十匹，飾以錦韉，絡以金勒，馬令壯士控之，衷甲以待，俾壽圖繕疏進。翌日，繼仁御正殿。熊先入侍，次傳米御史進馬。左右以受賂故，聽入，諸壯士控馬隨之，立丹陛。壽圖持疏上曰：「臣遠來無以將悃，不腆下乘，以充外厩。」繼仁頷之。壽圖奏曰：「天無二日，國無二君。今天子踐阼久，陛下復招摇於此，是二君也。臣前日請退居屏跡，以安人心，實爲陛下計，願聽臣言。」繼仁曰：「已曉。」壽圖曰：「陛下不聽臣言，臣不敢愛一死。」反復辨析，聲色厲。熊曰：「皇上南歸，臣民共戴。壽圖倡邪議，忘恩背德，無人臣禮，宜逮治。」繼仁目左右，叱緹騎執下。壽圖大聲曰：「天子從官，孰敢執者？」衆方前，爲控馬卒格，不得近。熊急呼宿衛士，共執壽圖。諸將應聲鼓噪進，直趨殿上。繼仁知事不諧，急向後走。諸將士追及之，去其幅巾，左額上刀瘢二寸許。左右見繼仁縛，皆長跽請命。壽圖曰：「汝等以假爲真，未足罪。所恨者，遽受僞職，作威納賄，不容於誅耳。」令均付獄。若星聞之，大恧，自批頰數十。熊等邀之，已舟亡矣。熊等鞫繼仁於廷，閉目摇首曰：「兒子輩反矣！」欲加刑，恐遽斃，乃取弓絃絞足楚，大呼曰：「若星兒子何在？速來救朕。」姓名終不言。沅之長老曰：「沅有繼仁者，爲僧出外，久不歸，貌殊類之。」遂皆以爲繼仁云。

先是，煒、喻思恂疏達上，諭曰：「朕因亂爲衆推，勉即大位，實無利天下心。據云聖安復出，朕心慰悦。既識認果真，當即備禮迎請前來，朕不難避位歸藩，九卿科道會議以聞。」

議者或謂宜還大内，待太上皇禮；或謂宜置善地，厚養贍之。上命部臣監臣往迎，經過地方，用心保護，多備供億不怠。使臣方就道而壽圖禽報至，上曰：「妖僧假冒，大逆不道，卿等設計禽獲，具見忠智。」擢壽圖僉都御史巡撫貴州，國鼎正法，繼仁解行在，俟與在廷及全國軍民共棄之，以釋天下後世之疑。旨下，乃取國鼎杖殺之，高士美末滅。

繼仁方檻車而汀州變聞，不行。在獄自言必稱朕，衣服曰御用，飲食進膳或飯不時至，則曰「朕躬飢矣。」食麤糲，曰：「殊非朕所御。」人傳爲笑談。後數月，熊恐其召衅，誅之。

永曆元年春，孫可望繇川入黔，張耀請發民兵守禦，壽圖難之。俄可望掩至貴陽，出走沅州。十二月，清兵陷沅州，壽圖與部將於守方及家口三十人皆不屈死。御史鄭問玄時降在清軍，爲之殯。事聞，贈上柱國、少傅、兵部尚書、右都御史、芷江伯，謚忠毅。子瑛、琦、璁。

瑛，字一岳。職方郎中。琦，字二岳。官御史。以三百人衛上出奉天，擢僉都御史，監王進才軍。標下副總兵張宗友勇敢善戰，與姚啟虞辰溪兵、總兵林得勝沅州龍門溪兵相應。後入桂林，命總理恢剿兵馬，督將張日新、都司陳端、守備劉忠、監紀譚戛玉前導趨湖南。坐可望黨，降光禄少卿。國亡，瑛、琦同隱順寧山中。

守方，身長七尺，力敵萬夫，相從不去，卒以同死。

問玄，字寓庸，濟南新城人。崇禎十三年進士。重慶推官擢。

劉泌，字晋仲，榮昌人。尚書時俊子，崇禎九年鄉試第一。李自成攻成都，力守西門卻寇。

弘光時，附阮大鋮，薦授職方主事，宣諭四川，贊畫王應熊軍。請調和諸將沿江防守，不納。紹宗立，累遷都清副使，悍夷劫掠，招勇士示威信，治兵清道，夷人懾伏。孫可望入滇，藍㜸起，圍平越，都匀諸夷乘亂肆畧。泌檄土司兵數千人，設伏斬四百級，俘酋長，恢復貴陽。偏師援平越黔土虆定。

昭宗即位，歷光禄卿、太僕卿。自匀達粤，疏通道路，數千里内外，調度夷漢，各置鎮守兵。永曆三年，以僉都御史巡撫都鎮平黎、經理五省軍務。奏輒阻於奸人。四年春，郝永忠至，縱兵大掠。泌往會之，衆皆爲危，單騎推誠大義，永忠兵退。可望攻平越，乃間行入粤，追之不及。是冬，改撫柳慶，與程源共事，可望甚之。六年春，罷回貴陽。可望迫除大理卿，泌野服往見。可望知不可屈，聽歸。

交水之戰，與源、錢邦芑密謀匡扶大計。已聞可望遁去，嘆曰：「黔禍甚速，憂方大耳。」疏言：「黔、楚門户空疏，瓦裂不遠，深爲國家流涕。」人笑其迂。終以可望黨，降大理右少卿。尋起兵部右侍郎、總督廣東五省軍務。十二年冬，上西狩，泌扈永昌，病不能前，泫然曰：「隱忍至此，本期靖世難，今何面目偷息人間！」遂不食，南向衣冠，卒於彌勒寺。

子善復，字繼卿。選貢。任五府經歷，隱。

同時戴文斗，普安人。天啟元年舉於鄉。官參議。

鮮順祖，銅梁人。思南同知、安順知府、監軍副使。

程生雲，字古愚，遵義人。選貢。銅仁知縣，累遷監軍副使。隱。

曹登樞，興隆人。選貢。陸涼知州，累遷副使。

伍獻謨，寶慶新化人。監軍僉事。

張楚珩，沅州人。泰昌恩貢。歷馬平知縣、忻州知州、貴州監軍僉事。

郭承汾，字懋衮，晋江人。崇禎十六年進士。授淮安推官，遷浙江道御史。隆武時，巡按貴州。至則矢清節，懲貪暴，悍將奸胥悉斂跡。會沅州有查繼仁事，命與沅撫會鞫，事上報可，因監決。三月，乃還貴陽。蜀寇入境，與范鑛、皮熊協力剿撫。福京亡，昭宗命未下，鑛、熊疏留，詔晋太僕卿。旋以僉都御史巡撫黔南。奉天陷後，清兵入黔，力拒之鎮遠。清兵退，貴州乃安。

孫可望在雲南，令李定國與承汾等盟於龍里。可望襲貴州，承汾貽書責曰：「牛耳之血未乾，北門之師夜至。君父可欺，天地神明不可昧也。」不答。乃與熊入烏羅，可望執至貴陽。同執者見可望，皆下拜，承汾與黄應運獨挺然不屈，曰：「吾讀書四十年，上不負君父，下不負士民，頭可斷，膝不可屈。」可望羈之民舍中，餓九日不死。使人勸曰：「吾欲扶持國運，願先生共襄盛舉。亟强飯，毋自苦。」承汾瞪目曰：「路人知司馬昭之心，誰其信之！」復餓五日死。陳屍東郊，無敢收者，歷月許，顔色如生，諸蟲禽獸不敢犯。後總兵許蓋忠瘞其屍。

蓋忠，貴定人。永曆時，官總兵，挂平虜將軍印。可望害承汾等六人，蓋忠賂張護衛使說可望曰：「大王將建大業，宜祓除不祥，陳屍四衢，非宜也，曷瘞之？」乃列葬六棺於毛家庵側。葬畢，語所親曰：「猘犬饑狼，逢人即噬，吾肉喂犬狼，何益？」潛頂耙苗洞不復出。十五年春，應運子培鼎扶櫬歸，見蓋忠屯田自食其力，猶服舊時衣冠云。

同時巡按雲南者，廖應亨，字利涉，耒陽人。崇禎三年舉於鄉。張獻忠畧衡、桂，與鄒統魯赴粵，乞沈猶龍兵。總兵宋紀先攻臨武，别以裨將偕出宜、郴。時楊國棟、湯執中桀甚，應亨獨率出耒，兵以乏餉大譁，應亨咄嗟立辦，二人亦心折，飭師如律。事平，授中書舍人。上在奉天，與宗室盛瀠、容塈劾劉承胤。從章曠東安軍。上幸桂林，遷河南道御史，與何三復、張君統入滇。雲南亂，痛哭走梧州卒。妻曾，不屈死。

三復，字載繹，高明人。副貢。授新貴知縣，撫恩馭法，衛所軍伍咸感。苗患連年用兵，官奉供軍，食不重味。忤上臺，左遷安龍教授，申嚴課格，士風丕變。歷籠南稅司、景東通判同知。以老歸，民遮道送四十里。年過八十，荷鋤灌汲，作草篆自適。

君統，定海人。太學生。雲南按察知事。不知所終。

辛延泰，仁壽人。崇禎六年舉於鄉。授保昌知縣。永曆時，以廣西道御史巡按桂柳。桂林急，與侍郎總督宗室盛濃、布政使宗室盛灝、副使楊垂雲、知府王惠卿遁去。事少定歸。逢迎陳邦傅，請以思恩府錢糧悉畀之。瞿式耜疏劾其非法，削籍。四年七月，以黄金百兩賄王化澄，起僉都御史巡撫川北，擢太僕少卿。扈從滇京。冷孟飪死，以僉都御史巡撫貴州。滇京危，請幸四川，開荒屯練，以圖恢復，不報。國亡，死於下馬關。

族人鳳翼，天啟四年舉於鄉。授靜海知縣，以慈得民。永曆時，以御史巡按貴州。孫可望至，迫官巡撫，隱居綏陽，憂憤卒。孫女刎死。

垂雲，晉江人。崇禎十三年特用，太平知府擢。

惠卿，黎平人。天啟七年舉於鄉。授江川知縣。縣治汙下，多水患，爲遷高阜。歷阿迷、石屏知州擢。

時貴州司道：

涂可祜，梁山人。天啟五年進士。貴州布政使。

孫光祚，南海人。萬曆四十三年舉於鄉。尋甸知府，累遷貴州布政使。

楊時隆，南充人。舉於鄉。貴州布政使。避兵隱石阡。

趙日亨，字貞所，安寧人。萬曆二十九年進士。川南副使，力守全城。轉貴州布政使。子珣，事別見。

胡賓夏，字尚忠，遵義人。副貢。涂原列蜀十才子之一。貴州布政使。隱。

何宗聯，武岡人。岷府儀賓。貴州布政使。

蔣士忠，全州人。萬曆四十一年進士。貴州布政使。

夏暹，保山人。貴州布政使。

傅良選，雅州人。萬曆四十七年進士。貴州按察使。

王家鼎，夔安人。天啟七年舉於鄉。安寧知州，累遷貴州按察使，以廉明稱。歸里以詩酒終。

冉德升，夔州東鄉人。萬曆十九年舉於鄉。貴寧參議、貴州督糧參政。

陳奇勳，字汝勤，臨桂人。天啟元年舉於鄉。授咸寧知縣，以平寇功，遷南京虞衡主事。歷營繕郎中，管街道，節慎軍器，寶源經理。出爲貴州督糧參議，歸。卒年七十五。

陳治紀，字道立，江陵人。天啟四年舉於鄉。安平參政。

古心，字貌符，酆都人。崇禎九年舉於鄉。授雲龍知州。沙定洲亂，率兵復大理，活人萬計。歷景東同知、姚安知府、曲靖副使、安平參議。歸隱白井。

唐登儁，字灼洲，富順人。萬曆四十四年進士。歷高淳、休寧知縣，禮部主事，湖廣僉事，山西驛傳副使。大疫，掩屍萬計。擢貴寧參政。

張懋謙，字君平，仁和人。萬曆四十年舉於鄉。歷歸安教諭、國子學正、九江知府，濬老鸛塘，建閘修城樓。蘄、黄、廣、濟陷，多方設防，郡仍安堵。陞湖西副使，轉貴寧參議，歸。

喻嵩慶，榮昌人。歲貢。歷嵋峨知縣、路南知州、廣南知府，爲政明決。陞貴寧參政。卒年九十五。

何起鵬，字圖南，桐梓人。歲貢。貴寧參議。

李天植，桐梓人。副貢。歷新貴知縣，興隆、平越同知，新鎮參議，民稱「李青天」。子其昌，歲貢，不仕。

李自毓，江津人。選貢，婺川知縣，累遷思仁參議。

林明雋，字位斿，酆都人。諸生。賅洽經史，負大志。王應熊以第一人薦，因入其軍，計多奇中。自職方主事，累擢貴州驛鹽副使。清以副使、鴻博召，不出，隱三十餘年卒。

謝國梗，字篤産，台州太平人。選貢。歷石阡推官，石阡、思南知府，貴州屯田副使。隱梵隱山中，卒年九十三。

黄應祥，龍里人。萬曆四十三年舉於鄉。貴寧僉事。

謝士昌，字若淑，建昌廣昌人。崇禎十五年舉於鄉。貴寧副使。

鄭仕鳳，彭水人。恩貢。寧國同知，累擢貴寧僉事。

向日昇，湖廣人。進士。思石銅參議。

羅廷璵，南昌人。官生。思南知府、思石銅參議。周某、程某等六人，皆思石銅參議，名失考。

朱祚盛，思州人。萬曆四十六年舉於鄉。安慶推官，累擢思石副使。

田慶明，偏橋人。選貢。思石副使。

賀萬年，沅州人。思南同知，累轉思石副使。

降清。

蔣一鴻，字賓容，吴縣人。萬曆三十七年舉於鄉。大理知府、思石副使。

沈象先，烏程人。萬曆三十七年舉於鄉。黎平知府、都清副使。

李芳聯，威遠人。崇禎九年舉於鄉。授懷集知縣，肅清奸蠹。歷柳州知府、都清副使。降清。

劉彪，字玉庵，新建人。崇禎十年武進士。都清僉事。降清。

劉嘉復，字通侯，富順人。選貢。威清副使。

劉之益，字四仙，涪州人。歲貢。自知州，歷儀制員外郎，出思石僉事、監軍、威清副使。清兵至，被執。吴三桂逼除新命，威脅利誘。泣以死誓，得脱至酉陽居窮山七年歸。後三桂起兵，之益不爲動，曰：「若非弑吾君者耶？恨不手刃寸磔汝。吾戴吾頭，以俟藏吾血而已。」卒亦無恙。

王珣，字稺泉，廣安人。尚書德完子，恩貢。歷安順推官、知府，安普僉事，畢節副使。

李若楠，雲南廣西人。平越推官。安邦彦反，力守全城。擢畢節僉事卒。可望至，入慕役司山中，爲性命之學，尋卒。

李猶龍，字仲道，昆明人。選貢。歷景東知府、畢節副使。工詩。隱羅平。

梁應奇，字平叔，嘉定州人。崇禎十三年進士。授宣城知縣，大修城渠，積粟備荒。弘光初，歷工、兵科給事中，催兩廣錢糧。

紹宗立，軍興餉匱，鄭芝龍命留廣督餉，參遲誤者數十人逮問，亦莫應。潮州知府楊球遂止粵界，不敢入。又命黃日煥察田，應奇請於兩稅內石預借銀一兩。又請令撫按下皆捐助，括庫存銀米未解者，不足則鬻官爵，下之倡優廝隸，盡列衣冠，無奉無銜，空銜而已。其黠者倩軒蓋，拜官府，鞭撻里鄰。晉江知縣金允治涖訟，兩造稱職立語，不服則互毆於廷而不可制。官吏督徵，閭里騷然，加以洊饑，粵、閩盜起，兵民所在鬬譁。受害延頸清兵，謠曰「敵行如蟹」，蓋遲其來也。尋轉吏科都給事中，擢督餉兩廣，户兵二部右侍郎，便宜行事。上祛衙蠹、清隱匿、革火耗、禁牌票、去飛詭、除陪税六事。

福京亡，回蜀。再謁昭宗肇慶。永曆四年七月，以兵部左侍郎總督嘉眉。八年，兼副都御史總督五省軍務。事敗，隱綏陽以終。

球，武進人。崇禎十三年進士。終江西副使。

允治，字際昇，大興人。崇禎十六年進士。

洪淯鼇，字六生，晉江人。崇禎中選貢。紹宗即位，上中興策，授衡州通判。何騰蛟奇之，請改道州知州。福京亡，李赤心等十三鎮以所部出道州，淯龍迎說曰：「兵所以異寇者，畏法受官節制也。今縱劫，則依然寇耳。」諸將皆瞋目，獨郝永忠奇之，曰：「子非百里才，行當佐吾軍。」偕謁昭宗，遷僉都御史，監諸鎮軍，出駐湖南。騰蛟歿，孫可望入滇，朝問阻絕，乃與十三鎮退入西山，據夷陵、歸州、巴東、均州、巫山、涪州，屯田固守。久之，得安龍駐蹕信，間道上疏，言十三鎮公忠無二，今扼險據衝，窺晉、楚、蜀有衅，隨時而動。議者多其功，詔加兵部右侍郎，總督粵滇黔秦楚豫。上既蒙塵，猶偕諸鎮死守湖、湘間。

永曆十七年，清兵陷老木孔，劉體仁自焚死。或曰事去，公可逝矣。淯龍曰：「師亡與亡，去將何之？」遂與永忠等被執。勸降不從。赴市，臨命神色不變，屍投巫山三峽中。

劉茝，字汝馨，富順人。工詩文，風流豪放。永曆中，以貢生廷試，授庶吉士，遷簡討，轉編修，值經筵。奉使封孫可望冀王。忠梗，觸馬吉翔怒，數瀕於危。交水捷後，以可望黨降級。

安龍陷，上議移蹕，力請幸建昌，萬一清兵進迫，順流下重慶、夔關，合十三鎮擣荆、襄。上聞大喜，命取路程密進。龔彝、王應龍先行備糧草，幸建昌。卒格於吉翔而罷。永曆十三年，上幸永昌，與胡顯復面陳取道入川，猶可瓦全，幸緬則惟有君臣同盡，慷慨數百言，號慟不起。上俯首，左右泣下。吉翔惡其言，矯命草罪己詔告上帝檄文以困之。文上稱旨。行至銅壁關，爲孫崇雅所阻。

時崇雅屯騰越。楊武兵至，謀以滇兵二千討之，復騰越。蒞勉武忠義。已武併諸軍，蒞責以大義，不顧，二人自是有隙。九月，武密謀降清，恐蒞抗議，陽請賫表入緬，請封迎駕。蒞遂出關，緬人囚之遮哈者三月。間使表上，上命蒞以僉都御史監武軍，復雲南。蒞至三宣，察山川形勢，欲説武以大營屯蠻莫扞上，應李定國、白文選，而自以三千人屯騰越，別令死士五百短刀裹糧，夜行日伏，渡江至者梗，出駕於險，然後大軍平緬而郡縣之。及還，而武已畔，送至滇京，痛哭祈死。吳三桂右之，放歸。爲道士河陽，與詩僧敏樹、靈隱、恒秀、野竹遊。未幾，抑抑卒。

熊興麟，字維郊，永定人。崇禎十六年進士。授宜興知縣，禁暴詰奸，吏民翕服。隆武初，蘇觀生、何吾騶薦歷主客主事、河南道御史。昭宗即位，改湖廣道，巡按湖南，潔己率屬，撫綏尤至。行抵辰州，清兵至，與李之芳、周大啟同被執。勸之薙髮，大罵不從，繫解北京。守者欽其志義，寬械繫。夜靜，守者酣寢，之芳將逸，蹴興麟同去。興麟曰：「死吾分也，逸而追，追而見殺，是幸免而不免也。」酣睡不聽。已至北京。以金聲桓反正，省牒未至，仍回武昌、辰州。七年坐卧一小樓，卒不屈，釋歸。杜門四十年。見崇禎劇，輒掩泣。卒年八十九。兄九明、弟立宇及族人諸生亦楚、傳麟，皆死。

之芳，字廣生，江陵人。職方主事，終郎中。

大啟，字開美，長洲人。崇禎七年進士。授黄州推官，遷知府。城毁於寇，召民版築，匝月城完。隆武初，何騰蛟薦擢湖廣督學僉事。至辰州，清兵至，率土司兵及吏民萬人逆擊於桃源，兵不敢犯。遂入川，堵胤錫命開餉生以資軍儲。後被執。望闕再拜不食死。士民哀慟，藁葬於永順司之小乾溪，立祠祀之。

同時王者友，字克濟，番禺人。崇禎九年舉於鄉。以御史巡按衡永嘗寶卒。後，代者藍亭。

楊嗣震，字道南，霑益人。崇禎十二年舉於鄉。授海豐知縣，爲政廉敏，詞訟剖決如流，寇起平之。轉易州知州歸。累擢湖廣監軍副使。

熊溎，字丹丘，富順人。江弟，天啟七年舉於鄉。陳盟客。湖廣監軍副使。

郭奎光，字光宸，羅江人。選貢。拒寇全城。授嵩江通判，大興水利。攝華亭知縣，清兵至，走長興。累擢湖廣監軍副使。好學工詩。

闞士琳，字虹叔，嘗德桃源人。副貢。會同教諭、石門知縣，累擢湖廣監軍副使。

楊宗孟，字嶧山，安遠人。選貢。零陵、東安知縣，累遷湖廣監軍僉事。

張冕，羅田人。長沙通判、永州知府，遷湖廣監軍僉事。皆隱終。

羅國瓛，嘉定州人。崇禎十六年進士。隆武時，以廣西道御史巡按雲南。永曆元年三月二十八日，孫可望至交水，總兵郄思孝拒戰史家坡兵敗，城陷被屠。國瓛方按部至曲靖，招壯士八百人城守。次日，可望攻城，國瓛出擊，斬二千級，可望退。未幾大隊至，國瓛力拒五十七日，嘗發壯士黑夜襲可望營，斬數千級。可望知城兵少，圍數匝，壯士傷亡，存十三人，城遂陷。國瓛與焦潤生、夏衍虞、朱服遠等被執至雲南，命仍督學政，不屈自經死。

潤生，字茂慈，上元人。修撰竑子。任詹事主簿，改太嘗，遷中府經歷，都城警，日夜巡邏。遷户部主事，督寧遠餉。轉南京郎中，出爲曲靖知府署僉事，與妾周同死。贈太嘗卿，謚忠烈。子絅，字尚之，任户部浙江司主事，感愴卒。

衍虞，江津人。天啟四年舉於鄉。授臨漳知縣，遷曲靖推官署僉事。一門死。

服遠，字國靖，曲靖南寧人。按察使家民子，賓遠弟，歲貢。自部郎出爲知府致仕，日訂經史。削手不食死。

李滋白，字青蓮，京山人。崇禎十二年舉於鄉。授華容知縣，轉岳州推官。永曆四年四月，以御史巡按雲南。卒年七十七。

時雲南先後司道：

吴正心，字誠先，宜興人。正己弟，崇禎十三年特用。授富民知縣，捐奉講學，給諸生饘。遷嵩明知州，諭降土官。累轉户部郎中、雲南布政使。國亡，悦新興山水，隱蕭寺卒。

徐維藩，巴縣人。崇禎十三年特用。金滄僉事，歷雲南按察使、布政使。

徐宏泰，字君開，上虞人。萬曆三十七年舉於鄉。授巢縣教諭，累遷金滄僉事、洱海副使、順蒙參政、貴州布政使，調雲南，風裁高潔。後扈鐵壁關相失，爲僧蒙化，以吟咏終。

李鳳鳴，字岡甫，晋江人。天啟五年進士。授吴江知縣，以百金訣周宗建，罷。起户部主事。熒惑入心宿，羣糾楊嗣昌；鳳鳴獨謂火星逆行，嘗而非變，爲解學尹所劾。管倉漕，清察馬料。藥廠灾，詔求直言，因言善言不可退灾星，下獄免。累遷郎中，出爲雲南布政使。

饒必籙，大埔人。崇禎三年舉於鄉。雲南按察使。

劉守君，字忠宇，沅陵人。雲南按察使。工詩書。隱陸涼。

廖俊功，長壽人。選貢。雲南監軍僉事，遷督糧參議。

林鍾，晋江人。萬曆三十七年舉於鄉。臨安參政。

學。

張嘉運，字源泉，鉛山人。選貢。梁州知州，累擢臨安參議。

王景，華陽人。萬曆三十五年進士。瀾滄參政。

鄭劭，廣安人。選貢。金滄僉事、瀾滄參議。

鄭覲光，字達衷，鄱陽人。萬曆四十七年進士。職方郎中，轉廣東驛傳副使，調雲南督學。

簡高，巴縣人。選貢。雲南督學副使。

盧錦心，通城人。歷新淦丞、沅江知縣、茂州知州、雲南鹽法副使，有德政。

陳達道，字礎霞，安寧人。崇禎十二年鄉試第一。歷九江、石阡知府。藍苗攻城，死守得全，禽邢有富。時葛彰司脅從民數萬，當道議勦，力白其冤，釋之。遷監軍僉事、安普副使卒。

孔元德，字體仁，威清人。萬曆四十六年舉於鄉。授國子丞，不立魏忠賢祠。累遷臨安知府，調姚安，濬豐樂湖溉田，年增粟千餘石，民生賴之。轉副使，團練自保。改安普。

劉中矶，字元洲，安福人。崇禎六年舉於鄉。通海知縣、臨沅副使。

侯協恭，安仁人。選貢。職方主事，累遷臨沅副使。

何龍禎，新會人。萬曆四十一年進士。授工部主事，督慶陵工。遷員外郎。出爲贛州知府，調鳳翔，陞洱海副使。

羅應台，嚴州新城人。天啟元年舉於鄉。金華教授，累擢洱海副使。

羅孟斗，應山人。恩貢。思恩知縣、平涼同知，陞洱海副使。

喻符慶，榮昌人。選貢。以御史巡按江西，忠直敢言。改洱海副使，著政聲。

羅標，黄平人。貢監。自推官，累遷洱海副使。弟懋，太學生，知縣。從子文奇，選貢，銅仁推官。

張五瑞，字輯之，興隆人。選貢。洱海副使。

夏啟龍，平溪人。天啟四年舉於鄉。歷武定同知、上思知州，武定知府，洱海副使、參政。

周應遇，字鶴泉，善化人。選貢。洱海僉事。降清。

楊先芳，字二嵋，射洪人。萬曆四十年舉於鄉。自教諭，歷户部郎中、安順知府、安平參議，改金滄副使。可望至，與同官楊三畏、楊四知倡義。卒官。

何圖呈，貴陽人。萬曆三十八年舉於鄉。金滄副使。子兆柳，字星如。崇禎三年舉於鄉。率兵援方國安大方，解其圍。後爲副總兵陶洪謨所搆，與子東鳳、鳴鳳同遇害。

陳彌高，高安人。進士。金滄副使。隱遵義西坪。

張柔嘉，不知何許人。金滄副使卒。永曆四年，雷躍龍與編修唐皐爲之立碑。

胡雲龍，平壩人。隆武元年舉於鄉。金滄副使。

譚道開，字梅嶺，石阡人。隆武元年舉於鄉。自編修出爲金滄僉事。國亡，隱白龍山。

趙珣，字尹孚，安寧人。日亨子，隆武二年舉於鄉。歷鄧川知州、石阡知府、金滄僉事。工詩。後坐黨逆伏誅。

程鳳，字竹廷，遵義人。金滄僉事。隱。

萬嗣達，九江德化人，崇禎十九年舉於鄉。金滄副使。

尹先覺，昆明人。崇禎三年舉於鄉。金滄僉事，謫白鹽井提舉。

史纘烈，字武璵，金壇人。天啟二年進士。歷建安、山陰知縣，南京户部員外郎，黄州知府，設守具。調柳州，轉曲靖副使，創重卒。子直，事別見。

孟紹孔，汶川人。選貢。歷羅平、霑益知州，建陳坊橋城備寇。歸，起兵應樊一蘅，累擢曲靖副使。

姚化龍，石門人。副貢。太湖丞，累擢雲南監軍副使。

彭夢鶴，馬龍人。崇禎六年舉於鄉。參議。

高梁楹，思州人。萬曆三十四年舉於鄉。雲南驛傳參議。

竇紹仁，貴陽人。萬曆四十三年舉於鄉。

廖含弘，澂江人。天啟七年舉於鄉，潮州同知擢。

冷文燁，銅梁人。皆副使。

張耀，字融我，三原人。萬曆三十一年舉於鄉。授聞喜知縣，累遷南京户部主事、郎中，鶴慶知府，金滄副使，保寧參政，貴州按察使、布政使，精明仁愛，所至有循卓聲。張獻忠敗歿，孫可望率衆繇川入黔，渡烏江攻貴陽，皮熊走都匀，耀言於米壽圖，請發民兵守禦。壽圖以衆寡不敵，難之。俄兵奄至，壽圖走沅州，耀率家丁登陴拒戰。城陷，巷戰被執。可望説之曰：「公秦人也，若降當位宰輔。」耀怒駡不屈，械其妻孥三十許人於前曰：「降則一家免死。」耀駡愈毒，乃去舌支解，一家皆慘死。

時貴州先後疆吏之可紀者：

貴陽知府郭九圍，固安人。侍郎光復子。任刑部郎中擢。

朱茂時，字子葵，秀水人。尚書大啟子。任國子典簿，歷順天通判、都水主事郎中，督張秋河道，守東昌拒清兵，解圍去陞。剿安酋餘黨，生禽阿烏謎。憂歸，卒年八十九。

唐從悌，字玉汝，秀水人。崇禎十三年特用。授翁源知縣，勤於撫字。邑有爭鬭，則食斷腸草而死；又有嘿嘿教妖黨相扇爲奸，悉禁之。遷桂陽知州陞。

廖維仁，長壽人。選貢。

魯舜中，會稽人。太學生。晋寧騰越知州，籍陳夢熊家遷，謫晃州驛丞。後降清。

喻守先，字瑞寰，長壽人。太學生。

貴陽同知李試，昆明人。天啟元年舉於鄉。

李之華，湖口人。歲貢。

李時秀，城步人。歲貢。

鄒之瑾，温江人。選貢。師宗知州改。

貴州軍糧同知敖維詮，榮昌人。恩貢。孝廉方正。

貴陽通判徐謙，不知何許人。

萬夫望，雲南人。歲貢。

朱昌任，廣東人。恩貢。

余鶚翔，辰溪人。選貢。

新貴知縣李思睿，平樂人。崇禎十三年特用。

李瑞鶴，字雪卿，富順人。士震子。崇禎十二年舉於鄉。可望欲官之，爲僧。兄開先，字傳一。同年舉於鄉。李國英招不出，卒年九十三。

徐可汲，廣順人。隆武元年舉於鄉。

貴定知縣張士龍，宿遷人。恩貢。

開州知州王璠，平壩人。歲貢。阿迷知州調。

劉三德，字一元，攸縣人。歲貢。臨桂知縣，靖江王亨嘉除僉事，不受。瞿式耜薦擢。卒年八十三。

廣順知州陳計大，涪州人。選貢。鎮遠推官陞。

定番知州劉鴻業，崇仁人。崇禎十五年舉於鄉。

趙得璋，雲南人。舉於鄉。

曹學易，全州人。舉於鄉。

張明輔，字金沙，内江人。父廣，字武當。官知縣。明輔，隆武元年舉於鄉。婺川知縣遷。隱。

安順同知喻時龍，榮昌人。

推官胡時，富順人。恩貢。

龔三級，字堯階，江津人。舉隆武元年貴州鄉試。歷遵義訓導、綏陽教諭。通史學。

爲王應熊所重，陞歸。子懋熙、懋烈、懋勳。懋烈，崇禎十五年舉於鄉，孝友，入粵。懋勳字季駿，歲貢，守永寧死。懋熙，事別見。

鎮寧知州倪永壽，嘗德桃源人。舉於鄉。

曹天錫，臨安人。舉於鄉。

萬鵾，字圖南，富順人。選貢。雲南通判陞。雪喬氏獄，多善政。

黎民望，字應期，羅定人。歲貢。丘縣、義寧知縣陞。

永寧知州徐保泰，馬平人。舉於鄉。鄧川知州，釐剔奸弊，調。

普安知州龍時躍，恭城人。舉於鄉。

侯思恭，上元人。舉於鄉。

劉世龍，臨安人。舉於鄉。

朱國祀，不知何許人。

訓導張珣，鎮遠人。死難。

都勻知府魏士沖，字四印，南昌人。主事陞。鄰境飢，振活萬人。土苗亂，單騎諭解。聞福京亡，痛哭死。子邦植，字中立。都勻圍，在外招兵七百，至則父歿，泣三日，仰藥死。

張君聖，桐城人。崇禎十三年特用。清平衛同知，與副總兵楊才、林得勝平文德妖僧亂擢。

楊整綱，江川人。萬曆三十七年舉於鄉。

傅廷峯，字雙朝，臨川人。舉於鄉。憂歸阻兵，隱會同。

任熙，雲南人。隆武二年舉於鄉。

推官張勉行，鹽亭人。

李正華，字振寰，桐梓人。歲貢。南江知縣、清平衛同知陞。隱遵義。卒年八十四。

訓導唐思琓，會同人。永曆八年舉於鄉。以孝德稱。

麻哈知州金之鎔，字赤華，安鄉人。選貢。宣平知縣遷。

周希貴，江西人。

李頫，江津人。選貢。

談亮，字晋若，富順人。永曆二年歲貢。義寧知縣遷。爲僧遵義臺山寺。

胥達，巴州人。舉於鄉。

曾啟益，南海人。恩貢。

蘇九河，晋寧人。舉於鄉。

張鎔，合州人。舉於鄉。

劉昭，四川人。舉於鄉。

姚大統，雲南人。

獨山知州胡國璉，洪洞人。崇禎六年舉於鄉。

林致禮，上思人。舉於鄉。

徐廷綬，上饒人。進士。

譚文隆，南昌人。舉於鄉。

吴琰，建水人。舉於鄉。什邡知縣遷。

郭之翰，字羽生，富順人。新貴知縣遷。工詩畫。隱遵義。

劉安坤，畢節人。

張應井，四川人。

黄有年，南海人。舉於鄉。安化知縣陞。

祁州持，雲南人。

奚佳棟，雲南人。崇禎十五年舉於鄉。封川知縣轉。

清平知縣莫如龍，高要人。崇禎十三年特用。

湯仁洽，辰溪人。副貢。

江發爾，江津人。歲貢。

訓導朱士琨，字來聘，天柱人。歲貢。歸裝止大明會典。吴三桂至，大罵死。

平越知府倪大焕，沅州人。永曆八年舉貴州鄉試。溆浦教諭陞。

推官孫玉潤，字攻可，金壇人。崇禎十三年特用。

清平衛同知董孚毓，江津人。舉於鄉。

嚴予自，四川人。

李自奇，江川人。舉於鄉。

楊之鵠，成都人。舉於鄉。

李紹沅，桂林人。舉於鄉。

申公偉，四川人。

興隆衛教授方時吉，字五雲，清平人。歲貢。馬湖訓導、貴陽教授改。苗畔，斶財給軍全城。

黄平知州陳虞熙，字唐臣，巴縣人。歲貢。

王适，字二若，河西人。舉於鄉。

江洪範，宜山人。歲貢。守城有功。

歐陽祐，字篤之，四會人。選貢。

陳大猷，字我素，瀘州人。選貢。

熊錫揚，字千里，隆昌人。選貢。

顏復孔，字祖一，遵義人。選貢。

喻文昌，字爾介，榮昌人。選貢。羅次知縣陞。

何振虞，字文鐸，涪州人。選貢。

桂天燦，字闇然，綦江人。選貢。

餘慶知縣楊先秀，楚雄人。選貢。

趙登階，大竹人。恩貢。

劉茂和，富順人。選貢。

何致祥，四川人。選貢。

甕安知縣張映奎，桐城人。

羅申望，長寧人。恩貢。

王維新，字五湖，酆都人。崇禎十七年選貢。王應熊疏薦。

湄潭知縣吴邦寧，雲南人。

崔維坤，順慶人。

阮文曾，富順人。

陳天貺，偏橋人。歲貢。

黎平知府夏偉，石首人。崇禎三年舉於鄉。

李明先，不知何許人。

喻思超，滎昌人。歲貢。永昌同知遷。卒年八十六。

黄中穎，不知何許人。永曆八九年任。

胡宗虞，武進人。降清。

同知趙元洊，四川人。推官陞。

推官何東俊，寶慶新化人。崇禎十三年特用。

向廷聘，黔陽人。歲貢。

通判舒昌容，溆浦人。歲貢。

教授田毓龍，字雲從，平溪人。隆武元年舉於鄉。

永從知縣李宗周，盱眙人。

熊兆聖，字瑞卿，進賢人。崇禎六年舉於鄉。

思南知府周甲、程甲等，不知何許人。繼羅廷璵任。

段渾然，晉寧人。隆武二年舉於鄉。隱。

同知彭嚴，字威崖，隆昌人。崇禎十五年舉於鄉。督兵卻寇。

楊升亨，宜春人。歲貢。銅仁知縣，推官陞。

李之誠，字純樸，宜章人。選貢。推官遷。

通判龔希，字黃石，不知何許人。隱玉屏。

秦于莘，鄰水人。崇禎六年舉於鄉。

推官李盎然，盧溪人。選貢。長泰知縣，以拒劉香功陞。破土寇王邦明。歸。

徐綱，永嘉人。

鄧承簪，全州人。天啟七年舉於鄉。

張一中，盧溪人。選貢。

劉芳早，平溪人。崇禎十五年舉於鄉。

安化知縣郭孝懿，字仁仲，富順人。選貢。歸。

黃有年，南海人。舉於鄉。

婺川知縣鄭龍采，字聖昭，歸安人。天啟七年舉於鄉。道出長沙，何騰蛟欲留之監紀，不可。及歸，騰蛟已歿，乃入山爲僧。
葛楚元，字覲雲，施州人。歲貢。
王士梅，鎮江人。
王際，昆明人。
印江知縣史諫，字信廷，貴池人。選貢。桐鄉訓導陞。均丁徭，廣學額，抑弁靖苗，以老乞休。卒年九十二。
施玉明，澂江人。歲貢。
周吉人，四川人。
胡貴卿，西充人。歲貢。
陳明殿，字獻修，晋江人。副貢。
張其綱，桐梓人。選貢。授徒鄉里。年八十三，沐浴衣冠卒。
楊先春，通道人。歲貢。
思州知府沈縉，黄平人。天啟七年舉於鄉。員外郎陞。
劉起蜀，岳池人。副貢。
江濬，臨安人。舉於鄉。石阡知府調。

黄夢瑞，南平人。萬曆二十二年舉於鄉。廣寧知縣、撫州同知陞。卒年七十二。

丁裕慶，字凝宇，霑化人。尚書懋遜子。任太嘗典簿，自南京户部郎中陞。國亡入山。卒年八十二。

推官黎象斗，字樞漢，南海人。天啟四年舉於鄉。釐革弊政。李若星薦寧州知州，因母老乞歸，三十餘年卒，年八十五。

鎮遠知府張宗煒，全州人。恩貢。

鄧應韜，字卓庵，高安人。選貢。弟應宿，字小白。諸生。工詩。入山。

閃繼詩，永昌人。舉於鄉。

黄運燁，江津人。舉於鄉。

教授蔣正藻，天柱人。永曆十年歲貢。

鎮遠知縣徐文品，字淡斯，建昌新城人。慶餘子。選貢。江安教諭陞。隱。

陳然，不知何許人。永曆十一年任。攻九股、兩江苗。九月，苗殺流寓鄉官曾惠三、謝攀龍等數十人而去。

施秉知縣任師洙，廣元人。恩貢。

銅仁知府朱啟元，浙江人。官生。

何廷玉，字騰霄，香山人。恩貢。中書舍人、大理右寺副、刑部員外郎遷。

同知盧騰鳳，黎平人。選貢。桐梓知縣遷。

推官陳惺，字稺伯，荆門人。弘光元年選貢。廷讓馬士英，幾得禍，科道交救免。改餘慶知縣，未赴而南京亡，入茅山爲道士。

銅仁知縣涂淑，新建人，舉於鄉。

吴伯裔，漢陽人。選貢。

喻劍龍，滎昌人。

石阡知府王登邦，武昌興國人。萬曆四十六年舉於鄉。忠州知州陞。

郭鳳儀，西鄉人，舉於鄉。貴陽推官、同知，慶遠知府調。

俞穎濱，鄞縣人。崇禎六年舉於鄉。

黄光中，江陵人。舉於鄉。貴定知縣、興隆同知陞。

張懋賞，大庾人。婺川知縣陞。

程之文，四川人。恩貢。

牟學程，巴陵人。舉於鄉。

王瑞徵，遵義人。舉於鄉。

周禮山，字敬亭，江津人。選貢。新貴知縣遷。居五脈里，不應三桂招。
傅爾礪，墊江人。選貢。
同知劉世安，廣安人。歲貢。
涂陳謨，墊江人。恩貢。
董國柱，嵩江華亭人。
龍泉知縣高仲熊，銅梁人。舉於鄉。
錢生輝，富順人。歲貢。
張應宿，陸涼人。歲貢。
新添同知楊霏玉，綦江人。永曆八年舉貴州鄉試。妻李與妯郭，死難。
安南同知劉蒲，綦江人。永曆八年舉貴州鄉試。
平壩同知何士壯，四川人。選貢。
喻希珍，銅梁人。歲貢。
龔繼勝，四川人。歲貢。
孫廷蘭，楚雄人。舉於鄉。
訓導楊可畏，威清人。歲貢。

安龍知府任之聰，通判朱永九、胡奉中，推官譚江藩，不知何許人。之聰後調敘州。

又同知任中龍，思州人。永曆八年選貢。

知州林之平，字可均，黄平人。崇禎九年舉於鄉。

蕭永奇、陳廷章，歲貢，通判。程登雲、毛有倫，黄平人。歲貢。

推官陳訐定，涪州人。

彭萬里，貴陽人。萬曆三十四年舉於鄉。

陳如旦，銅仁人。崇禎十二年舉於鄉。

高士毅，思州人。選貢。

萬鍾錫，平溪人。選貢。

葉如檜，字芳會，平越人。選貢。

魏明魁、陳良才、鄧之豫，黄平人。歲貢。

訓導李達，字應亨，黄平人。選貢。與弟通，歲貢，訓導。皆負文名。卒年八十一，任地不詳。

傅元和，字商梅，桐梓人。天啟四年副貢。授桂平知縣，教士愛民，興學平役。遷雲州知州，平寇亂，王應熊以全川人才第一薦。轉貴州督糧參議，兼監軍副使。調下川南，先後九年。擢雲南按察使，陞布政使。國亡後卒，年八十四。

子爾訥，歲貢。鎮遠知縣，有聲，卒年七十三。爾玄，字澹方。選貢。有經世才，錢邦芑疏薦川才第二。國亡隱詩酒終。

元和弟元勳，字鼎銘。諸生。天啟中，奢崇明破城，起兵逐之，授三團營副總兵，卒年八十。子爾才，字篤生。歲貢。會同知縣，民號「慈母」；爾默，字識先。諸生。先禦崇明死；爾謙，字六吉。歲貢。以破寇功，自溆浦知縣遷職方主事，國亡入山，卒年八十五。

陶汝鼐，字仲調，長沙寧鄉人。生而早慧，甫齔應童子試，學使者驚爲異才，取冠湖南數郡。崇禎元年選貢。上幸太學，廷臣請復高皇帝積分法。特賜汝鼐第一，詔題名太學，以五品秩留監肄業。明年，復試吏部，注除知州，不就，乞留卒業。六年舉於鄉，兩中會試副榜。十四年，上書執政，陳時政闕失，不報。授新會教諭。弘光時，遷待詔。

紹宗立，上書何吾騶，請爲聯絡楚、粵之計。吾騶薦之何騰蛟，陞職方主事監五省軍；上改簡討。郴州亂，適在宜章，詔使至，人心疑貳。汝鼐刊布新詔，激厲聲援，隨冒險度嶺，與大兵會。隆武二年十月，至長沙，往返湘陰、新牆間，捍禦有功。

永曆二年，江、廣反正，李成棟疏薦御史，道遠未至。騰蛟復永、衡，與朱之宣、陳洪範合湖湘名士三百餘人，出財結客起兵。累轉員外郎、郎中，監軍如故。及諸鎮潰，清兵追急，率妻子入石家沖，母驚恐死。已從騰蛟湘潭，極慮匡陳。三年，騰蛟敗没，入山。

六年，李定國復衡州、湘潭，遠近爭起義兵，逐清吏應之，汝鼒與周堪賡、郭都賢、石開雲預其事。三人同謁定國衡山，擢湖廣布政使。七年，郡胥潘正先訐變於清，逮百餘人，汝鼒在其列。巡撫金廷獻拷掠頻死，以都賢救得免，乃爲僧溈山，稱忍頭陀。自是，訪都賢新隄，劉若金溍江，吴驥景陵，謁顯陵承天歸。洪承疇屢以原官薦用，力辭；山林隱逸辟，不赴。吴三桂兵起，再入山。卒年八十三。

汝鼒書宗米、顏，零綝人爭寶貴。詩古文憤悒鬱勃，涕泗哀思，不能自已。子之典，字五徽，後仕於清。

弟汝鼐，字幼調。張獻忠檄舉名士，汝鼐與之典名最著。汝鼐曰：「兄止此子，吾有三子，不憂死。」仍陽應命，而蠟書乞師於都賢，不得達，後死忠誠難。

洪範，字伯子，長沙人。

時湖南疆吏之可紀者：

岳州知府戴光裕，字孝沖，蘇州嘉定人。天啟七年舉於鄉。孔目、兵部司務、刑部員外郎擢。

通判劉璧，不知何許人。

經歷胡澄一，字止水，揚州通州人。歸，更姓名曰古今。

巴陵知縣張文紘，雲南人。舉於鄉。

歐陽顯宇，桂陽人。

臨湘知縣蔣克光，普安人。歲貢。

熊之臣，不知何許人。

華容知縣趙希孔，東莞人。

寧用轍，字叔繇，廣德人。恩貢。歲苦浮糧，設法徵輸，甦民困。林居四十年，卒年九十二。

王玄居，字子雲，吴縣人。天啟元年舉於鄉。剛果廉清，疏劾項煜。

安鄉知縣金許增，字君啟，仁和人。萬曆四十六年舉於鄉。有惠政。

陸騰驌，武進人。崇禎十七年恩貢。

石門知縣張大亨，昆明人。崇禎九年舉於鄉。

慈利知縣葉占榮，不知何許人。

長沙同知康元典，字欽明，吉安龍泉人。

推官蔣奇生，全州人。崇禎九年舉於鄉。醴陵知縣遷。

長沙知縣劉啟周，西充人。清平知縣，慈惠得民。調。

梁凝祺，不知何許人。

湘陰知縣汪能育，字在宥，婺源人。選貢。死難。

教諭李先登，字文岸，善化人。歲貢。負母入山。

湘潭知縣杜同益，鄞縣人。選貢。平江知縣，率義軍李世第平許定凡亂全城。歷長沙調，士民懷去。

萬象復，富順人。恩貢。

瀏陽知縣趙烱，零陵人。

醴陵知縣程澤，字子汲，孝感人。道壽孫，任來安知縣調。

蔣德秀，夏津人。歲貢。

吴守興，寶慶新化人。堵胤錫薦。

寧鄉知縣程門徒，四川人。

劉衍洙，平原人。崇禎十五年舉於鄉。

教諭龍吟，字非聲，湘鄉人。副貢。

益陽知縣張際熙，長泰人。崇禎十三年進士。

湘鄉知縣劉宗陶，襄陽人。崇禎六年舉於鄉。

蔣德儒，全州人。舉於鄉。

彭濬典，孝感人。選貢。

訓導鄧奇，寶慶新寧人。恩貢。

攸縣知縣辛嗣順，武定府人。崇禎九年舉於鄉。耒陽知縣調。

龍有珠，字頷有，吉安永新人。恩貢。政簡，苞苴不入。入山。

于灝然，濟南新城人。崇禎十五年舉於鄉。

安化知縣譚素芝，衡陽人。

王鼎彝，字啟宣，處州龍泉人。副貢。長沙、湘鄉縣丞。長沙陷，與總兵李甲恢復擢。

茶陵知州王大振，晉江人。天啟七年舉於鄉。

熊鼎延，字調御，富順人。選貢。

嘗德知府劉舜濬，臨桂人。崇禎六年舉於鄉。良鄉知縣擢。降清。

李軒，威遠人。選貢。

同知楊兆雷，昆明人。舉於鄉。桃源知縣遷。

推官王景雲，天長人。崇禎十年進士。

趙伯榮，星子人。崇禎十五年舉於鄉。

武陵知縣鮑義，欒至人。選貢。防寇不敢犯。

桃源知縣余開泰，曲江人。崇禎十五年舉於鄉。

韋崇德，南直人。恩貢。安化知縣調。

縣丞陳紀，降清。

訓導何文炤，字三台，桂陽人。歲貢。劉新宇犯州，力守解圍，爲陳睿謨指陳形勢。

沅江知縣蔣國紳，廣東人。舉於鄉。

王廷宰，字毘翁，嵩江華亭人。選貢。

王尚行，烏程人。萬曆四十三年舉於鄉。入山。

李璨然，寶慶新化人。胤錫疏薦。

何奎，郫縣人。流寓不歸。

姚命高，宿遷人，歲貢。

衡州知府聶起潛，新喻人。天啟四年舉於鄉。同知遷。

鳳翕如，字鄰凡，吴縣人。恩貢。漢陽通判，力拒全城，擢。卒。

同知謝所舉，字瞻菉，湘潭人。萬曆三十七年舉於鄉。湖口知縣遷。

羅廷策，滁州人。歲貢。嘗寧知縣，御下寬和，陞。

通判鄭爲霖，江都人。恩貢。郴州知州，解砂礦，降清。

彭萬舉，貴州人。舉於鄉。嘉禾知縣轉。

朱久壽，清江人。選貢。

盧煒，貴州人。恩貢。

推官蔣有成，全州人。萬曆四十三年舉於鄉。

蔣振世，全州人。崇禎十五年舉於鄉。

衡陽知縣蔣維芳，全州人。舉於鄉。

趙師世，安福人。崇禎十五年舉於鄉。

衡山知縣黄雲舉，南海人。

張甲，字茹蘖，昆明人。舉於鄉。爲僧，名智霈。歿於嘉興。

毛應雷，字鶩百，嘗山人。選貢。

耒陽知縣李國楨，江西人。截火耗陋規，再破寇竃户。

朱文徽，不知何許人。蘄清知縣崔璨復城。

訓導朱錦標，字連璧，均州人。選貢。寇至不屈，廬墓課徒。

嘗寧知縣劉湛，鎮遠人。歲貢。

安仁知縣江虬，雲南人。

酃縣知縣程良騆，孝感人。選貢。

劉端，長壽人。恩貢。

劉三聘，長壽人。恩貢。

桂陽知州陳佳胤，貴州人。舉於鄉。

李亨，字惠迪，故城人。崇禎六年舉於鄉，同考隆武二年鄉試。

吴道羽，湘陰人。

同知李之華，字還初，湖口人。歲貢。

學正林際開，龍川人。舉於鄉。寇官不應，走。

臨武知縣謝嘉賓，揭陽人。舉於鄉。

蔡宗虞，四川人，選貢。

藍山知縣朱夢雷，雲南人。舉於鄉。

嘉禾知縣譚大政，新會人。萬曆四十六年舉於鄉。
鄒繼孟，崇仁人。選貢。
陳九鶴，字鳴皋，邵陽人。萬曆三十七年舉於鄉。撫戢噢咻。未幾歸。
永州知府胡良知，内江人。崇禎九年舉於鄉。同知陞。
同知何占魁，湄潭人。隆武元年舉於鄉。
通判黄起鯤，仙遊人。天啟四年舉於鄉。高郵同知擢。
劉伯相，不知何許人。
零陵知縣許金礪，晋江人。崇禎九年舉於鄉。
鄭九苞，安陽人。崇禎十五年舉於鄉。
唐朝凱，字伯元，桂林興安人。副貢。
縣丞林學泰，寶慶新寧人。恩例。
祁陽知縣劉裔都，眉州人。
譚奇遇，新會人。歲貢。
羅懋賢，字友國，香山人。歲貢。
東安知縣莊鋋，字翰衡，桂林興安人。崇禎十二年舉於鄉。

教諭謝國安，字公輔，寶慶新寧人。薦舉。入金城山。詩文多滄桑之感。

道州知州楊冠南，雲南人。

蔣爾揚，字抑之，嵩江華亭人。萬曆四十三年舉於鄉。

周大賚，不知何許人。道州判官遷。

寧遠知縣鍾鳴時，贛縣人。選貢。

朱明遇，字爾隆，桂陽人。廩生。萬曆二年復城，曹志建疏薦江華知縣。永明周南、蒲轅爲典史教諭，三年調。

何甲，江都人。爲僧名起顏。

江華知縣李大捷，清平人。萬曆四十六年舉於鄉。

胡邦儀，桂林人。恩貢。永曆元年，爲郝永忠所執，以判官鄔嘉運署。是年八月降清。

劉廷祚，雲南人。鄉試第一。志建疏薦。平蔣魁楚亂。

孫美，不知何許人。三年任，走。

永明知縣董應朝，不知何許人。志建疏薦，自典史擢。

胡文，不知何許人。二年復城任。

陳偉烈，英德人，歲貢。

張允昌，不知何許人。六年任。

教諭王上許，字葵中，臨武人。歲貢。家居二十五年卒，年八十七。

新田知縣劉有源，全州人。舉於鄉。

寶慶知府丁煜，鳳凰人。恩貢。邵陽知縣、寶慶同知遷。城陷，以得民，民匿之山中。

同知尹珪，吉安人。選貢。袁繼咸監紀推官、路南知州陞。

通判陸景暉，嵩江華亭人。

饒球，字賡韶，大埔人，恩貢。佟養甲授興業知縣，不赴。舉山林隱逸，不應。廬墓卒。

推官丘振翼，金谿人。崇禎三年舉於鄉。

經歷翁道，和州人。歲貢。

教授洪公述，字毓昌，壽昌人。歲貢。黄巖教諭遷。

邵陽知縣丁仁宜，南昌人。選貢。

教諭譚宗廩，字五和，鄠縣人。邵陽訓導，不應寇召，以兵復城，擢。

城步知縣馬思永，英山人。歲貢。

孫繼偉，山西人。

吴士俊，無錫人。

牛夢禎，平陽人。

胥調陽，蓬州人。

劉懋賞，貴州人。兵後，收骸骨，釋無辜。苗人不靖，力持鎮靜。朱之俊僞稱岷王，奪民女，廉其非是，禽之。謝明僞稱永王招兵，設官散劄，扇惑苗民。逼使入見，偵伺執之。先後免丁糧，斬營兵淫掠者，修城種桑。乞歸。

主簿胡均堯，字雲谷，衡山人。與總兵胡躍龍、參將廖三論剿寇，斬獲多。

武岡知州沈鯨，大理太和人。崇禎六年舉於鄉。城步知縣遷。磔岷府畔渠三人。

同知范繼滇，會稽人。太學生。

奉天知府馮璟，字白沙，上高人。調劑兵民，招集流亡有功。

楊其尤，字瓜步，富順人。世賞子。恩貢。孫可望入貴，招兵夷峒，授新貴知縣。王祥攻城，力拒之。歷安順同知、鎮寧知州、刑部主事遷。

張鳳翔，四川人。

楊延嗣，阿迷人。崇禎九年舉於鄉。郴州知州陞。

同知劉平，西安人。歲貢。新寧知縣遷。

新寧知縣李登雲，綏寧人。新寧訓導擢。

馮福謙，不知何許人。

姚洛相，通海人。

羅逞，四川人。

熊祚陽，四川人。

劉佳胤、楊士繡，不知何許人。

周士琦，不知何許人。兵後招集流亡，結茅成市。

辰州知府王國儁，青陽人。崇禎三年舉於鄉。靖州知州陞。

李鰲，墊江人。選貢。

同知趙敏學，字太玄，海鹽人。天啟元年舉於鄉。儀隴知縣遷。卒年九十。

楊萃，河南人。舉於鄉。

通判熊文夢，字仰眉，江安人。選貢。瑞金知縣轉。

王錫命，南直人。恩貢。

推官陸晋錫，字康叔，上海人。恩貢。中書舍人、麻城知縣，治獄多矜全，擢。歸隱。

沅陵知縣袁偉，不知何許人。

盧溪知縣朱躍，不知何許人。舉於鄉。

張治道，不知何許人。恩貢。

辰溪知縣沈綿應，江西人。選貢。

陳繼元，浙江人。崇禎十三年特用。

譚顯綸，字如絲，茶陵人。選貢。

周鳳毛，字羽瑞，鎮遠人。崇禎十五年舉於鄉。以德化民。入山不見清令，鄉飲力辭。卒年八十。

溆浦知縣王祚久，字象徵，平越人。選貢。酆都知縣調。歸。

雷鳴皋，字舒陽，盧陵人。崇禎十六年進士。

沅州知州劉之傑，字三若，九江德安人。恩貢。騰蛟薦溆浦知縣遷，卒官。

李虞昌，商河人。崇禎十五年舉於鄉。

李之蓁，營山人。歲貢。

黔陽知縣李益蕃，偏橋人。天啟四年舉於鄉。

黃塏，字赤城，平壩人。隆武元年舉於鄉。有善政。

麻陽知縣吴一驥，字伯顧，如皋人。選貢。

崔俊，廣西人。歲貢。

郴州知州藍天麟，不知何許人。永曆三年任。復永興、耒陽。

陳藺，道州人。志建命署。

判官李宏源，不知何許人。

永興知縣劉之澄，字淑清，萬年人。恩貢。戡臨藍寇。歸隱二十年卒。

徐中斗，青陽人。歲貢。李赤心命署興寧改。

王應乾，南昌人。歲貢。襄陽教諭，力守全城擢。

宜章知縣楊本厚，鶴慶人。天啟元年舉於鄉。臨藍寇亂，供大軍糧，飭守禦，三破寇。

陳承恩，六合人。典史擢。

教諭周尚文，寶慶新化人。歲貢。

興寧知縣馬士達，和州人。張獻忠至，復城。

吴之玉，黎平人。歲貢。天柱知縣調。清兵至，入瑶峒。永曆二年九月，劉季鑛命與將蔡甲護知縣李士卓以瑶兵攻桂陽。江西副總兵王乃聖、監軍王雲先兵至，合力大破清兵。十二月，王宗率紅巾五千人屯桂陽。六年十一月、七年八年正月，三攻興寧不克，未幾敗歿。

桂陽知縣王士，祥符人。選貢。

金玉振，嵩江華亭人。恩貢。

歐陽季謙，廬陵人。太學生。

教諭唐大亨，興寧人。選貢。

靖州知州夏琳，重慶定遠人。舉於鄉。

楊延之，吉水人。選貢。

鄭民安，字象和，平溪人。隆武元年舉於鄉。永從、隆安知縣遷。

劉萬齡，平溪人。歲貢。天柱知縣陞。

學正胡景超，武岡人。永曆二年選貢。

會同知縣周麟，字瀛仙，富順人。天啟四年舉於鄉。疏陳方畧。憤卒。

周兆星，富順人。崇禎十五年舉於鄉。

通道知縣石之鼎，黄平人。歲貢。

宋夢熊，平陽太平人。崇禎三年舉於鄉。

綏寧知縣江應斗，字紫垣，大竹人。舉於鄉。爲政寬厚。

馬仁龍，貴州人。

李兼，四川人。

周鼎芳，富順人。選貢。

方鑾，光州人。崇禎三年舉於鄉。

天柱知縣牛化龍，武陵人。選貢。

余廷薦，不知何許人。

岷王長史郭維翰，字屏叔，汀州歸化人。萬曆二十八年舉於鄉。臨江推官、慶遠同知改。

九永通判郭繇興，河南人。選貢。

又同知李才啟，寶慶新化人。

監紀通判石國瑋，沅陵人。歲貢。所至多所保全。妻沈死難。

鄺鵬程，臨武人。歲貢。

督餉通判闞士覲，字雉侯，嘗德桃源人。歲貢。綏寧知縣陞。

通判龔爾仕，字孺義，邵陽人。御史守忠子。張同敞疏薦。

知州鄭國孝，武岡人。

推官余萬翔，辰溪人。歲貢。

江有溶，字谷尚，長沙人。選貢。安化訓導擢。隱。

知縣楊農晙，武陵人。舉於鄉。講學目沛園。

李科，通道人。歲貢。

閔朝宗，靖州人。恩貢。

鄧林梗，武岡人。崇禎十七年恩貢。

李元成，衡州嘗寧人。崇禎十七年歲貢。

丁醇，字伯厚，豐城人。崇禎十五年舉於鄉。母老歸，杜門。

判官蕭聞宇，字慎初，泰寧人。歲貢。懷集知縣改。政尚廉平。林居三十餘年卒。

訓導伍一生，字東陽，衡陽人。歲貢。入石牛山。任地不詳。

何閎中，字絅卿，黄岡人。天啟二年進士。授鎮江推官，累遷苑馬卿、四川督學僉事、瀾滄副使。捍患禦災，愛民課士，士之秀異者，獎掖不遺餘力。沙定洲反，攻楚雄，以兵會楊畏知嬰城固守，清野繕堞，徵援鄰境，屢出奇兵破寇。已寇大至，與畏知晝夜登陴，以忠義激勵士民，守益堅。會孫可望至，圍乃解。可望破會垣西上，閎中往大理覈餉械。可望受畏知約束，乃迎沐天波及閎中歸。

永曆三年，以太嘗卿督雲南學政，士皆慶得師，向學者益衆。然是時疆圉日蹙，措置多乖，可望愈驕横，閎中憂形於色。未幾，可望以脅封殺畏知，閎中聞而痛哭，乃棄官隱於洱海東城。葺廬結社，自題其跡曰蘧庵書院，幅巾道袍，寄情詩酒。語及國事，輒哽咽不食。五年冬卒。

子昌祚，字子安。選貢。孝義不仕。

劉鳴鳳，字賡颺，納溪人，崇禎十六年進士。官浙江道御史。永曆四年八月，以太嘗卿督貴州學政，考貢分別冒濫。十年，調督學雲南，擢貴州布政使。國亡，隱平越。

淩夫惇，字厚子，永川人。崇禎十六年進士。授思南推官，歷都清副使、臨沅參議，以太僕少卿督雲貴學政。風度端嚴，人望起敬。程源死，方較士辰、沅，歸隱開州。衣麤食淡，窮約自甘。清召不赴，修志不應。薙髮命下，令造門勸曰：「明運已終，詎先生幾莖頭髮能留？」夫惇泣下，令感曰：「上有堯舜，下有巢繇，各行其志。」竟不之强，遂以青布囊首，杜門不出。卒年八十五。

王懌，字尹諧，普安人。祚遠子，選貢。授撫州通判，正俗敦化，捐奉設學。改南寧知縣，值昭宗幸滇，地當衝煩，人病財乏，又會歲凶，飢民肆掠，懌乞貸銀十萬，上應供億，下濟飢寒，地方以安。上才之，遷賓川知州，所借銀皆蠲免。

值上發價糴民粟充軍餉，即令鬻米者自齎運赴滇京。命下洶洶，懌疏陳民間痛苦，乃收原銀，賓川歡聲載道。土司張如反，兵出鐵索橋，欲犯滇京。憆隨報，令民以家入城，牒乞師。賊至城下，以精鋭出奇擊之，鄰兵四集，賊衆潰，斬數百級。會李定國至，賊乃散，追及巢窟，生禽如及家口獻滇京。

陞武定知府，親訪民疾苦，勸課農桑。歲餘召對，詢及前事，上説，嘉其禦亂長才，擢洱海副使，益清慎勤敏，撫軍民惠澤。上每遇國家要務，多敕使咨問。以勞卒於官。

時雲南疆吏先後可紀者：

雲南知府許有寰，字汝鎮，揭陽人。萬曆二十二年舉於鄉。授嵩陽知縣，捐建文廟。遷劍州知州、處州通判，革糧鹽陋規，出奉濟貧士及賓興費，陞。

田安國，字元嘗，京山人。天啟元年舉於鄉。貴溪、彭澤、江浦知縣，漳州同知陞。弟寓國，同年舉於鄉。澄邁、滕縣知縣，撫寇。兖州監紀，歸。至杭州卒。

高粱楷，思州人。萬曆四十六年舉於鄉。蒙化同知，廣西知府調。

傅才元，晉江人。崇禎六年舉於鄉。

郭秉忠，綿州人。萬曆四十三年舉於鄉。大理知府調。

推官張璜圖，寶慶新化人。恩貢。

昆明知縣袁應福，字華宇，新貴人。隆武元年舉於鄉。

戚功勳，清浪人。舉於鄉。

宜良知縣劉于鑠，巴縣人。天啟七年舉於鄉。豐縣知縣調。

方興祖，不知何許人。孫可望至，郊迎。可望喜而不入。

楊祖植，不知何許人。

羅次知縣孫憲忠、姬詔、吉品、吴士奇、林龍現，不知何許人。

晉寧知州吴邦憲，不知何許人。

謝禎，石屏人。歲貢。降清。

安寧知州夏珩，四川人。舉於鄉。

陳振琦，字二韓，黄巖人。萬曆四十六年舉於鄉。海豐知縣，清版籍，練鄉兵靖寇，陞

陸涼知州調。博洽工詩。隱宜良。

徐守，臨川人。舉於鄉。均徭平賦，教化大行。

判官喻應豸，榮昌人。選貢。安寧訓導陞。

學正劉光大，宜賓人。歲貢。師範端嚴，持躬廉潔隱。

禄豐知縣楊潔，安居人。舉於鄉。

曹澈，安居人。崇禎九年舉於鄉。

昆陽知州孫世祐，清平人。萬曆二十九年舉於鄉。
張啟賢，字蓼懷，鶴慶人。隆武二年舉於鄉。
任立相，綦江人，永曆八年舉安龍鄉試。
易門知縣漆紹開，江津人。崇禎十五年舉於鄉。
王國勳，河南人。選貢。均丁糧，建城引水。
胡士虞，富順人。選貢。
嵩明知州張瓚，石屏人。崇禎十二年舉於鄉。禄勸知州調。
黄旻，平壩人。選貢。
李起，字君聘，高淳人。勤政愛民。卒，沐天波哭之。
同知宋采，湘陰人。臨民以禮。
來端蒙，蕭山人。
曲靖知府姚以亨，字用嘉，秀水人。尚書思仁子。任南京中府都事，歷刑部河南司主事、四川司郎中陞。雪囚婦鄧氏、一枝蘭冤。振平夷、白水灾，勸士民出米以濟。憂歸，杜門十餘年卒。
賈尚志，彰明人。

夏有功，普定人。歲貢。

同知鄭維岳，字孩如，南安人。以弇雅稱。

孫玲，施秉人。舉於鄉。北勝知州陞。

通判陳士愷，楚雄人。陸涼知州遷。

南寧知縣何負圖，貴州人。舉於鄉。

馬天來，貴州人。舉於鄉。

亦佐知縣牟道顯，高州人。歲貢。嵩滋知縣調。

陸涼知州葉國華，湖廣人。

郭良驥，湖廣人。

韓文燿，嵩潘人。

鄧繼遠，全州人。

劉體仁，普安人。崇禎六年舉於鄉。

鄒甲，四川人。

張星耀，陝西人。

張逢嘉，江西人。

鄧同龘，新建人。副貢。

周麟徵，貴定人。

金玉相，雲南人。

王聘徵，四川人。

馬龍知州楊文謨，九江德化人，選貢。新平知縣，沙定洲亂，被執不屈陛。

夏暐，不知何許人。

陳所養，字玉水，長沙寧鄉人。恩貢。興文教，諭立學。累擢祿勸知州調。

同知魏翰先，字賓起，高淳人。歲貢。

羅平知州繆傳聲，昆明人。舉於鄉。

王用賓，字殿揚，黑鹽井人。隆武二年舉於鄉。大姚知縣，武元監軍，行取將行，會可望至，避鐵索營。召之，誓死不出。永曆三年五月，營將張儒起兵謀洩，一門死，用賓幾及禍。尋調。

王寰，四川人。

慕庸，四川人。

張哲，貴州人。

黄宇，貴州人。舉於鄉。建城修學。

尋甸知府刁醇，霑益人。崇禎六年舉於鄉。

劉國貞，東平人。尚書源清孫，官生。

陳一爵，平壩人。達道子。歲貢。梧州通判、寶慶知府調。城陷，與韓憲忠同死。憲忠，字葵垣，平壩指揮。

臨安知府蔣文麟，全州人。萬曆三十四年舉於鄉。推官遷。

何居廉，嵩滋人。萬曆四十年舉於鄉。降清。

同知杜鍾岳，南充人。選貢。西鄉知縣陞。

推官李應龍，義烏人。崇禎十三年特用。蒙自知縣遷。

張維，襄陵人，歲貢。

建水知州陳其愫，字慈用，武昌咸寧人。

宋世裕，字瑞吾，甕安人。崇禎三年舉於鄉。元謀知縣陞。歸。

學正羅三極，三泊人。歲貢。隱。

石屏知州顧纘詒，字敬修，長洲人。尚書其志子。恩貢。

覃濆，射洪人。選貢。

敖惟銓，榮昌人。選貢。

胡世英，金谿人。選貢。

阿迷知州王三徵，不知何許人。宜良知縣遷。

戴應時、許黄、鄭國僑，不知何許人。

劉譽，江西人。永曆三年建州署。

繆傳臚，昆明人。天啟四年舉於鄉。

方逢聖，永昌人。崇禎十五年舉於鄉。永曆六年，與學正王愛民修學。

吴鑰，貴州人。

吴之甲，湄潭人。隆武元年舉於鄉。

余德韶，字虞岑，奉新人。天啟七年舉於鄉。開建知縣，姚崇明破城，被創，陞。

寧州知州陳三才，貴州人。通海知縣遷。以慈仁稱。

許起鳳，鳳陽人。土司不法，力治不阿，卒中毒死。

涂鼎調，字公弼，靖安人。功貢。

楊一祐、張文耀、陳中繡，不知何許人。

王承鼎，大理人。崇禎十五年舉於鄉。

張日謙、施聖化、閻致和、徐日新，不知何許人。

通海知縣馮如春，浙江人。

河西知縣周之相，貴州人。寬賦弭盜。

唐誥，不知何許人。

鄒宗孟，字直方，遵義人。隱南面水。卒年八十。

楊鳳鳴，字聽虞，沅州人。永曆八年舉貴州鄉試，出潘元成房。與黃巆、周思忠、黃天谷，建城修學。銅仁、新貴知縣調。

嶍峨知縣張士楚，四川人。

曾京階，貴州人。

陳至宣，浙江人。選貢。

蒙自知縣趙崇訓，新添人。

周希文，固原人。恩貢。

新平知縣秦崇文，字文子，湖口人。崇禎三年舉於鄉。

楊名台，臨安府人。諸生。政治清明。

焦尚明，四川人。歲貢。

王尊賢，江西人。選貢。

新化知州蔣良珙，黔陽人。選貢。兼攝南安。普、沙亂後，撫戢多勞。可望至，隱礙嘉竹箐。清屢召不出。

丁獻廷，榮縣人。崇禎九年舉於鄉。力拒可望。彌勒知州調。

鄒光祖、吴國聯、楊宏達，不知何許人。

徵江知府李以衮，字君補，縉雲人。都御史鋕孫，廪生。任都府都事累擢。崇文立學，大修城垣，立礮樓二十。

施瑞鳳，不知何許人。隆武時庶萃士。大理知府調。隱路南。

楊應策，鳳陽懷遠人。官生。

劉鏊，永春人。天啟四年舉於鄉。和曲知州陞。

同知朱應聘，黄平人。選貢。江川知縣遷。

通判周應，字匯海，興隆人。歲貢。有膽畧。鎮遠教授陞。以衮去，攝府。禄昌文肆掠，單騎諭之走。

朱永齡，不知何許人。

河陽知縣左還淳，四川人。選貢。

梁重望，安莊人。選貢。

陽宗知縣鄒思言、汪兆頊，不知何許人。

教諭高明，字偏映，廣西府人。清召不出。

新興知州蔣獻奇，全州人。萬曆四十三年舉於鄉。三水知縣陞。樂易明決，民頌神君。

郭君聘字修野，信豐人。恩貢。建寧通判改。歸，詩酒終。

張尹志，字鼎白，茂州人。選貢。

趙璧球，丹徒人。恩貢。尋甸通判陞。

萬年亨，平溪人。永曆八年舉於鄉。麻陽教諭擢。

路南知州于選，不知何許人。

唐登第，全州人。崇禎三年舉於鄉。雲南知縣遷。

廣西知府湯運培，貴陽人。恩生。

包嘉胤，龍溪人。選貢。兵間教士養民。

李春鯤，廬陵人。天啟七年舉於鄉。寶慶知府調。

通判王宸極，涪州人。選貢。

全楚才，沅陵人。恩貢。陸涼知州遷。

王三卿，貴陽人。舉於鄉。

區光表，字炳庵，高明人。選貢。鎮遠知縣，可望兵至，委曲調護，民賴安堵，在任七年。遷霑益知州轉。

師宗知州馮日章，湖廣人。選貢。

周眷新，平壩人。選貢。什邡知縣擢。

黄衷謙，平壩人。歲貢。

判官張斗象，字玉台，曲靖南寧人。隱。

彌勒知州宋世第，字雲仍，富順人。選貢。奢崇明反，矯發帑金，給軍全城。朱燮元聘贊畫陞。杜門卒，年七十八。

李之彦，石屏人。崇禎九年舉於鄉。淅川知縣遷。

曹元捷，昆明人。舉於鄉。

張鶴齡，平越人。選貢。

蔣嘉謨，鶴慶人。舉於鄉。

趙以相，字也溪，鶴慶人。隆武元年舉於鄉。寧遠知縣、和曲知州調。隱。

維摩知州鄺賢禎，字文寧，臨武人。恩貢。定南知縣，去奸蠹，計禽楊細徠餘衆，陞。

母老乞歸，卒年七十五。

元江通判蕭聞，字慎初，泰寧人。歲貢。懷集知縣，得民夷心遷。歸三十餘年卒。

楚雄知府孫以衡，餘姚人。官生。武定同知陞。

羅廷璠，字憲成，新建人。尚書朝國子。在任興學鋤奸。卒官。

彭世英，富順人。選貢。

李占春，字少白，黄平人。選貢。建始知縣、楚雄通判、武選主事遷。工詩。爲僧。

同知費元昌，貴州人。選貢。

通判耿應昌，字公府，黄安人。定向孫。任刑部主事，言廠衛弊，降上林丞，遷户部，再以前疏降廣西布政炤磨，定瑶變，卻餽萬金陞。歸。清起故官，不赴。

莫之光，平樂人。萬曆三十七年舉於鄉，鎮江同知調。

楊達儁，安寧人。舉於鄉。

歐先表，廣西人。選貢。

王元瑞，永嘉人。

推官徐澤，中江人。萬曆三十四年舉於鄉。襄陽、遵化知縣陞。

陳喻，寧國人。副貢。

教授黄昉，平壩人。崇禎十二年舉於鄉。

楚雄知縣李延齡，成都人。舉於鄉。

李爵佐，江西人。選貢。

李時英，南海人。天啟七年舉於鄉。降清。

鍾調元，黎平人。崇禎十二年舉於鄉。

教諭張茂桂，大姚人。永曆六年歲貢。

廣通知縣趙繼羲，呈貢人。選貢。

劉化龍，安順人。歲貢。

訓導蔣文瑞，昆明人。舉於鄉。

姚德溥，楚雄人。歲貢。

李士達，雲南人。恩貢。

陳文熠，廣西人。歲貢。

定遠知縣程雲鳳，富順人。萬曆三十一年舉於鄉。

段銓，臨洮人。舉於鄉。大興文教，及歸，行李蕭然。

陳一新，候官人。選貢。

程之統，蘆山人。選貢。
定邊知縣詹祚昌，筠連人。歲貢。
洪良性，歙縣人。歲貢。
碍嘉知縣梅寧聯，四川人。吏員。新平知縣調。
南安知州康永祚，義寧人。選貢。
李先植，字大嘗，長壽人。選貢。灌陽、新貴知縣陞。歸，詩酒終。
楊祐，昆明人。隆武元年舉於鄉。
楊天麟，大理太和人。舉於鄉。
陰毓和，內江人。舉於鄉。卒官。
向廷獻，黔陽人。永曆元年歲貢。
鎮南知州韓灝，瀘州人。隆武元年舉於鄉。降清。
姚安知府劉文治，四川人。隆武元年舉貴州鄉試。
訓導董旭昇，陸涼人。永曆八年歲貢。降清。
姚州知州吉甲，江寧人。永曆八年舉安龍鄉試。雲龍知州調。降清。
同知王亮工，廣西人。

推官陶光胤，甌寧人。以人才薦。力守全城。
王顯，四川人。
曹志寧，徽州人。舉於鄉。
和曲知州莊日强，不知何許人。
元謀知縣馬之鵬，不知何許人。
安王圖，元謀人。歲貢。降清。
禄勸知州汪金聲，六安人。萬曆四十六年舉於鄉。
白印斗，不知何許人。
彭自修，城步人。選貢。順慶推官陞。
景東知府盛士淑，武寧人。副貢。大理推官遷。
張甲撰，通海人。崇禎十五年舉於鄉。南安知州遷。
大理知府洪啟胤，福建人。舉於鄉。
傅汝舟，清浪人。舉於鄉。
韓興儒，字士章，黄平人。崇禎九年舉於鄉。曲陽知縣遷。有善政。
同知曾美，崇仁人。萬曆四十六年舉於鄉。

常道立，普安人。舉於鄉。

黎光，河池人。永曆八年舉貴州鄉試。

通判胡斌，沅州人。選貢。降清。

推官錢經濟，字駿伯，宜春人。天啟四年舉於鄉。卒。

太和知縣陸康兆、王道生，不知何許人。

劉漢向，辰溪人。崇禎十三年特用。修仁知縣調。

訓導牛侣雲，陸涼人。永曆二年歲貢。

趙州學正楊元佑，和曲人。副貢。端謹，工詩文。

楊正芳，楚雄人。孝友。

雲南知縣梅友蘭，四川人。舉於鄉。

楊嗣龍，射洪人。金壇丞、鎮江推官、南京北城兵馬司陞。

陳泗州，不知何許人。

劉仁，閬中人。選貢。

鄧川知州楊郁然，浮山人。恩貢。

厲汝翩，貴州人。元謀知縣陞。

敖浤貞，金堂人。選貢。靈臺知縣擢。

錢士仁，南直人。吏員。吏目擢。

劉珣，南溪人。隆武元年舉貴州鄉試。安寧訓導陞。

魏應星，字弁山，興化人。趙州判官遷。卻寇建城。國亡入山。

陸元原，昆明人。舉於鄉。隱白鹽井。

浪穹知縣陳在宸，字君錫，墊江人。著政績，卒官。

尹似瑗，墊江人。選貢。太和知縣調。剛正不阿。

倪良璋，寶慶新寧人。歲貢。

羅時昇，字欠一，武陵人。歲貢。降清。

賓川知州張一愷，雹白人。嵋峨、北流知縣，平土司亂，斬三百級，陞。

盧學孟，開州人。歲貢。

訓導陶大興，陸涼人。永曆六年歲貢。

雲龍知州李光培，邵陽人。恩貢。

潘統宗，廣西人。舉於鄉。

楊泰，字天升，安寧人。舉於鄉。

鶴慶知府張偉，宜賓人。選貢。景東同知遷。

薄醇，普安人。舉於鄉。

張雲翼，不知何許人。

嘗懋中，恭城人。天啟四年鄉試第一。

張悦思，南安化人。永曆八年舉於鄉。

同知張廷俊，不知何許人。

陳贊，潼川人。舉於鄉。

通判蘇宇元，字爾垣，肇慶新興人。天啟七年舉於鄉。平觀洞盜。隆武二年，桃村兵起，邀擊死。

李廷機，廣東人。選貢。

許逢興，武岡人。選貢。

推官戴特，台州太平人。太學生。

劍川知州萬文輝，侯官人。順州知州調。

嚴佩祖，昆明人。隆武二年舉於鄉。

順州知州林明輔，福清人。

樊若，宜賓人。
麗江通判何呈圖，平壩人，崇禎十五年舉於鄉。
王宏戴，英山人。
永寧同知陶潢，字書倉，紹興山陰人。副貢。贛州通判陞，卒官。
蘇希瞻，南充人。舉於鄉。
通判宋騰鰲，偏橋人。歲貢。
北勝知州劉九思，安縣人。舉於鄉。
楊學曾，應山人。選貢。
魏藻德，通渭人。崇禎十三年特用。石泉知縣遷。
羅好仁，沁源人。舉於鄉。修州志。
柴士紳，四川人。
學正彭之年，零陵人，恩貢。有去思。
永昌知府李還素，字養田，定番人。萬曆四十六年舉於鄉。雲南同知，雪曲靖王氏冤，陞。
降清。
曹巽之，麻城人。選貢。雲州知州，永曆二年土司蔣朝臣反，與吏目曹世臣守城得全，陞順寧知府調。卒官。子胤昌，事別見。

吴廷輅，字殷之，寧洋人。選貢。永昌通判遷。卒年七十八。

羅以旌，字鴻吉，閩縣人。崇禎十三年特用。新貴知縣遷。隱遵義龍坪。

同知齊以正，安順人。萬曆四十三年舉於鄉。

劉遠錫，字太岷，璧山人。崇禎三年舉於鄉，太和知縣、楚雄同知調。劉廷標死，自經獲救，不仕。

孫修吉，清平人。天啟元年舉於鄉。

施于鏞，昆明人。舉於鄉。騰越知州遷。降清。

通判雷攀龍，澂江新興人。

袁翼龍，四川人。

推官田之龍，不知何許人。

教授羅元佐，字名任，順寧人。歲貢。兵至，赴營陳禍福，引去。

保山知縣范孫蘭，富順人。恩貢。

史經世，貴州人。舉於鄉。

龔鳴球，不知何許人。

永平知縣余士俊，四川人。

侯温宇，湖廣安仁人。

劉達度，陸涼人。永曆三年選貢。降清。

教諭杜其漸，字十誨，馬龍人。歲貢。昌化教諭調。可望迫，力拒。

騰越知州闞應祥，通海人。崇禎十二年舉於鄉。

羅心素，貴州人。太學生。

謝遴重，四川人。

葉調元，霍山人。選貢。保山知縣陞。

程輅，普安人。舉於鄉。

訓導胡來臣，平夷人。永曆四年歲貢。

蒙化知府彭翮健，字友希，尋甸人。選貢。蒙化同知，興文勸農，雪冤弭盜，陞。吏畏民懷。遷。

同知陳荀産，銅仁人。萬曆三十一年舉於鄉。

陳德諭，不知何許人。

柴伯龍，鎮遠人。崇禎六年舉於鄉。

楊顯名，貴州人。選貢。

蕭鏞，字雍金，仙遊人。恩貢。四會知縣遷。

通判薛希周，四川人。

順寧知府程之紀，蘆山人。

通判楊廷璧，不知何許人。

雲州知州田起圖，字義生，平溪人。選貢。保山知縣遷。

賴如保，平遠人。恩貢。義寧知縣擢。

胡文衡，四川人。

范應貴、李鎮明、俞景昌，不知何許人。

周際明，當陽人。萬曆四十六年舉於鄉。廉州推官改。

熊同如，不知何許人。

黑鹽井提舉傅夢弼，不知何許人。

教諭鄭重，字芳彥，宜良人。博通經史。

琅鹽井提舉尹三聘，池州人。

龔九衢，不知何許人。

白鹽井提舉楊燦輝，不知何許人。

又楊行健，字體乾，鶴慶人。崇禎十二年舉於鄉。雲南知府。隱二十餘年卒。

張其恭，字安甫，昆明人。永曆十一年舉雲興鄉試。知縣。躬耕。任地不詳。

韓宗愈，字斗望，寶應人。選貢。授安化知縣，執法嚴明，有「鐵面青天」之號。黄邦明反，出奇計戮之。遷吉安推官，道阻改銅仁。隆武元年苗亂，執渠吴文耀，赦而不誅，遂諭散其遺黨。李若星疏薦都水主事，未行，權銅仁知府。

永曆元年四月，清兵至，欲死守；士民擁之迎師。未幾，王仰吾導張先璧復城，宗愈與前守朱啟元走麻陽，爲知縣朱述丁所縶。典史李春左右之。已仰吾與浙人王之寶、川人王之顧傳先璧意，命宗愈復任。鄭逢玄、先璧、郭世奇會鞫失城罪，先斬啟元及思州知府黄自新等十許人。及呼宗愈名，百姓號呼乞留，遂補監紀推官。歷監軍僉事、辰沅副使。先璧敗，四年移貴州督糧參議。貴州男女二十餘萬，轉死兵荒，存者止數萬人。五年乞罷，課徒自給。十二年，清兵再至，賦絶命詞投水，爲李士英救免。國亡歸隱卒。

兄振愈，字二如。武舉。子日昌，武舉，石城千總。士英，字振生，不知何許人，仕履失考，與宗愈友善。

廖晟，字日成，邵陽人。廩生。昭宗在奉天，度支不繼，與翁仲碧毀家供扉屨，以功准貢，府經歷用。永曆四年，謁梧州歸，寶慶已陷，乃起兵黄堡，與馬進忠聯絡，故寶慶雖陷，而隆回五都以南，猶爲國土，授監紀同知。南安王裡黎在隆回，倚爲羽翼。晟故强宗，子弟數萬，皆晟主之。貝勒屯齊、續順公沈永忠屢攻不下。五年，謁安龍不果。六年，孫可望將出沅州，攻嘗德，援剿右副總兵楊武命晟回寶慶圖進取，且爲先導，官其子諸生暹監紀、知縣。歸，督暹聚糧戒徒，以應沅師。李定國入江西，改晟吉安同知，暹萍鄉知縣。湖南再陷，乃散部曲，入山以老。吴三桂起兵，徵不應。

仲碧，武岡人。家封數百囷，呼「翁十萬」。上幸奉天，竭所有上之，凡千五百夫馬，運七日夜始盡。召見，欲官之，辭。叩曰：「先皇帝殉社稷，野臣憾不能討賊，今獻此佐中興，庶伸精衛區區之志耳。」上遂以岷莊賜之。

吴子騏，字九逵，新貴人。萬曆四十年舉於鄉。授興寧知縣。安邦彦畔，圍貴陽，子騏念母在，倉皇棄官歸，遂不復仕。崇禎十年，蠻阿烏謎亂，朱燮元命子騏走書召諸酋，曉以利害，相率降附。燮元上其功，璽書褒美。至是，聞孫可望將至，偕劉琯、楊元瀛、郭忠懿、李公門、李世甲、丘洪率鄉兵扼要路敗之。兵來益衆，力竭被執。與王孫齊及貢生蔡紹周，諸生馬士升、胡修超俱不屈死。子騏妾朱經死。

子中藎，從邑肇慶，授職方主事。清兵入粵，以兵勤王死。女歸劉山嵩，通書史，亦經死。

琯，字子佩。萬曆三十四年舉於鄉。户部郎中。

元瀛，字蓬山。天啟元年舉於鄉。夷陵知州。皆新貴人。

忠懿，字允以。選貢。監軍僉事，富順人。

公門，字春牆。萬曆四十六年舉於鄉。關西副使

世甲，萬曆二十五年舉於鄉。知州。新貴人。拒守被執不屈死。

洪，字嵩若。臨安指揮使、貴州都司，建水人。戰死。

孫齊，貴陽人。諸生。富民知縣，立磚城，移民就水。致仕。

士升，貴州衛人。巡按文卿子，士英從弟。

先後死難者：

金家麟，字魯徵，會稽人。恩貢。遵義知府。城破死。

謝琯，楚雄人。崇禎六年舉於鄉。遵義推官，轉上川南副使，擢四川布政使。未行，戰敗被執。可望令屠城。曰：「苟止殺，吾降若。」城中遂免。行至貴陽，經死。

何兆柳，字星如，開州人。崇禎三年舉於鄉。輸財餉軍，援方國安大方出之，斬化沙

杓。可望至，率衆力拒，與子東鳳、鳴鳳死。

施養吾，字重予，馬龍人。選貢。廣順知州。城破，與妻孫，子贊乾，體乾孫開遠二十餘人死。

周齡六，不知何許人。廣順吏目，戰死。

黄應祺、李世珍、朱紹文、周應淇、羅繼善，龍里人。衛官。城破力拒死。

譚先哲，字光美，平壩人。萬曆四十年舉於鄉。户部郎中致仕。孫可望至，以兵保長沖屯，衆寡不敵，與妻劉一門南拜死。

弟先召，字賓綸。崇禎十五年鄉試第一。靖州知州、叙州知府。國亡歸隱，卒年八十。

衛人劉澤遠，歲貢，中江知縣；張守位，歲貢，雲陽教諭；楊德昌，歲貢，宜賓縣丞；劉耀景，選貢，江津縣丞；朱正國，字茂公，百户，一門死。

孫武成，上元人。萬曆二十八年舉於鄉。平越知府。城破死。僕孫興存其孤。

王國正，不知何許人。安順同知。城破死。

石聲和，平壩人。天啟七年舉於鄉。寧前參議，監軍薊遼。安順破，與子諸生吉保裁种寨，合寨死。兄歲貢聲正女投崖死。

衛人張守和，有膽畧，柔遠營守備。衛城陷，與安順同知由㯳以衆保李子山。永曆元年二月十四日兵至，力戰不支，自殺妻子，大刀斫數十人死，士民死者萬餘人。

曾益，字洪西，臨川人。崇禎十三年特用。授兵部司務。安宗立，遷車駕主事，歷郎中、貴州提學僉事、安平參議。貴陽破，走定番，與唐勷調土兵守城，藥箭射艾能奇幾死。能奇紿之曰：「與我斗酒，即退兵去。」城中以爲怯也，守稍懈。能奇乘之，城遂不守，益、勷一門死，贈太僕卿。妻黄與子之琮從死。子之璋、之球、之琦，諸生，從曾亨應起兵撫州死。弟栻蒲圻知縣，亦前死。

勷，南允人。萬曆二十八年舉於鄉。授永寧知縣，調監利，浚濠修學，立倉清賦。累遷貴州按察使、雲南布政使。

同死者：

陳新第，字見恒，長壽人。尚書新甲兄。定番知州，堅守，斬數百人，經死。

幕客長壽，諸生。華成實、楊森然等鬭死。

尹大任，陸涼人。隆武二年舉於鄉。定番學正。城破，謂家人曰：「明倫堂我之西山也。」冠帶望闕經死。

陳徵，武進人。貴州都司。力戰死。

陶世顯，嘉定威遠人。定番守備。城守爲右軍，屢戰克捷。後衆益至，血戰死。

訓導徐鑣，經死。吏目安紹祖、何重德、彭之良，教授艾養中，水死。司獄陳玉環，經死。土把總許華宇、前衛千户蔣薦，皆死。

程番長官程民悦，字心孚；韋番長官韋帝臣，土舍韋之福，巷戰死。

尹思明，字舜軒，定番人。副貢。上杭知縣致仕。題詩經死。

州人顧人龍，字月新。恩貢。丹稜知縣致仕。登陴被執，大駡，與妻李、子諸生太玄一門死。

黎維垣，字敬止。選貢。順慶同知致仕，戰死。胡允中，字授一。恩貢。知州致仕，冠帶死。鄉官王應貴、劉貞伯、劉壽國、李開仁、朱葵、艾時中、艾養中、顧民依、王翰、王之垣、楊州鶴、謝賜麟、王朝立、盧葵陽、楊化龍、熊鍾鼎，隆武元年舉人毛琛，武舉熊應聘蒙天錫，貢生饒謨、劉貞輔、湯錫麟、王應昌、朱長春、陳明廷、李四龍，諸生王槐馨字遇陽、鄭之良、鍾謙、王之林、唐璉、王道中、顧從龍、劉一麟、黄文秀、李一龍、李二龍、夏朝卿、尹湯賓、尹湯傅、尹湯卿、熊化、毛一練、楊東明、賈翰、張新建、王仰、王基昌、周卜年、熊鍾隨，鄉約杜凡六、陳汝敬、沈東江，勇士簡成書、謝錫璠、黎應陽、黎應辰、江山秀、潘達、徐上臺、尹湯衡、毛如焕、尹任、王之相、唐璋、楊炤溥、黄世耀、蕭鶴鳴、羅有麟、聶自如、夏自和、韋士龍、彭之年、李天植、劉蘭、劉芳、冷逢陽、楊調和、王大智、吴禎祥、黄中美、孫正國、雷起龍、謝天佑、熊鍾焕、饒金生、熊飛、楊登名、張新錦、孫守宗、王世昌、高炤厚、王樹標、胡來國、潘崇亭、艾百中、王昌辰、周天佑、王樹公、吴應元、周天保、吴述翰、吴朝翰、吴健三、聶自美、吴君佐、吴芳士、吴元漢、陳世林、王鼎昌、楊仕顯、吴君聘、石葵漢、楊顯榮、張承祖、蕭承恩、王朝佐、簡國禄、王樹桂、胡來賓、周天瑞、孫起龍、王爾昌、楊純、顧田龍、胡來公、胡九、謝賜琇、歐晋階、程洪公、孫起鳳、閔錫晋、胡宗聖、石如珠、劉菊人、周祚永、楊思士、王際昌、艾青雲、何佩全、陳廷槐、喻士衡、王士華、劉美三、謝賜爵、敖體仁、唐時杰、吴逸民、簡良弼、王壽昌、簡祥生、潘日升、石葵明、吴應林、胡來化等百五十餘人，皆力戰死。道中妻陳、承祖妻吴、起龍妻吴曰：「我等不受辱。」相約入蓮花池死者，不能盡記。礄上女年二十，有殊色，被執觸欄死。

又陳瑞，不知何許人。都匀知府，與益同死。

陳富，字君幅，敷勇人。負勇力，以樂邦把總，歷守備，從劉綎征遼。安邦彦反，召回，從王三善復貴陽，遷遊擊、參將。坐事罷。尋起守永寧，大破邦彦斬之，擢副總兵。已從鄧玘勤王山東有功。年老致仕。守扯泥堡，與家人百人力戰死。

子良輔，定廣副總兵。守定番。拒能奇青崖、長田。後城守死。

曾異撰，榮昌人。崇禎十五年舉於鄉。授永寧知州。孫可望既破貴陽，將長驅入雲南。異撰與程玉成、龔茂勳謀曰：「州據盤江天險，控扼滇、黔，棄之不守，非人臣義也。」集衆登陴。城下，一門自焚死。

玉成，字巽生，江津人。崇禎十六年進士。行人，擢兵部郎中。與子和尚死。

張一熊，安南衛人。歲貢。永寧判官。與父經死。

尋鼎，安南衛人。掌印指揮。城破，與訓導黃元正力戰死。衛人宋懋功，廩生。年八十，與母鄧經死。兵民死者無算。

張珣，鎮遠人。普定訓導，不受官死。

宋又旦，富順人。崇禎三年舉於鄉。授九江同知，調吉安。隆武末，遷曲靖知府。永曆元年三月二十九日，孫可望兵至，城破被執，不屈死。

同死者：

陳六奇，字鳴鷟，龍江衛人。萬曆四十六年舉於鄉。授景陵知縣。以廉平調南寧。一門死東門。

周維翰，同知。易應雒，參將。何繼先，書役。巷戰手刃數人死。余蕃慶，通判，大罵死。蔣懋勛、蔣世勛、張英、陳允濟，皆世職，並余加勛子孫，迫降不屈，死於市。

伯承恩，字榮吾，曲靖南寧人。萬曆二十八年舉於鄉，四川副使致仕，與伯定國等在學宫聖位下經死。

邑人王宗堯，平武知縣致仕，與妻及子民瞻、妻朱，弟妹死。

王壽彭，曲靖衛指揮，不拜不官，大呼「我天朝命官，豈反面事人」，死。屍月餘不變。母張與妻墮城死。

傅必中，定雄所千户，大駡死。黄添爵，千户，與諸生向上貴守城死。湛體明，世職掌印，吉服北拜火死。

阮近賢，萬曆三十四年舉於鄉。兵部員外郎。題詩洗耳亭死。

史司衡，崇禎六年舉於鄉。與妻井死。

林之翰、伯世閥，皆崇禎九年舉於鄉。

顧慥，天啟四年舉於鄉，死於市，婦施斷足死。

諸生吕奏清，同妻子死於火。晏偉勛、晏懋勛，衣冠率妻子拜，火死。錢國俸、尹岱鍾、譚孔教、傅調元，大罵死。錢中選，死母柩旁。伯世藩、呂元氣、吳希賢，一門火死。朱廷誥，同妻子女死。馬裕侯，與妻趙經死。繆從繩、繆宗旦、鄒宗魯、桑喬林、張蘭、施霖沛、劉興漢、劉漢正、耿元勛、伯承寵、伯世輔、李盛唐、王壽期、伯承緒、伯世勳、毛九苞，衣冠束帶死。莊淑、陶以禮、金九鼎、朱廷諫、史良衡、史文衡，告可望止殺，死。丁推仁、莊元陽、喬健、孫光先、梁文耀，不食死。方鑑，說天文不從死。呂奏經，井死。方應奎，河死。朱家彥、朱家璟、伯承統、王民楷、呂元音、朱應祉、朱應禧、阮璁、蔣元龍、王文彪、戴清、王壽廣、伯世封、伯世亮、李友藿、桑之幹、伯承祐、莊爾心、莊荊陽、伯承弼、施紹緒、劉之申，大哭先皇死。王化皞、王化純、劉大宥，城上擲石死。張銀子、施風子、蔣娃子，守城銃擊死。可望屠城，又有市民數十曰：「大明赤子，快殺而死。」無一降者。

同時屠霑益。知州白必勝，普安人。不屈死。尹嘉俊，霑益人。以參將協守交城，至是力戰史家坡死。

陸涼破。指揮僉事俞嘉言，合肥人。管越州衛屯田，質直廉明。與妻王、方及三女井死。

宜良破。邑人莫貴德，字可及。天啟四年舉於鄉，靖州知州致仕。與妻麻，一門井死。

嵩明破。知州詹士會，清浪人。歲貢。羅平知州調，拒守死。

王來儀，字仲威，昆明人。萬曆二十八年舉於鄉。歷吴縣教諭、嘉魚知縣、應州知州歸。門人王錫衮召入閣，督師赴難，來儀涕泣勉曰：「子行關係非小，蕩寇驅胡，中原恢復，業成則歸而見我。如天下事不可爲，則我師弟以一死報國，期來日相見九京，以告無愧先帝也。」孫可望入雲南，被執不屈死，一門自殺。

同時殉難可紀者：

喻思煒，滎昌人。天啟七年舉於鄉。歷武宣、大興知縣，户部員外郎，出爲瀾滄□□、雲南參政，轉布政使。自焚死。

楊斌，字用予，昆明人。崇禎四年武進士。授思石守備。安邦彦亂，單騎諭利害，轉雅黎副總兵。代沐天波入衛，至安南，蹶苗寇。吾必奎反，調回平之，加都督同知致仕。不從死。

邑人董邦昌，萬曆三十七年舉於鄉。歷長壽知縣、平越同知，黑苗畔，力守全城。遷思恩知府致仕。與妻王、妾何、子夢桂妻段、女董孫、女小董、二婢，火死。

劉撫，崇禎六年舉於鄉。官户部主事。北京陷，加三木折足，不屈歸。可望招授職，曰：「京城不死，無顔見先帝，豈復爲而屈耶？」受刃死。

楊樹烈，崇禎三年舉於鄉。南川知縣致仕。衣冠再拜經死。李先芳，諸生。與母李，妻安，弟婦董、史、楊，從子壽禄及從女，火死。

向琪、向宸，左衛人。百户。琪一門十六人經死，宸一門火死。

劉昌應，右衛人。武進士。參將。倡義屢戰不克，被執大駡死。

蔣薦，前衛人。千户。一門七口經死。

衛人張倫，守備。起兵鐵索營，屠死。

楊瑄，諸生。以子弟起兵死。楊思義，與妻陳水死。蔣之彦，諸生。可望聞其才，授官不應，大駡杖死。施于京，諸生，與妻黄等一門火死。嚴賓，一門經死。楊恒謙，安寧人，居昆明，與妻張經死。

同時安寧破，邑人中書舍人朱蘅水死。羅正符，字玉湯。博學工文。可望將曹名臣陵虐士大夫，怒殺不中死。

易門破。邑人諸生楊霓明，大駡死。

通海破。邑人趙弘祚，與妻劉水死。

新平破。州人千總龔尚信拒繳劄死。把總沈可見守城有功，行至峨山死。

新興陷。州人鄭善植，與妻劉經死。

雲州陷，州人黄文達刎死。

徐道興，睢州人。以經歷署師宗知州。聞曲靖被屠，集士民諭之曰：「城守乎？」衆曰：「力薄兵寡，何以禦之？」曰：「然若等何辜徒膏兵刃，速去，毋顧我。我死分也。」士民請與偕，厲聲曰：「失守疆土，安所逃死？」衆灑淚去，署中止一僕，出白金二錠授之，曰：「此俸金也。一以賜汝，一買棺殮我。」僕哭請從死，曰：「爾死，誰收吾骨？」舉酒痛飲。孫可望令出迎，道興擲手中杯擊之曰：「吾朝廷命吏，肯從爾求活耶？」遂遇害。

唐懋俊，字王甫，晉寧人。歲貢。師宗訓導。城破，左右俱遁，子帝臣字之藎、帝命字之曆，侍父不少離。懋俊大罵支解死。帝臣、帝命見執，帝命詭言我奴也。可望憐其幼，掠之去，得間歸署，收懋俊屍。居數日，將分亡。帝臣負重先行，可望追殺之。帝命年十四，痛父兄死，趨帝臣死所，復得骨，入貴州，事平歸。

皇甫信，羅平人。天啟七年舉於鄉。銅陵知縣，遷大理評事致仕。羅平破，與妻魏、子襄及從女等，井死。

州人李高，選貢。延平同知致仕。起兵拒守不支死。

李城璧，歲貢。大理經歷致仕；段大受，歲貢，廣西教授致仕，徵兵援城死。城内死者萬人。

李章鉉，字懷庚，廣西府人。天啟四年舉於鄉。高州、蓬州知州、監軍僉事致仕。廣西破，兄弟與母季、妻趙死。

府人趙嘉鳳，字巢閣。歲貢。餘慶知縣致仕。父子祖孫俱死。

楊日進，字樹駿。洪雅、武昌知縣致仕，以鄉兵拒敵當西衝，力戰不支死。趙師周，與妻死。

趙焯，貴州人。彌勒知州。州破，不屈死。

王縉，字季芳，廣安人。尚書德完子。任職方主事，擢武選郎中，出爲順寧知府。鄒自貴至，不從死。子有文刎死。

席上珍，字待聘，姚州人。隆武二年舉於鄉。金世鼎，大姚人。崇禎十五年舉於鄉。孫可望命吏課鹽井，井人李鍾武、鍾彥兄弟命黃起龍斬之。可望怒，檄張虎來攻。上珍散家財募壯士二萬人，與姚州知州何思、大姚知縣沈邵璜、守備杜朝明、鄉官陶珙、僧普惠，率以乘城。繕備未周，虎掩至，一戰而敗。世鼎自殺，上珍、思同被執。可望欲降之，厲聲曰：「我天朝忠臣，豈屈爾耶？」罵不絶。刃其口，罵益厲。可望怒，剥其皮。上珍妻封、子女婢僕，一門井死。朝明亦不屈死。

思，不知何許人。隆武元年舉於鄉。

邵璜，字魯重，秀水人。崇禎十五年舉於鄉。一門死。

珙，字紫閬，天啟元年舉於鄉。歷工部郎中、寶慶知府，治行廉辦，剿寇有功，以忤岷王歸。孝友文學，爲一時冠。城破，大罵死。

同時陳昌裔，富民人。崇禎六年舉於鄉。廣寧知縣，信陽知州致仕。沙定洲亂，與段有才、湯國祚起兵永定橋，稱「報效軍」。不受可望官，杖死。

邑人李開芳，歲貢。王朝賀，諸生。至嵩花𡋯經死。開芳妻張，與二子井死。

楊師文、段春榮，武定人。起兵死。

劉士祚，字嘉貞，長沙人。霑益吏目，禽郭雷公功，歷經歷，轉廣通知州，力守，城破磔死。妾蕭、子涓及二女井死。

張朝綱，廣通人。恩貢。鄖陽同知致仕。城破，與妻馮經死。子諸生耀，葬親訖，亦經死。

郭𡠷，昆明人。歲貢。楚雄訓導。定洲反，與楊畏知建策守城。定洲攻城，妻葛曰：「我先死，勿致君累，庶可盡心爲國。」乃井死。可望入，畏知命調兵各府。畏知兵敗，孤守大理。可望至，以言忤杖死。

杜天禎，楚雄人。崇禎十二年舉於鄉。初，佐畏知拒定洲有功。城陷，書樓壁曰：「恨滇南無一赤心男子，求後世免一青史罪名。」自刎死。

邑人陳士彦，武舉。歸化知縣致仕。與母鮑、妻李，抱子女井死。

丁惟恕，性剛直，年八十。可望索餉不從，杖死。

陳士恂，與妻謝，婦戴、丁十八人經死。

方元祖，江浦人。鎮南知州。城破死。子天憲刎死。

彭乘聖，定邊人。城破，與子死。

陸九衢，保山人。歲貢。峨峨訓導致仕。城破，衣冠坐明倫堂死。

邑人石聲和，孝廉方正，與子諸生明吉死。馬生，一門火死。

梁健植，鶴慶人。城破刃死。

劉僖，字武功，四川人。崇禎十五年舉於鄉。授建水知州。孫可望命李定國攻臨安，竭力守禦三晝夜。與妻楊、何，女存，北拜死。一門死者七十二人。

同時舒國華，全州人。石屏知州、大理推官，遷臨安同知，守城死。

劉之蘭，平越人。崇禎十五年舉於鄉。臨安通判。脅授官，大罵，一門死。

王民望，定遠人。臨安訓導。自經死。

州人廖履亨，字視庵。崇禎十三年進士。吉水知縣，遷兵科給事中歸。冠帶，與妻曾，一門水死。

黄天秩，天啟元年舉於鄉，刑部主事。祁上合，萬曆四十三年舉於鄉，廣信同知。楊應桂，字靈實，天啟七年舉於鄉。沁水知縣，著直聲。皆被執，脅授官不屈，一門死。

曹宗載，萬曆三十四年舉於鄉，貴州參政；朱國柱，天啟元年舉於鄉，嘗德同知，經死。翟元肅，萬曆三十一年舉於鄉；沈續科，萬曆四十年舉於鄉；曹天錫，天啟七年舉於鄉，皆同知。張聯象，萬曆四十三年舉於鄉；陳靖忠，崇禎三年舉於鄉，皆知州。吴道美，萬曆三十一年舉於鄉；李廷英，萬曆四十六年舉於鄉；吴運昌，萬曆三十七年舉於鄉；馬之驎，萬曆四十六年舉於鄉；張爕任，萬曆三十四年舉於鄉；王晋，天啟元年舉於鄉；曾惟魯，天啟元年舉於鄉；丁德蔭，崇禎三年舉於鄉。與通判夏士龍，知州劉深仁，知縣江虬、任天爵、張連城、何元氣、張斗象、吴邦寧、陳允中，教授王允會、佴夢斗、趙文烜、劉思寅；崇禎六年舉人車重殷，十二年舉人劉國禎、沈應科、張大昌、王錫命、郝聚五、白王廷，十五年舉人劉昌、馬達、矩從心，隆武二年舉人張孔昌、李純彝、李如心、鄒士望、王士興、陳廷寵、王有慶，監生馬永祚、萬勵、車聘賢、張景象、柴望、李暄、佴夢聰、沙鎔金、佴夢鼇、任偉、萬準、宋德隆、陸震雷、高逢吉、周添祺、張道明、胡養素、馬永祜、陳廷吉、楊羽正、廖鼎亨、康上晉、王廷儀、鄒印吉、佴夢鼎、習人龍、王欽祖，諸生周以忠、王元震、張鏈任、張豈任、李希靖、伍聯奎、鄒印文、鄒印禎、周之奇、周之瑞、唐元良、王元善、佴懷敏、鄔世璪、劉必揚、吴泰徵、鄔世芬、夏有謨、紀嘉績、馬應先、吴文耀、吴文捷、盧先傳、唐國佐、高重望、吴思恩、林國梓、向雲翀、沈維岱、曹人霖、胡士昌、劉國彩、吴暹、吴邃、吴遇、陳景明、陳仁、曹雙鳳、劉夢麟、劉夢雷、劉夢熙、劉夢旭、佴夢斗，皆守城死。千户施澤民、曾有朋、錢邦域、王保，巷戰死。昌，支解死，妻王墮城死。有朋妻王，與娣及夫妹子女等經死。段允明，父母死難，年十二，大駡死。鄔士英，城守，與妻王子女一門火死。劉晟與妻台，曾左泉與妻白，火死。黄錦、曾有坤、武德延、楊簡，火死。

冷陽春，石阡人。崇禎十二年舉於鄉。晉寧知州。聞兵將至，與孔思誠、段伯美起兵拒守。城破，陽春、伯美皆死。伯美，晉寧人。崇禎十五年舉於鄉。

吴邦憲，餘姚人。太學生。晉寧知州，罷官未行，城守死。監紀某，晉寧人，以土兵二千守塘頭，兵潰執死。

州人張孔鑄，字能五。大駡死。

譚三謨，昆陽人。歲貢。臨安教授致仕。城破，一門自經死。

州人李守賀，歲貢。江夏訓導致仕，分守西城死。張如良，歲貢。與子景輝、景曜及妻婦一門死。王謨，力拒死。李玉衡，廩生，與母蘇等九人水死。胡郁然，與諸生李方泌一門火死。

夏祖訓，字仲有，秀水人。歲貢。呈貢知縣。沐天波莊兵久恣肆奪，持以嚴法，兵不敢擾。聞定國兵至，與紳士宋光祖，諸生余繼善、耿希哲守城，力盡被執，觸刃死。妾金抱子死。僕陸朝、史倫從死。

林鍾泰，呈貢人。大理丞致仕。與守備徐日舜力戰不支死。邑人何明焚死。

周柔强，江川知縣致仕。率兵拒戰於撫仙湖敗績死，一軍盡殁。

王褒華，字一統，新興人。諸生。城破戰死。

李元祺，河西人。歲貢。通道知縣致仕，扼守死，年七十九。同死者數千人。

邑人楊一忠，歲貢。巴縣教諭致仕，與子名嗣守城死。

錢大用，曲靖人。河西千户。戰死。妻莊及女大罵，井死。

王開，字升如，寧州人。歲貢。國子博士致仕。北京亡，嘗請吴文瀛勤王。可望入境，復陳方畧，不用。一門死。州人杜金石、張炳辰、李初實戰死。

楊雲龍，字景從，阿迷人。廩生。城破見執，與子婦錢死。

程九逵，蒙自人。崇禎九年武舉。新安所千户。被執，罵不絶口死。

邑人馮永祚，千户。率妻周，弟永印率妻李及李父璋，母劉，男女十八人火死。邢鎬，百户，率妻杜；弟鏖亦率妻杜，一門火死。李任揆，諸生，水死。杜琯、趙光祖，戰死。

王運開，字子朗，夾江人。崇禎三年舉於鄉。以永昌推官署金騰□□。劉廷標，字霞起，上杭人。副貢。授永嘉縣丞，以廉能遷永昌通判，署知府。孫可望既受楊畏知之約，乃移檄永昌，迎沐天波歸省，並索道府印。運開、廷標方守瀾滄江拒戰，天波止之，諭其以印往。兩人曰：「印往則我亦降也，賊言何可信哉？」乃遣家屬避騰越。運開有弟運閎字子遠，崇禎十五年舉於鄉。運開謂之曰：「弟未仕，可無死，速將吾妾俱西，勿在此亂人意。」民懼不降且屠，詣運開哭。運開慰遣之，則又詣廷標。廷標曰：「賊伎倆吾素知之，他城之降而屠者屢矣，無益也。」衆哭益甚。廷標取毒酒將飲，衆始散。是夕，運開先自經，廷標歎曰：「男子哉！我老當先死，王公乃先我耶？」沐浴賦詩三章，亦自縊。子之標，事别見。可望賢兩人之死，求其後，或以運閎對。召之，行至潞江，語僕曰：「此行將臣賊，吾與兄豈異趣哉？若將吾骨與吾兄合葬，題曰『夾江王氏兄弟之墓』吾無恨矣。」躍入江死。廷標弟廷樞，字拱斗。可望脅官不受。永曆十三年二月，清兵至，大哭經死。妻張先殺幼子經死。

同時陳夢熊，騰越人。金騰衛指揮。可望迫官，不屈將杖，子世培乞代，父子皆死。

劉如性，字淡然，番禺人。萬曆三十七年舉於鄉。歷英德教諭、賀縣知縣，山寇作，親之寨撫之爲良民。所屬多礦，上官每藉爲利，一日郡守檄取錫二百斤，吏白故事百斤折銀百兩，皆派於礦户。如性曰：「官可罷，民可重困耶？」遂以金市錫獻，果被劾，謫建昌經歷。起陽宗知縣，遷趙州知州，講武浚隍，沙定洲未敢犯。可望欲强授官，堅拒得免。間關歸，卒年八十五。

鄒良彦，大理趙州人。天啟七年舉於鄉。授滎經知縣。邑苦采貢黄連，爲蛇獸所傷，請免之。流寇入，奉命安撫，所至帖伏，以清能薦第一。憂歸。可望招之，遁免。年八十五，自書「天地肖子，大明完人」卒。

州人熊化，天啟四年舉於鄉；陸與進、尹天任，崇禎十五年舉於鄉，抵死不赴徵死。

黄應運，字際飛，汀州歸化人。諸生。陳中興策。楊鼎和題監紀推官，管貴陽刑務。永曆元年，思州藍苗畔，鼎和謂應運曰：「不遇盤錯，何知利器，子其勉之。」因授思州推官兼監軍僉事。甫抵任，而平越所屬黄平諸苗交畔。應運率兵抵黄平，苗解圍去。郭承汾薦擢平越知府，晉參議。已而孫可望自黔入滇，復命攝威清副使以備之。應運置家口於平越，而輕騎赴安順。值王祥兵潰掠遵義，居民詣滇求救，撫按議遣應運撫之。

可望聞應運遠出，以李定國襲安順據之。應運歸塗聞報，徑詣定國說之曰：「將軍有事於安順，何不尺一相報，乃騷動貴部耶？」定國曰：「將出兵從，此武夫本色，勿怪也。」應運曰：「恨安順陿陋耳，若可屯駐車騎，何不疏奏天子，請此彈丸爲牧地。天子方懸爵賞以網羅英雄，未有不許將軍者，應運便當解職，以鎖鑰相付矣。」定國色益和，遽曰：「正欲與貴道商之。」應運知其心動，又難之曰：「夙聞將軍神勇敵萬人，又所部精鋭一當百，乃前此所據地，旋得旋失，何耶？」定國曰：「兵家得失無恒，不足論也。」應運曰：「不然，當是名義不正，人人得而睥睨之耳。若藉三百年天子之名號，加以將軍之神威，統率羆虎，掃蕩不庭，而聞風義從者，又絡驛交助，天下誰敵將軍者？他日分茅胙土，傳之奕世，中山、開平不足多也。今將軍舍萬世不朽之功業，而不王不伯，傳舍州郡，非良圖也。」定國欣然曰：「貴道言是，即當與平東謀之。」應運曰：「平東在滇，遠未可期。應運當捧盤敦，與將軍定約耳。」定國許之，乃歃血誓扶王室，無貳心。

可望聞之，不善也。偵知應運赴平越，襲而執之，厲聲詰曰：「爾以茅土許安西，便當以九五尊我，何爲不舞蹈乎？」應運曰：「平東誤矣。平東不嘗貢獻天子求册封乎？應運爲天子命官，即同僚耳，何拜爲？」可望曰：「吾據滇、黔，帝制有餘，於册封何有？」應運曰：「如是則平東畔天子，即亂賊矣。王臣豈拜亂賊乎？」可望怒，並執承汾、姚、劉等四總兵，同下貴陽獄。可望猶愛應運才，使護衛再三誘降，應運語益厲，乃與承汾等同遇害，時四年九月也。定國聞應運死，心怨之，自是不受可望節制矣。姚、劉總兵四人失其名。

同死者：

徐登高，偏橋人。以都督同知總兵鎮平越。可望命白文選攻城力拒。城破，執至鎮遠大駡死；都督楊友楠走。

蔣勸善，字萝范，威清人。萬曆四十三年舉於鄉。孟津知縣、河間同知致仕。城破，被執不屈死。

曹士銓，思南安化人。諸生。救母同死。

贊曰：晋錫、光、闢，以幹濟稱；兆元、鳴豐、壽圖，以清操著；泌、蒞、汝鼐、閎中，以文藻顯；延泰、應奇、興麟、元和、懌等，以循良推，皆無愧名臣之選。湞龕危疆效命，志決身殲，調護之功，自足與何、堵並垂史册。承汾、國瓛、耀等，死於内難，無他表見，故附著於篇。

南明史卷六十四

列傳第四十

無錫錢海岳撰

馬乾 馮良謨 瞿彔 鄭應鸞 耿廷籙 陳達道 徐映春 鄧英 沈國 張國運 余璀 冷時中 饒謙豫 樊一蘅 弟一若 孫曙等 族人啟元等 彭明揚 李縉科 彭惕 應端秩等 范學文 李洪雯 曾鞏 商國是 李乾德 弟升德 劉道開 但友進 陶怡 楊喬然 江爾文 彭隆等 趙而忭 王大光 曹上質 胡雲龍 范文光 傅光昭 黎神武 張士偉 詹天顏 子甘棠 龍輔皇 鄧若禹 鄧希明 胡際亨 徐邦定 楊秉胤 王家修 張正化 郭榮貴 劉五仲 熊啟宇 萬任 阮振中 弟捷中 揄中 文會 陳璽 黃正謨等 李維珩 朱邦俊 高山斗 張霆 張培 宿士毓 陳瑜 楊汝良 白為袞 倪于禮 張載道 陳正言 宿士敏 段瑜 倪于信 曾日珖 羅士淳 甄敬 蔣鳴臯 楊鼎鼐 洪垣星 朱祚宏 陳素養 陰佑宗 陸經術 辛嗣進 吳登啟 陳以德等 易可久 蕭良 李士諫 汪達 張一甲 父煜然 韓國植 黃衷穎 蔣大位 王士捷 王印濬 楊甲 曾裕 王國酆

何漢　岳文淵　鍾春化　方承奕　夏紹虞　李試　倪養浩　李蔚　熊飛　潘驤　朱允恭　王元暉　顧鏞
林翹楚　莊國英　朱應璧　朱安遠　李世泰　袁茂芳　吴語倫　衛明卿　袁勳　張焻　許紹勳　曹秉
忠　文煜　胡繕　原于一　汪應朝　王增　謝應禄　傅宗祥　余桂萼　章真　楊榮先　汪觀光等　鄧維
高　胡應瑞　李文思　黄應乾　易爲謙　周長祚　陳一經　李國華　文朝宗　任允淳　李悉達　唐文絢
陳爾善　張知仁　劉嘉增　胡士俊　解起衷　岳農壇　劉梃　劉廷獻　劉宗宸　何起龍　劉達度　萬
峙　馮夢説　田銓　費鼎耀　孫開先　王世道　李占春　周思韶　程盤　章爾珮　田惟亨　馮日璋　謝
嘉兆　潘漪漣　徐熙　夏民標　陸萬程　戴堯雲　王履台　楊濟　楊志仁　楊魁萬等　張師素　許應舉
等　洪應秋　劉起蛟　許自修　梁大用　鄒挺　李時芳等　楊宗貴等　陳于宸等　錢大用　嚴盡性　楊
纘政　鄒廷瓚　張雲程　吴旻英　李際開　彭繼錢　莊允文　嘗山錫　程聖訓　梁甲　周思濂　潘馴
鍾維浩　萬士醇　張星耀　陳從龍　李紅嵩　鄧全慎　周一奎　張問行　李玉潔　李欲楫　謝周哲　門
思實　薛廷芝　郭維鸞　金甌卜　丁汝驤　張映奎　猶登元　蕭其澤　牟道立　梁日榮　譚聖言　胡愷
陳大用　嚴而舒　王迪　魯應鯤　劉弘文　杭爲箕　湯世芳　岑昌運　茅序　樓逢年　張一英　馮兆
祺　梁雲昌　王露　龔賢遂　張令聞　梅養祺　党修吉　楊之易　宋時英等　彭錫纓　馬宏源　詹淑
陳嘉卷　黄達尊　周鍾琰　李文炳　胡士俊　張文瓚　譚廷啟　吴方思　潘璋　江藩　王國棟　董三策
蒲以懌　田恂　李一唯　鄭澤民　王猷　陳良　顧天胤　吴尚絅　黄立修　熊起渭　何芳聲　江賓王

李振珂　曹啟光　徐登龍　吉以升　劉滌　黄文籙　葉桂　王鳴鳳　王序　陰維標　何御楨　樊成

楊經　胡學戴　曾宏毅　陳顒　來自京　李文衡　朱學伊　劉兆鼎　覃森　李司憲　王之肱　劉壯行

丁維禎　左佩琰　陳士雅等　周士祺　尹浩　魏甲　蘇振先　阮福　周安　倪象華　吴光乾　宋希賢

陳宗湯　謝琇　吴遜　徐惇　黄燦　陳盛世　王星　陳登皞　鄭延爵　余飛　高明　宋儉　黄儒

張弘任　李如星

馬乾，字雒水，昆明人。崇禎六年舉於鄉。授廣安知州。夔州告警，邵捷春檄攝府事。張獻忠攻圍二十餘日，固守不下。會楊嗣昌兵至，圍始解。遷川東僉事，駐達州。成都破，龍文光死，命乾以副都御史代巡撫事。果於任事，多招壯士成軍。

弘光元年三月，與馮良謨檄曾英、于大海、李占春、張天相擊走劉廷舉，復重慶，率所部守之；英守佛圖關，相犄角。時乾已爲王應熊所劾，而道阻詔命不至，視事如故。獻忠遣劉文秀以數萬人至，乾固守，英援之，文秀退還。

隆武二年，督王祥、王啟、陳世賢、馮朝宣、趙二、楊震文進合州。十二月，清兵迫重慶，應熊命防内江。左右謂虜衆至，内江何可當敵？乾曰：「遇敵而死，吾之分也。」乃之内江。巡撫王遵坦招降，乾答曰：「封疆之臣，應死封疆，此某畢命之日也。」永曆元年二月，率兵民血戰十餘日，糧盡援絶死。事聞，贈兵部尚書。

守將鄧九韶降清。瞿昃，先走真安，與涪州道吴保泰入石砫。已與土司馬應麟降於清。

良謨，六合人。崇禎十五年舉於鄉。涪州知州，累遷上、下川東參議。入爲太僕少卿卒。

昃，墊江人。崇禎十六年進士。授行人。隆武初，疏陳三事：「楚則一事權，專任使，預敕重臣，以待南昌、荆、襄之復，即遣大將以鎮之。蜀則結將士，收民心，用蜀人辦蜀事。姚、黄則剿撫互用，獻忠則殲厥渠魁。滇、黔則外援鄰封，内顧門户。但近日勳臣、土司，議論未定。其地近蜀之遵、永，楚之接界平溪、銅仁，俱宜防援。」上嘉納之。遷雲南道御史，命調劉承胤兵。昭宗立，巡按四川，晋太嘗少卿。

鄭應鸞，字羽西，廣安人。選貢。乾薦營山教諭。乾死入山。

耿廷籙，字虞臣，河西人。天啟四年舉於鄉。授廬江知縣，修城固守得全。遷耀州知州，疏陳時政，言：「將多不若良，兵多不若練，餉多不若覈。」又言：「諸臣恩怨當忘，廉恥當勵。」優旨褒納。累轉山西僉事，改監宣府軍。

北京陷，走南京，除九江副使。以張獻忠入蜀，命以太僕少卿赴雲南，監沙定洲軍，繇建昌北向。力辭。尋調參政，監軍遵義，督滇兵。已以僉都御史代馬乾爲巡撫。未赴而定洲亂作，蜀地亦盡失，遂止不行。永曆元年三月，李定國入河西，廷籙赴水死。妻楊及女被執不屈，亦見殺。

陳達道，字芳節，平壩人。萬曆三十七年舉於鄉。明敏敢爲。歷江安、瀘溪知縣，遵義推官，合州知州，叙州同知，捐千金去江石。調重慶，轉夔州知府監軍僉事，督東路兵馬，會秦、晉、楚、豫兵攻寇。子一爵，事别見。

徐映春，字資先，南昌人。萬曆四十六年舉於鄉。奉節知縣，全川不守，力保孤城。累遷光州知州、四川參政監軍遵義。

鄧英，字明欽，餘慶人。隆武元年舉於鄉。遵義監軍副使。

沈國，字九如，崇德人。萬曆四十三年舉於鄉。歷寧鄉、滎昌知縣，值兵燹後，開濠修城。調蒼溪，遷重慶同知。以守城功，累擢監軍僉事。

張國運，臨潼人。選貢。四川監軍僉事。

余璀，崇慶人。四川監軍副使。

冷時中，字心汾，内江人。選貢。開封通判。清兵至，與紀國相降。間歸，起四川監軍副使。

饒謙豫，資陽人。崇禎九年舉於鄉。四川監軍僉事。

樊一蘅，字君帶，宜賓人。萬曆四十七年進士。授襄陽知縣，遷祠祭主事，改考功，四轉至稽勳郎中。

崇禎三年，出爲榆林參議。榆林久荒，饑民益相挺爲盜。一蘅撫創殘，修戎備，討斬中在庭、馬丙黄，平張存孟。累陞關南參政。總兵曹文詔敗殁，西安告警，總督洪承疇令一蘅監左光化等軍，連破寇，又屢挫寇於漢中。

十二年，以僉都御史代鄭崇儉巡撫寧夏，被劾罷歸。

十六年冬，用薦起兵部右侍郎、副都御史，總督川陜恢勦，道阻不達。

安宗立，復申前命。時張獻忠已據全蜀，諸郡惟遵義未下，王應熊駐焉。一蘅至，破家募兵，命諸郡舊將會師大舉。會馬乾復重慶，詹天顏、朱化龍復茂州、龍安，一蘅乃至永寧。起總兵甘良臣，與總兵白正剛，合楊展、馬應試、余朝宗、李朝賚、姚之禎、向成功、葉向高、雷可復，率滇、黔兵四萬人，於弘光元年三月復叙州。馮雙鯉來爭，又敗之。孫可望以十萬人援至，相持一月。一蘅糧盡，退屯古藺州，展退屯江津。寇攻化龍、蔡肱明羊子嶺，大敗，他將復連破寇於摩泥、滴水，斬獲萬計。

隆武二年三月，一衡乃命顧忠、張天貴、莫宗文等連兵叙、犍間。展、應試、侯天錫盡復嘉、卬、眉、雅諸州邑。於是賈聯登竊富順復資陽、簡州，天錫復瀘州，李占春、于大海守忠、涪。其他以城邑奉調者，馬湖則副總兵文應元，參將張奇才、馬化龍、劉芳聲、葉向宸；富順則遊擊何禄，都司阮以法、胡宗元、徐高；叙南則副總兵向大任、袁順道；黎、雅則范文光、曹勳；嵩、威則天顔、孟紹孔；夔、萬則譚文、譚弘、譚詣。一衡乃移駐納溪，居中調度。會應熊於瀘州，檄諸路剋期並進，獻忠始懼，沈金銀於江，大焚宫室，火連月不滅，將棄成都，順流東下。展、應試逆戰，大破之於彭山江口，走還成都。會清兵西略至漢中，獻忠將劉進忠降，又曾英、王祥兵日逼，獻忠乃決意向川北。

九月，獻忠次西充鳳凰山。十二月，清兵奄至，射殪之。其將可望等突重慶，殺英，破綦江。踰月，破遵義，入貴州。清兵陷富順，禄、以法、宗元、高，及都司王四執，追至重慶，遂陷遵義，以餉乏還。一衡亦退保南六，會祥駐遵義，天錫駐永寧，武大定、扈九思亦來歸。

時應熊已卒，一衡再駐江上，爲收復全蜀計，疏列善後事宜及諸將功狀。昭宗即位，晋一衡太子太傅、户兵二部尚書。其實全蜀分崩離析，號令各擅，一衡所保者，叙州一府而已。

永曆元年十月，清兵進攻，都司楊朝初、陳啟孝拒戰死，永寧總兵趙友鄢斬下川南副使汪達於瀘州。隆昌知縣馮明祐，合江知縣黃啟勝，瀘州同知金丹儒、學正李國榮，江安縣丞王甲相繼反正，因復富順、安岳。一時內江曾光祿，遂寧李虎，射洪總兵任存孝及陳啟明、李完初、王繼臣、黃金韜、周榮、馮起應之。

二年，一蘅招降趙榮貴。十二月，鮮可強、李化、王來斬知縣楊於朝，以射洪反正死。光祿屯安岳觀音寺，祥副總兵管甲、張甲攻安岳，虎被執國清寺死。李鷂子在遂寧，三嘴王、樊玉在白土壩，光祿、存孝、啟明、完初被執玉龍橋死。

三年八月，李乾德殺展，一蘅怒，移書誚讓，乾德諸鎮亦皆憤有離心。已祥敗死烏江，諸鎮兵多散，一蘅益孤，遂謝事居山中。已聞文光、天顏歿，憂鬱遘疾，於六年九月卒，年七十八。

弟一若，字君貽。言行不苟。居喪六年，不入私室。以選貢授瀘溪知縣，遷劍川知州，致仕。叙州破，寇欲致之成都，託疾日誦孝經。寇呼「善人」，得免。

孫曙，字旭東。任指揮僉事。博通墳典，國亡躬耕，不受吳三桂命。一蘅兄弟一荃，字紉楚，及子玠，字錫玄；斗寅，字夏卿；一蓉，字君佩，及子瑜，子瑋，子琇、斗柄、斗杓，皆於叙州破死難，一門死者三百十一人。

族人啟元，明威將軍。一鳳，指揮僉事、明威將軍，子濵，兵部主事。

時從一蘅起兵者，彭明揚、李縉科、彭惕、應端秩、范學文、李洪雯、曾鞏、商國是。

明揚，字際亨，宜賓人。獻忠抵南溪，一蘅命諭鄉人起兵，明揚聚宗健得三百餘人。獻忠官七人至叙州，與魚嘉鵬、李師武斬之，授遊擊。隆武二年，川、貴兵三十萬復成都，叙功，遷都督僉事，調防大壩汛。一蘅以屯田事重，改除中軍，任戎務屯政。永曆四年，可望在滇，貽書一蘅，語多矜肆。遣復之使，無人敢行，明揚請往。乃命筠連知縣魏鳴玉輔行。可望盛威儀召見，問一蘅爲國大臣，經理秦、蜀，辦何事？曰：「樊公盡瘁同武侯，乃心王室同郄鑒，但兵有强弱，故成功有遲早耳。若肯相容，大事可濟。如必加兵，誠恐來歸之人解體，負率土望。」可望喜，贈銀幣而還。一蘅卒，歸里二十年卒。

縉科，珙縣人。選貢。叙州知府。

惕，隆昌人。歲貢。資縣訓導、銅仁推官。

端秩，字允嘗，温州平陽人。副貢。授宜賓知縣，寇至，與嘉鵬斬令王祚昌。寇大至，城守決戰，斬獲多。叙州破，屯田官壩。弘光元年三月，與展、應試復城。四月，可望大至，再陷，展走江津，端秩弟諸生端祺子諸生東邵，親屬顧時傑、余應蛟、吴雲鴻、黄宗穆、洪士華十餘人陣歿。端秩與子諸生東砥保鎮邊營，命弟諸生端偉，巡簡鄧汝謨，典史王伯盛，驛丞楊楣，守備唐陞、宋國賓、陳維柄，分守横江、安邊、蓮塘、馬湖，結烏蒙土司李世堯、一蘅標將王應第斬寇。十月，全府復。一蘅上功，擢叙州知府，轉下川南副使。明年，可望入川南，與子東砥死。雲鴻字羽仙，永嘉人，端秩幕客。子士法，年十六，聞變，入川求父屍，不知所終。

學文，珙縣人。選貢。一蘅薦授馬湖知府護道，振饑有功。

洪雯，字旦復，宜賓人。恩貢。一蘅復城，贊畫力爲多。上欲重任，不就。三桂强之起，易姓名逃襄陽。

鞏，字固之，瀘州人。叙馬瀘副使，全活甚衆。後隱石門山卒。

國是，甕安人。選貢。曲靖通判、陸涼知州，擢下川南副使，在任八年。

李乾德，字雨然，西充人。崇禎四年進士。授中書舍人。十年三月，旱蝗。五月，安民廠灾，上疏極言，奪俸。

十六年，以僉都御史撫治鄖陽，未赴，改巡撫湖廣。舟次金口，命遊擊余應元禽斬潛、沔上天龍、王臣楚等，又督副總兵孔全斌、郭天才渡江敗寇。時武昌已破，乾德駐岳州。張獻忠至，乾德令民他遷，匿壯士健馬，詭稱父老約降。兵入，伏發，殲其前部。獻忠怒，悉衆仰攻。力屈城破，走長沙，轉徙衡、永。寇至，輒先避，長沙、衡、永皆隨破。

弘光時，坐失地，謫赴王應熊軍前自效。

紹宗立，起僉都御史督理川湖雲貴。永曆元年五月，擢兵部右侍郎巡撫川北。乾德入蜀，其鄉邑已陷，父明舉亦被難。察諸將中，惟許袁韜、武大定，欲與就功，結二人爲心腹。適李占春有湖灘之捷，九月。韜亦復重慶，奉乾德駐之。

十一月，宗室容藩率占春至重慶。時容藩謀據蜀，會乾德，諷其推戴，乾德若不解者，而禮復不相下。適長至，行朝賀禮。韜拔自林莽，素不知禮，與容藩同班拜舞。容藩怒，占春尤不平。容藩命占春襲韜，並害乾德。乾德善占驗。是夕，坐船屋，仰望星氣，覺有異，咄咄謂此主急兵，走匿崖谷間。頃之，占春襲韜不克，搜乾德船，止一妾一女，乃大驚。韜聞之，恐乾德亡，大哭。既迎至，則大喜，與占春相仇殺，數戰不解。楊喬然、錢邦芑爲兩營解釋，占春亦歸乾德孥。

既韜、大定久駐重慶，士卒饑，乾德遣人説展與合兵，因其餉。展大喜，誓爲兄弟，資之食。已而惡展，搆韜誘執之。展請入山爲僧，韜欲釋之，乾德曰：「縛虎易，縱虎難。」展竟不免，乾德遂居嘉定。衆論咸不直乾德，諸將愈解體。

四年，加太子太師、兵部尚書、總督川湖雲貴河陜。孫可望在滇，聞展死，始有圖蜀心，上書爲展訟冤，遣劉文秀等分道入川。

五年十月，至嘉定，韜、大定降，乾德率妻子走威茂，中道被掠，闔家自經死。乾德至威茂，州人執送白文選。文選厚待之，欲引見可望。乾德語其弟升德曰：「今日親見展入舟，冤孽相尋，夫復奚恨？」乃與升德赴水死。

升德，官御史。

時鄉官之全節者：

劉道開，字非眼，巴縣人。崇禎六年舉於鄉。博通典故。弘光時，授夔州教授，調重慶，爲應熊監紀推官。昭宗立，累遷太子賓客。國亡，居保寧。總督李國英欲官之，以死力辭。及卒，遺命以僧服殮。

但友進，長壽人。歲貢。訓導。隱廣順。

陶怡，蒼溪人。守禦所昭信較尉。李自成兵至，守孤城，保全鄉里。

楊喬然，字桐若，長壽人。崇禎十三年進士。授行人，累遷御史巡按湖廣。紹宗駐延平，上言宜速駕虔濟師。隆武二年八月，典鄉試衡州，得彭隆等數十人。轉太僕少卿御前贊畫。

永曆初，轉太僕卿、大理卿。上幸奉天，擢刑部右侍郎副都御史掌院，劾武岡、綏寧、城步諸州縣官，降調有差。瞿鳴豐劾劉承胤，承胤謂喬然曰：「汝任風憲長，近言官混雜妄言，汝不能表率，須汝何爲？」以拳毆之。喬然與爭，至裂冠毁裳。連疏請罷，杜門不出。旋以兵部右侍郎巡撫川南，駐長壽，與李占春同心保守。

後奉天陷，行在阻隔，薦紳議奉榮王由楨、韓王璟溧監國，喬然力爭乃已。已擢總督，駐彭水。宗室容藩謀逆，力諫毋爲禍首。李乾德與占春仇殺，喬然解之。占春敗，孫可望招之，不屈。十二年四月，吴三桂兵至，説降不從，仰藥死。

時與喬然同爲巡撫者江爾文，巴縣人。崇禎十五年舉於鄉。永曆四年八月，以僉都御史入黔蜀聯絡。道經貴州，可望留之不遣。

隆與顔均、王雅成、劉曾、彭沖霄、彭璧、彭淵、彭宜、蔣鐸、陳敏、劉象、彭繼、歐陽東升、王天爵、黄康祐、王瑞、王應明、劉珣，皆同年舉湖廣鄉試，安福人。

同時趙而忭，字友沂，長沙人。開心子。隆武二年舉於鄉。入清，任中書舍人。

王大光，沅陵人。隆武二年舉於鄉。

曹上質，茶陵人。隆武二年舉於鄉；耒陽教諭。

胡雲龍，廣順人。隆武元年舉於鄉，皆隱居終。

范文光，字仲闇，内江人。天啟元年舉於鄉。授寧羌學正，遷醴泉知縣，立唐太宗廟。歷國子博士、南京户部江西司主事，員外郎、郎中，告歸。張獻忠入蜀，偕劉道貞、程翔鳳及雅州諸生傅光昭、傅元修、傅元覽、洪其仁、洪其信、張士麟、唐默、鍾之瑗、胡大生等起兵，奉鎮國將軍平槸爲蜀王，推曹勳爲帥，統諸將，而文光以副使爲監軍。勳敗獻忠龍鸛山。

弘光元年，率參將黎神武攻雅州不克。獻忠守道郝孟旋據綿州，文光遣間使招之，即襲斬守將，以城來歸，文光等入居之。

隆武二年正月，洪雅守備潘璘斬知縣嚴賡反正。獻忠敗歿，文光保境如故。

永曆二年五月，擢僉都御史巡撫川南，監調入秦兵馬，而政令不一，諸將亦不受約束。三年，會呂大器、楊喬然討宗室容藩，李乾德殺楊展，文光憤，入山不視事。五年，督李廷芳鎮成都。六年正月，成都陷，廷芳死。二月，清兵陷嘉定，白文選走，總兵李明廷、林時泰、龍名揚戰死。文光聞之，於三月賦詩一章，仰藥死。

光昭，字更生。贊畫上南軍前，授崇慶知州，遷中書舍人。隱居卒。

神武，黎州人。九溪將。隆武元年十月，以黎州土漢戰艾能奇雅州敗還。後爲洪雅團練參將熊振生所害。

又張士偉，字叔度，南直人。有經濟才。文光薦授洪雅知縣，佐軍需，卒於官。

詹天顔，字鄰五，龍巖人。恩貢。授石泉知縣。時當兵後，城市蕩爲瓦礫，天顔至，召里胥究疾苦，蠲貸之，流亡少集。遷慶陽同知，改龍安知縣，監紀白水關，署知府。崇禎十三年十月，張獻忠從劍閣抵綿州，天顔駐安縣設伏待之。獻忠去城三十里，拘土人，訊知守者爲天顔，曰：「是詹公耶？好官，吾不擾。」乃舍綿而西，成都、綿竹俱藉無恙。劉之勃疏薦嵩潘副使。會北京亡，命未下。

及李自成西下，復破漢中，降將馬科使馳龍安，説合兵攻獻忠，不答，縛其人斬之。科遁漢中，獻忠遂破保寧、龍安。天顔會朱化龍、龍輔皇、鄧若禹、曹洪入邊谷、小河、麻桑地，緝苗兵。苗素感天顔恩信，一時應者過數萬人，咸慷慨願效死。天顔知新鋭可用，乃命若禹以大義告化龍，令出師西路，楊展出師南路，誘寇入，苗環起，斬無算。乘勝，令若禹出兵威茂，自同輔皇從東鐵堡出龍安、石泉，三方犄角，乃禽斬黄維杏，輔皇夜出禽斬王運行，驍將温自讓反正，復龍安、茂州，川西悉定。隆武時，遷安綿僉事。

昭宗立，王應熊疏報川北恢復，請川東、西分設二撫。永曆二年五月，晉僉都御史、巡撫四川西北，開屯田，給牛種，使民兵雜耕，共戰守，爲持久計。而成都新屠，人烟絶，乃返駐石泉。命總兵唐應侯設鎮龍安諸要地，與化龍及趙榮貴，總兵程雲翼、李繼春相犄角。時李國英據川北，天顏以偏師相持者有年。

三年二月二十五日，彰明陷，輔皇負傷，棄曲山關走。江油典史雷擢降清。清攻安縣，命洪、周輝敗之。洪晋都督僉事總兵。七月，將龔人龍等自龍安降清。十月，將李榮恩戰死，雲翼走成都。

六年，國英貽書説降，天顏曰：「極知處此，進如撼山，退如背水，但川人愛我如父母。父母即窘急，忍以兒女委他人乎？且吾縱不能以益州延漢祚，田横島上，何必脱劍鋩哉！」復書絶之。六月，天顏命洪及都督僉事總兵張玉伯援化龍。清兵攻石泉，天顏兵敗，洪、玉伯戰死。部將李錫極、丁國用爲内應，猝挾天顏登輿。歎曰：「吾愧田横，無義士五百也。」輝奔赴之。天顏入軍門，不下輿。至階上，責吴三桂曰：「豺狼不食同類，汝反噬家人，是豺狼不如也。」三桂噤不語，而其黨張目大怒。天顏叱曰：「死是吾事，爾怒何爲？」乃挺立受刃死，時七月二十八日也。妾張、李、楊、劉。張爲清兵執，駡死；李井死，楊、劉經死。子甘棠，任鴻臚丞，歸父喪。

輔皇，龍安人。白水副總兵，遷總兵。天顏死，請殮其屍，殯大佛洞，隱苗峒不出。若禹，雙流人。崇禎九年武舉。龍安參將擢總兵。

同時鄧希明，雲陽人。選貢。獻忠入蜀，與總兵張元凱屯開縣，受譚詣約束。入覲安龍，命以僉都御史巡撫夔州。十年十月，降於三桂。

胡際亨，夷陵人。掾仕。天啟時，授餘干典史，累遷知縣。歷職方主事、員外郎、郎中。永曆六年十月，以僉都御史巡撫川東，駐東鄉方斗寨，設五營，以徐邦定、楊秉胤爲都督總兵，王家寨牟大盈、長埡寨羅尚凡、東嶽寨符敕、桃霸溪寨王仁行、大城寨牟學南爲總兵，擢達州知州王家修爲下東副使，設川東北州縣官十二人，屢攻達州。寨在萬山天險，清兵數仰攻不下。十年六月，清兵諸道至，中軍李泰戰死，邦定力戰中矢死。寨陷，際亨、家修被執致漢中，不屈死。

同死者太平知縣岳蘊玉，東鄉知縣李暢美，梁山知縣范文陛，達州判官楊相玉，監紀知縣童復時，東鄉主簿戴仕卿，教諭徐養麟，中軍朱一龍、楊道純等。王家寨陷，達州知州苟完爲下執獻死。

邦定，達州人。封梁山伯，晉侯。

秉胤，利川人。與太平銅城寨參將張正化同起兵。崇禎十七年，閬中周建魯降張獻忠爲監軍，至保寧、巴州，招袁韜，孑身走通江，爲秉胤所斬。永曆元年，宗室容藩命充護衛，封伯。二年，攻渠縣，有郭榮貴者扼守不下。七月，與張顯、白蛟龍屯李毅城，與劉惟明合。以總兵挂忠漢將軍印。八月十二日，清兵進攻，死守不下。惟明將三黄鶯救之，敗於三匯河。二十七日夜，乘大風雨下山，走大竹寨頭蕭加太軍。三年，正化降清。四年四月，總兵蛟龍，副將張家增、白玉，參將王廷試、職方主事鄧雲霧自大竹降清。五年三月，趙光大自通巴花山寨降清。六年十一月，秉胤依際亨方斗寨，封東鄉伯。時通江民田一鵬降清，與副將伏鳳交好，密約鳳依一鵬婦翁劉養粹寨。鳳初虎視通江，屢破寇，至是與一鵬教養粹反正，會逃兵沙有金等來歸，乃起兵。鳳將報私仇，養粹不從，陰結秉胤自爲内應。秉胤命白玉至空山寨，引還。鳳欲奔秉胤，爲養粹所害。養粹圍清副將朱琨家。清兵至，養粹走，弟及一鵬執死，一鵬妻劉仰藥死。七年七月，秉胤攻通巴。清攻秉胤寨不克。八年，約袁宗第、劉體仁攻東鄉、達州，營渠、通巴，晋侯。十一年八月，與宗第、體仁復貴扶驛，攻巴通。十三年，李應魁斬副將劉國宰，起兵新寧。十五年十一月，秉胤、玉自東鄉小城寨降清。

家修，黄平人。歲貢。浙江知縣。

正化，夔州太平人。諸生。

榮貴，字仲禹，渠縣人。勇敢任俠。獻忠至，起兵數千人，屯大斌山，斬將吴應元。永曆二年，楊甲屯禮義城敗，引清兵陷川東北。

又劉五仲，萬縣人。選貢。歷光禄丞、都清僉事。永曆二年，以僉都巡撫川東。四年七月降清。

熊啟宇，字六開，南昌人。崇禎十三年特用。授臨安推官，歷知府、臨元副使、順蒙參議、太僕少卿，以僉都御史巡撫川南。孫可望至，被執，駡不屈，義釋之歸。可望屠城，横屍二十萬，率民焚瘞之。歲飢乏食，捐振二月，活人無算。國亡，入蒙化山中，痛哭死。

萬任，字二懷，銅仁人。崇禎七年進士。授嘉定知縣，遷太倉知州，仁恕清介，不言而躬行，在任八年，調寧州。亂後，捐米三千石以振，流亡咸集。累轉河南道御史，改湖廣副使。隆武二年正月去。永曆時，亦以僉都御史代啟宇巡撫川南，駐嘉定，附可望。可望敗，以廉能不究。十二年二月，清兵至瀘州，副總兵周日奇，守備蔡學敏、張受、周國昆降。三月，瀘州下南道邢夢鶴、總兵施天潤、瀘州判官張炤溥，貢井税官金玉賓降。閏三月，合江副總兵龔三德降。四月，興文知縣周篤祜、經歷胡其揚，長寧知縣宋光浩、典史胡扳桂降。五月，至叙州，都督僉事總兵陳希賢，都督同知總兵杜子香，旗鼓權衡、周永祚，通判施林，推官蔡國聘，教授張賢降。至馬湖，清軍廳戴睿謨、宜賓知縣楊啟霖、珙縣知縣劉蒲降。任入山爲僧，九月降清。

阮振中，字紹一，富順人。天啟元年舉於鄉。授海鹽訓導，遷壽昌知縣，禽市棍方丁香等，除火耗罰鍰及諸陋規。一胥以鏹三百置茶簍進，重杖逐之。庭無濫訟，獄無冤民，假中書余之鯨橫行郡邑，振中覺其詐，訊其從人，得圖書一篋，皆大人姓名，解鞫論如罪。振中聽訟，一二語情僞立辨，判詞援筆立就。因事簡，請裁冗丞，汰胥隸，捐奉建城，人呼「阮公城」。靛寇起處州，攻城，振中登城喻之。曰：「久聞壽昌侯清官，我輩不攻，可厚供給遺我。」振中令民具兼饌遺之，舉豕酒粟，加以布帛，皆百疋，寇大悦，醉舞歡歌，張示稱大定僞號，用天王寶，天明逸去，振中招丁壯，操短兵銃弩躡之，分百人，命典史袁應聘出，前布旗鼓，憑險以待，寇果至，見前後兵，大駭竄，擊之落崖谷死過半，生得三百人。史可法題監軍，不報。

崇禎十五年召。時關外解圍，獨以主戰爲言。陞江西道御史，疏請起廢鄺忠綱逋，又請免湖州欠絹。上求直言，乞雪施邦曜、章正宸，留中。差視河東，以父老，拜疏終養。

十七年七月，避地敘南鎮雄，鎮雄知府隴藍田敬護備至，因據險立屯。永曆元年春，起太僕卿，遂整旅而出。見諸鎮專擅，隱高州落木驛，以棋酒自娛。七年春，至筠連卒。

弟捷中，崇禎十五年舉於鄉，普安學正，孫可望至，一門死難；揄中，遊擊，巷戰死；文會，崇禎十五年舉於鄉，監軍僉事，卒官。

陳璽，字泰籙，安寧人。崇禎四年進士。授揚州教授，歷國子博士、禮部主事。永曆時，擢辰沅僉事，轉副使。流寇剽掠，禽獲沈之江中，湖南少靖。憂歸。九年，以太常卿督川學。當張獻忠入蜀，蜀中諸生死亡濱盡，諸軍乏糧，洪雅知縣張士偉建議學較軍儲法。十一年，歸隱卒。殁無以殮。

時四川試官及司道之可紀者：

黄正謨，貴陽人。崇禎十五年舉於鄉。廖必巘，仁壽人，隆武元年舉四川鄉試。中書舍人，永曆八年主考四川鄉試，中道死於寇。

李維珩，字白也，偏橋人。萬曆四十六年舉於鄉。歷洧川、中牟知縣，磁州知州，拒寇有功。遷户部主事、郎中司餉，持籌有餘。自遵義副使擢四川布政使卒，贈太嘗卿。

朱邦俊，思州人。萬曆四十六年舉於鄉。東昌同知，累遷上川南參政，轉四川布政使。隱。

高山斗，神木人。天啟七年舉於鄉。嵩縣知縣，累擢川西參政。

張霆，蒙化人。崇禎十二年舉於鄉。營山知縣，年少鋭於圖治。累陞川北參議。

張培，扶風人。選貢。安化知縣，累遷上、下川東參議。

宿士毓，夾江人。舉於鄉。車駕主事，累擢上川南參議。

陳瑜，字藍生，黄梅人。天啟元年舉於鄉。順義、萬縣知縣，累陞上川南參議。降清。兵至，力守八月，援絶伏誅。

楊汝良，字襄明，崇仁人。崇禎十三年進士。授廣安知州，寇不敢犯。遷吏部主事、員外郎、郎中，轉下川南參議。隱。

白爲衮，蘆山人。天啟元年舉於鄉。龍門知縣，累陞四川驛傳屯田水利僉事。

倪于禮，字淡少，威遠人。選貢。馬湖推官，累遷四川屯田副使。

張載道，安岳人。崇禎九年舉於鄉。監軍僉事、上東副使。

陳正言，字鹿野，夷陵人。太學生。下東副使，平山寇。辭清鄉飲，卒年七十四。

宿士敏，字元魯，夾江人。崇禎九年舉於鄉。獻忠授官，投千佛崖，潛行渡江入雅州山中。累官川西僉事。

段瑜，蒙自人。崇禎十二年舉於鄉。川西副使。

倪于信，字憨憨，威遠人。選貢。金堂知縣、監軍僉事、川北副使。

曾日琥，字白卿，清江人。恩貢。歷興國判官、楚雄通判、黑鹽井提舉、敘州同知，山峒向化，寇至力拒。擢下川南僉事卒。

羅士淳，字彦白，天門人。天啟元年舉於鄉。上川南僉事。

甄敬，鳳縣人。崇禎十六年進士。嵩潘僉事。

蔣鳴皋，全州人。崇禎九年舉於鄉。威茂副使。

楊鼎鼐，江安人。建昌僉事。

洪垣星，字日生，南安人。崇禎十三年進士。授長壽知縣，里役苦解費添平催糧，垣星於催糧者庫支贖鍰，量多少給飯食解費，每兩例三分，添平郡以三分之羨與抵。調雙流，力卻姚、黄。陞重夔僉事，歸。清起不赴，道冠杜門，卒年八十二。

朱祚宏，字叔宏，江陵人。萬曆四十六年舉於鄉。梁山知縣，捐三千金助餉。改江津，嚴懲刁化神不少貸。遷合州知州，擢川東副使，屯歸州。永曆九年，爲獻忠將崔洪英所執死。子國俊，字甸方。諸生。爲僧茅真山中，卒年七十五。

陳素養，龍里人。歲貢。賓川知州，累擢川東副使。

陰佑宗，彭縣人。崇禎九年舉於鄉。慶元知縣，重夔僉事。

陸經術，灌陽人。萬曆四十三年舉於鄉。歷安仁、臨安、德陽知縣，修城壯固，獻忠攻不得入。遷户部主事，以剛正謫綿竹知縣，力守全城。累陞安綿副使，歸。

辛嗣進，昆明人。萬曆四十三年舉於鄉，馬湖知府、達州僉事、敍瀘副使。

吴登啟，字翼明，南康人。副貢。高縣知縣。成都破，自鎮雄合土夷復城。歷敍州同知、知府、敘馬瀘副使。

陳以德、陳以儀、易可久、蕭良、李士諫、汪達，不知何許人。敘馬瀘副使。達降清，爲趙友鄢所斬。

張一甲，字退叔，石屏人。父煜然，字有光。歲貢。官分宜訓導，力學剛方。國亡，杜門不出。

一甲，崇禎十三年進士。自禮部郎中，出爲敘瀘僉事，疏陳嚴邊備、愼名器、覈實愛、存大體、戒浮言、杜異教六事，又革南溪里甲積弊，雪張當熊獄。張獻忠入境，設計紿其將至廷，斬之；已平合江妖賊。北京亡，捐奉四千勤王。丁内艱歸。

永曆十一年五月，起太僕卿兼陝西道御史督川學，振興文教，士風丕變，忠孝之操，亂世不渝。卒於官。贈大理卿，謚忠介。

時先後四川疆吏：

韓國植，涇陽人。崇禎元年進士。

黄衷穎，安平人。選貢。成都知府。

蔣大位，字金鉉，衡陽人。綿竹主簿。獻忠攻城，代令力守得完。遷成都同知。城破，自刎不殊，隱。

王士捷，會稽人。崇禎十六年進士。成都推官。

王印濬，安南人。崇禎十五年舉於鄉。成都知縣。

楊甲，不知何許人。雙流知縣。爲僧。

曾裕，字升伯，泰和人。天啟四年舉於鄉。郫縣知縣，攝灌縣。亂後，興學招亡，修堰儲水。

王國鄜，湖廣人。彭縣知縣。

何漢，鎮南人。崇禎九年舉於鄉，金堂知縣。

岳文淵，邵陽人。崇禎三年舉於鄉。仁壽知縣。

鍾春化，貴州人。歲貢。仁壽知縣。

方承奕，莆田人。天啟元年舉於鄉。新繁知縣調井研。

夏紹虞，湖廣人。選貢。資縣知縣。

李試，昆明人。簡州知州，爲政仁恕。寇至力守。

倪養浩，威遠人。簡州知州。

李蔚，平壩人。選貢。梁山知縣。隆武二年執死。

熊飛，金谿人。選貢。崇慶知州。

潘驤，字子驤，貴州前衛人。布政使潤民子，永曆八年安龍鄉試第一。羅次知縣，崇慶知州，以廉明稱。

朱允恭，字君培，分宜人。萬曆四十六年舉於鄉。歷望江知縣、海州知州，忤上官，改新津知縣歸。

王元暉，字六維，上虞人。新津知縣歸，大興水利。

顧鏞，不知何許人。新津知縣。隱温江。

林翹楚，福建人。新津知縣，卒官。

莊國英，桐鄉人，天啟七年舉於鄉。慈谿教諭、漢州知州，有保守功。

朱應璧，不知何許人。德陽知縣。

朱安遠，陸涼人。歲貢。德陽教諭。

李世泰，不知何許人。綿州知州。

袁茂芳，字季英，鄞縣人。舉賢良。歷新貴知縣、茂州同知。子勳。

吴語倫，德慶人。歲貢。寧化訓導、汶川知縣。

衛明卿，平壩人。崇禎三年舉於鄉。威州知州。

袁勷，鄞縣人。茂芳子。保縣知縣。入山。

張焻，將樂人。崇禎三年舉於鄉。閬中知縣。降於獻忠。

許紹勳，晉江人。天啟四年舉於鄉。蒼溪知縣，力拒寇。

曹秉忠，井研人。萬曆四十三年舉於鄉，蒼溪教諭。寇至，以火油焚之，保守全城。

文煜，湖廣人。舉於鄉。南部知縣。

胡繕，湖廣人。舉於鄉。南部知縣。

原于一，不知何許人。廣元知縣。

汪應朝，湖廣人。舉於鄉。昭化知縣。

王增，字美子，羅田人。天啟七年舉於鄉。梓潼知縣。獻忠以邑有梓潼廟，止兵不攻，城得保全歸。子諸生文宏，年十四，拒寇死。

謝應禄，海澄人。天啟四年舉於鄉。梓潼知縣，有政績。

傅宗祥，開州人。歲貢。梓潼知縣。

余桂蕚，瀘州人。巴州知州。

章真，隨州人。通江知縣。

楊榮先，靖州人。選貢。南江知縣。

汪觀光，字瑞侯，歙縣人。崇禎十六年進士。順慶推官。入山談道，清召不出。弟運光，崇禎四年進士。大理評事。

鄧維高，全州人。崇禎十三年特用。西充知縣。

胡應瑞，孝感人。崇禎六年舉於鄉。營山知縣。

李文思，清浪人。選貢。湘陰知縣、廣安知州。

黄應乾，武岡人。崇禎十七年選貢。廣安知州。

易爲謙，不知何許人。廣安判官。隱。

周長祚，不知何許人。岳池知縣。

陳一經，建昌人，歲貢。渠縣知縣、廣安知州，復任渠縣。隱。

李國華，不知何許人。鄰水知縣。

文朝宗，不知何許人。大竹知縣。

任允淳，字還生，宜興人。崇禎六年舉於鄉。授望江知縣。寇至三，死守孤城，斬萬級。遷車駕主事，出爲夔州知府。歸。

李悉達，羅次人。天啟四年舉於鄉。夔州知府，死難。

唐文絢，會同人。選貢。奉節知縣、夔州知府。

陳爾善，字元之，六安人。選貢。雲陽知縣、夔州知府，護民渡江。後降於清。

張知仁，不知何許人。舉於鄉。奉節知縣。

劉嘉增，晉寧人。崇禎六年舉於鄉。大昌、巫山知縣，爲李赤心所害。

胡士俊，貴州人。選貢。大昌知縣。

解起衷，不知何許人。大寧知縣。

岳農壇，鳳翔人。諸生。大寧知縣，講學治戎，在任三年。范文光將疏薦，寇至，冠帶水死。

劉烶，夷陵人。選貢。雲陽知縣，修城安民。

劉廷獻，平溪人。天啟四年舉於鄉。雲陽知縣。

劉宗宸，潛江人。天啟四年舉於鄉。萬縣知縣。

何起龍，武平人。恩貢。萬縣知縣。

劉達度，陸涼人。永曆三年選貢。永平知縣，調萬縣。

萬峙，陝西人。開縣知縣。

馮夢說，合江人。選貢。富順知縣，調開縣。

田銓，忠州人。太學生。中書舍人、職方主事。署梁山知縣。

費鼎耀，歸安人。萬曆四十三年舉於鄉。梁山知縣。

孫開先，平壩人。選貢。梁山知縣，永曆元年五月執死。

王世道，湖南人。建始知縣。

李占春，江西人。建始知縣。

周思韶，麻城人。舉於鄉。達州知州。

程盤，湖北人。舉於鄉。太平知縣。

章爾珮，字琳友，貴陽人。崇禎十五年舉於鄉。施州同知、重慶知府。降清。

田惟亨，思南人。歲貢。大姚知縣、重慶知府。

馮日璋，黔陽人。永曆元年歲貢。重慶知府。

謝嘉兆，邵陽人。歲貢。嘗寧教諭、重慶知府。

潘漪漣，字水若，溆浦人。選貢。重慶推官。

徐熙，霍丘人。歲貢。巴縣知縣。

夏民標，平溪人。歲貢。江津知縣。

陸萬程，禄豐人。舉於鄉。璧山知縣。

戴堯雲，龍溪人。舉於鄉。永川知縣。

王履台，全州人。榮昌知縣，治暴安良，民心愛戴。
楊濟，福建人。進士。大足知縣。
楊志仁，六安人。恩貢。大足知縣。
楊魁萬，雲南人。安居知縣。
顧濤，不知何許人。安居知縣。
張師素，貴州人。選貢。綦江自隆武末，久不置令。永曆四年，邑貢生王思召管屯田務。六年，師素爲知縣，建公署，招屯墾，民始安居。
許應舉，長沙人。綦江知縣。與典史田有秋、教諭李其文、重慶屯田同知鄭守豹、重綦提塘官劉秉乾、總理局務雷勇修建城垣。在任三年，流亡咸集，卒於官。有秋，貴州人。綦江知縣，謹慎勤勞，自弘光元年至永曆十二年尚在任。國亡始去。
洪應秋，平溪人。歲貢。長壽知縣。
劉起蛟，黄平人。崇禎十五年舉於鄉。長壽知縣。
許自修，江陵人。選貢。黔江知縣，恩惠民懷。
梁大用，陽江人。選貢。黔江知縣。
鄒挺，婺川人。舉於鄉。黔江知縣。

李時芳，偏橋人。歲貢。黔江知縣。

楊有培，不知何許人。酆都知縣。

楊宗貴，武岡人。恩貢。酆都知縣，乞休。子大木，字楚材。岷府儀賓，工詞章，侍父隱。

陳于宸，字賡虞，黄平人。天啟七年舉於鄉。馬龍、涪州知州。與兄于明隱。于明，字賡唐。副貢。思南教授。

錢大用，不知何許人。武隆知縣。

嚴盡性，雲南人。選貢。彭水知縣。

楊纘政，雲南人。歲貢。彭水知縣。

鄒廷瓚，江西人。恩貢。彭水知縣。

張雲程，鉅鹿人。彭水知縣。

吴昱英，貴州人。選貢。彭水知縣。

李際開，貴州人。恩貢，彭水知縣。

彭繼籛，雲南人。彭水知縣。

莊允文，保山人。副貢。彭水教諭。卒年八十六。

嘗山錫，山東人。選貢。遵義知府。

程聖訓，字心魯，貴陽人。歲貢。巴縣知縣。城陷投水，流卅里不死。擢遵義知府，卒。

梁甲，廣東人。遵義知府。

周思濂，内江人。遵義教授，流寓不歸。

潘馴，字士雅，貴州前衛人。驤兄，崇禎十二年舉於鄉。遵義知縣。降清。

鍾維浩，番禺人。歲貢。遵義知縣。

萬士醇，貴州人。歲貢。桐梓知縣。

張星耀，不知何許人。桐梓知縣。

陳從龍，不知何許人。桐梓知縣。

李紅嵩，不知何許人。桐梓知縣。

鄧全慎，全州人。萬曆三十一年舉於鄉。真安知州。

周一奎，浙江人。選貢。真安知州。

張問行，平溪人。歲貢。真安知州。

李玉潔，墊江人。隆武元年舉貴州鄉試。真安知州。

李欲楫，雲南人。選貢。綏陽知縣。

謝周哲，不知何許人。進士。綏陽知縣。

門思實，北直人。選貢。仁懷知縣。

薛廷芝，陝西人。選貢。仁懷知縣。

郭維鸞，閩縣人。舉於鄉。仁懷知縣。

金甌卜，綏陽人。隆武元年舉貴州鄉試。仁懷教諭。工文。入山。

丁汝驤，浙江人。舉於鄉。叙州知府。

張映奎，宿嵩人。恩貢。興隆衛同知轉叙州知府。

猶登元，字象乾，甕安人。崇禎三年舉於鄉。歷雙流知縣、夔州同知、叙州知府。

蕭其澤，思南人。隆武元年舉於鄉。叙州知府。入山。

牟道立，字允修，棲霞人。選貢。涿州知州、叙州通判，卒。

梁日榮，會同人。諸生。何騰蛟薦麻陽教諭，遷宜賓知縣。

譚聖言，石阡人。崇禎十二年舉於鄉。南溪知縣。

胡愷，零陵人。南溪知縣。

陳大用，平壩人。選貢。慶符知縣。

嚴而舒，順德人。崇禎十三年特用。慶符知縣調富順。

王迪，黄岡人。選貢。長寧知縣。

魯應鯤，字襄海，全椒人。長寧縣丞，有能聲。國亡流寓。

劉弘文，威遠人。興文知縣。

杭爲箕，宣化人。崇禎三年舉於鄉。隆昌知縣。

湯世芳，黔陽人。歲貢。筠連知縣。

岑昌運，廣東人。舉於鄉。筠連知縣。

茅序，字邦賢，仙遊人。萬曆三十七年舉於鄉。瑞昌知縣調筠連。水西祿氏畔，建城練兵，會師拒之。隱紫芝山，卒年八十二。

樓逢年，永嘉人。選貢。筠連知縣。

張一英，雲南人。恩貢。筠連知縣。

馮兆祺，瑞州新昌人。天啟元年舉於鄉。筠連知縣，調陝西同知，未赴。

梁雲昌，浙江人。恩貢。筠連知縣。

王露，保山人。隆武二年舉於鄉。筠連知縣。

龔賢遂，南川人。都水主事署筠連知縣。

張令聞，字亹庵，武昌興國人。崇禎九年舉於鄉。珙縣知縣。

梅養祺，字吉人，貴池人。舉於鄉。珙縣知縣，修上羅計城。

党修吉，字允迪，扶風人。舉於鄉。韓城教諭、國子助教、户部主事，擢龍安知府。歸。

楊之易，應山人。漣子。龍安知府，降清。

宋時英，字雲礽，甕安人。選貢。平武知縣遷龍安知府。歸，與錢邦芑遊，不入城市者二十年。弟時傑，歲貢，不仕。

彭錫纓，天台人。選貢。平武知縣。

馬宏源，字長甫，溧陽人。恩貢。江油知縣。寇執得脱，提問。

詹淑，不知何許人。馬湖知府。

陳嘉卷，不知何許人。馬湖知府。

黄達尊，偏橋人。崇禎九年舉於鄉。馬湖知府。

周鍾琰，貴陽人。崇禎十五年舉於鄉。馬湖知府。國亡，隱白納司。

李文炳，雲南人。選貢。屏山知縣。

胡士俊，貴州人。副貢。屏山知縣。

張文瓚，貴州人。選貢。屏山知縣。

譚廷啟，平壩人。選貢。屏山知縣。
吳方思，武進人。崇禎十三年進士。潼川知州。
潘璋，金華人。謝洪知縣。
江藩，不知何許人。中江知縣。
王國棟，利川人。經歷署中江知縣。
董三策，湘潭人。選貢。鹽亭知縣。
蒲以懌，字德台，永明人。恩貢。鹽亭知縣。
田恂，陝西人。遂寧知縣。
李一唯，武宣人。天啟七年舉於鄉。遂寧知縣。
鄭澤民，思南人。安民弟，崇禎三年舉於鄉。鄰水、大竹知縣，調遂寧。
王猷，雲南人。舉於鄉。蓬溪知縣。
陳良，不知何許人。蓬溪知縣。
顧天胤，不知何許人。蓬溪知縣。
吳尚絅，字錦茹，桐廬人。崇禎三年舉於鄉。安岳知縣。
黃立修，福建人。舉於鄉。安岳知縣。

熊起渭，湄潭人。崇禎六年舉於鄉。樂至知縣。振荒多活人。

何芳聲，雲南人。眉州知州。

江賓王，不知何許人。丹稜知縣。

李振珂，不知何許人。丹稜知縣。

曹啟光，信豐人。天啟四年舉於鄉。大邑知縣，立文廟，興文教。崇禎十七年，與經歷胡順虞、典史虞國鍔、教諭嚴向醇死難。

徐登龍，都勻人。大邑知縣。入山。

吉以升，太湖人。歲貢。蒲江知縣。

劉滌，字澹石，鄖西人。天啟四年舉於鄉。嘉定知州。

黃文籙，惠安人。歲貢。嘉定知州，招兵固守全城。歸。

葉桂，不知何許人。嘉定知州。

王鳴鳳，不知何許人。峨眉知縣。

王序，清浪人。選貢。峨眉知縣。

陰維標，字汝建，長汀人。萬曆三十四年舉於鄉。夾江知縣。

何御楨，字捧明，昆明人。舉於鄉。洪雅知縣，有惠愛。

樊成，宜賓人。樊一蘅薦洪雅知縣。

楊經，太倉人。白鹽井提舉，王應龍薦遷洪雅知縣。

胡學戴，江都人。進士。犍爲知縣。

曾宏毅，字叔完，平湖人。太學生。嘉定判官署威遠知縣，甦馬户之困。寇亂歸，卒年七十。

陳顒，不知何許人。威遠知縣。

來自京，不知何許人。威遠知縣。

李文衡，不知何許人。威遠知縣。

朱學尹，不知何許人。威遠知縣。

劉兆鼎，銅仁人。選貢。瀘州知州。

覃森，字子玉，桐梓人。副貢。瀘州學正。吴三桂兵起，迫召不出。

李司憲，字明允，貴陽人。歲貢。納溪知縣。

王之肱，不知何許人。納溪知縣。

劉壯行，寶慶新化人。天啟四年舉於鄉。武安知縣，調合江，有清節。

丁維禎，南直人。歲貢。合江知縣。

左佩琰，耀州人。崇禎六年舉於鄉。合江知縣。

陳士雅、錢象坤，不知何許人。雅州知州。

周士祺，不知何許人。雅州知州。郝承裔降清，去。

尹浩，不知何許人。雅州知州。

魏甲，不知何許人。名山知縣。

蘇振先，蒙化人。隆武二年舉於鄉。名山知縣。

阮福，豐城人。代黄儒爲滎經知縣。

周安，武岡人。代金鼎祚爲蘆山知縣，卒官。

倪象莘，桐廬人。蘆山知縣。

吴光乾，字彦清，黄安人。歲貢。蘆山知縣。爲人廉介。

宋希賢，鄧川人。崇禎六年舉於鄉。歷温縣知縣、刑部主事、陝西苑馬寺監，改永寧同知。歸。

陳宗湯，福建人。舉於鄉。建武同知。

又謝琇，楚雄人。選貢。潼川同知，拒寇七日去，攝知州。轉蜀府長史。歸。

吴遜，字虚中，不知何許人。蜀府參軍。成都陷，倡義彌牟鎮。隱居什邡卒。

徐惇，字秩五，宣城人。以建議爲四川幕官。逃禪，名在柯。晝氣運天成。

黄燦，字桂清，清江人。舉於鄉。教諭。隱仁懷。

陳盛世，字子猷，涪州人。計安子。歲貢。教諭。爲僧。

王星，字拱北，宜賓人。歲貢。教諭。隱。任地不詳。

陳登皞，眉州人。弘光元年三月，羅徽堡千總廖佐、楊世泰起兵峨眉，登皞亦破寇眉州。每戰不擐甲胄，但解裋纏其項，持矛先登，礫石投寇中之，忽飛入陣，斃其酋，寇反走，則逐北數十里不止，以是必勝，寇稱爲「陳鐵脚」，憚不敢近。隆武二年，狄三品據眉，忽令驅城中人集道姑巷原田壩上，至則以兵圍而殺之，凡五千餘人。登皞憤寇殘暴，裂衣爲旗，集四鄉遺民得數千人，樹栅醴泉河。寇來犯，登皞率衆白棓耰鋤，殺寇三百人。寇懼，間移東館。登皞復遣壯士持酒米雞豚迎於道，寇納之營中。夜半襲寇營，壯士從中鼓噪出，寇駭奔，復斬數百級，寇乃遠遁。登皞自是以鐵勝名營，倡義者悉歸之，二年中無敢犯境者。後以恃勇不附楊展，所將二千人，無方畧，永曆元年正月，爲向成功所攻，陷伏死。成功屠掠眉州而去。

鄭延爵，内江人。諸生。户部浙江司主事。從楊之明起兵，拒孫可望雅州。之明戰死，收兵再戰，歿於陣。

余飛，洪雅人。隆武元年七月城陷，與熊正生、葛凡、姜可秀起兵，伏壯士數百花溪山谷，而以羸弱誘寇。寇入隘，伏發不得出，截殺幾二千人，寇大沮喪，沿江遁去。永曆四年，劉文秀復至，據洪雅天生城，飛單騎被圍，力斬數十人以死。

高明，建昌衛人。選貢。長沙知縣致仕。集士民拒文秀焦家屯，兵敗，一門火死。

衛人宋儉，江陵主簿致仕，守城死。

黄儒，字三未，天興永福人。天啟七年舉於鄉。滎縣知縣調滎經，聚士民勉以忠義，死守經年。永曆四年九月，文秀破城，巷戰被執，誘降大駡，懸妻林、妾李於堂，焚死以脅之，卒不動。寸磔死。一僕從死。

張弘任，字曾士，廬江人。崇禎十三年特用。威遠知縣，遷嘉定知州，城守死。子振祚，觸石死。

李如星，字井仙，酆都人。崇禎十五年鄉試第一。張獻忠至，如星病，子鳳翔割股以進。兵曰：「孝子，勿犯。」避兵者百人得全。後孫可望招致不屈，與子嗣靖死。

贊曰：永曆之世，蜀中猶爲王土。乾、廷籙、一蘅、乾德、喬然、文光、天顔、際亨，分任節鉞，開荒屯練，屏蔽滇、黔者十餘年，一時楚、粵督撫無此偉績也。璽、一甲，振興文教；振中、登皞、飛捍衛鄉里，亦著勞勩，故並著之。